KB147491

나는 죄인입니다

저자 김우석

도서출판 밀알

나는 죄인입니다

| 초판인쇄 | 1판 1쇄 2021년 02월 08일
| 저 자 | 김우석
| 펴 낸 이 | 최검열
| 출판총괄 | 강윤현
| 편집책임 | 구본희
| 편 집 | 신소미, 이수정
| 펴 낸 곳 | 도서출판 밀알
| 등록번호 | 제1-158호
| 주 소 | 서울시 강남구 논현로 507, 성지하이츠빌딩 3차 1412호
| 전 화 | 02) 529-0140
| 팩 스 | 02) 6008-7524

ISBN 978-89-418-0333-1

■ 잘못된 책은 교환해 드립니다.

황 교 안 고 백 록 ————

———— 저 자 김 우 석

나는 죄인입니다

도서출판
밀알

황/교/안/추/천/사

함께 한 시간

김우석은 나와 연(緣)으로 맺어진 사이가 아니다. 출신지역이 다르니 지연도 없고, 출신학교도 달라 학연도 없다. 아무런 연이 없는 분이다. 그러나 공통점이 있다. 대한민국과 국민 지킴의 열정에서는 같다. 내가 정치를 시작했을 때 그는 정치경험이 부족한 나를 돕기 시작했다. 나의 정치특보가 되어 함께 하게 되었다.

그는 흔치 않은 팩트 전략가이다. 함께 한 시간은 길지 않지만, 함께 할 시간은 결코 짧지 않은 귀한 인재다. 지금도 정확한 팩트를 기반으로 언론에 기고도 하고 방송에 출연하기도 한다.

그는 변함이 없이 한결같은 사람이다. 한번 뜻을 정하고 같이 하면 흔들림 없이 함께해 나가는 사람이다.

그는 끊임없이 정진하는 사람이다. 지금도 그는 계속 연구하면서 진화하고 있다. 이런 사람은 흔치 않다.

2020년 4월 15일 총선은 참으로 아팠다. 국민의 삶을 지켜낼 기반을 만들지 못하고, 대한민국 되살려내기에 실패한 책임으로 당 대표직을 사퇴했다. 국민께 죄송한 마음으로 엎드려 사죄했다.

총선이 끝난 후에도 참회의 시간을 보내고 있다. 그동안 저와 우리 당을 응원해 주신 국민들, 함께 고생했던 당원들, 당협위원장들, 그리고 국회의원들께 가슴찢는 사죄의 마음으로 하루하루를 지냈다.

그런데 김우석이 찾아왔다. 나의 정치를 비판적으로 돌아보는 시간을 갖자고 했다. 책으로 진실을 담고 싶다고 했다. 고민 끝에 동의했다. 정치권에 들어온 후 지난 2년을 뒤돌아보고 정리하며 반성의 시간을 갖는 것도 필요하다고 생각했기 때문이다. 고백록이며 참회록이었기 때문이다.

인터뷰를 마치고 나니 지난 날들에 대한 아쉬움과 함께 도와주셨던 많은 분들의 얼굴이 떠올랐다. 한 분 한 분의 얼굴이 주마등처럼 지나갔다. 지금도 안타까운 분들이 너무 많다. 그분들이 앞으로도 국민과 나라를 위해 더 큰 역할을 하시리라 믿고 응원한다.

나는 책 추천사를 거의 쓰지 않는다. 사람을 추천한다는 것이 쉽지 않은 일인 데다가 하물며 기록에 남는 것이 책이기 때문이다. 책은 역사가 되는 것 아닌가? 그러나 김우석의 저서에 추천사를 쓴다. 그만큼 나에게 소중한 분이기 때문이다.

김우석, 54세로 한창 일할 나이다. 김우석은 동서고금의 전략서를 섭렵한, 요즘 보기 드문 전략가다. 그의 생각과 고민이 담긴 그의 저서 출간을 진심으로 축하한다. 아울러 나 자신을 돌아보는 소중한 시간을 함께해준 그에게 깊은 감사를 표한다.

황교안(前 미래통합당 대표, 국무총리)

이 책은 정치영역에서 '리더십'과 '통합'에 관한 이야기다.

나는 수년 동안 대학에서 리더십을 가르쳤다. 텍스트(Text)는 공자의 〈논어〉와 마키아벨리의 〈군주론〉을 썼고, 참고사례인 콘텍스트(Context)는 사마천의 〈사기〉와 플루타르크 〈영웅전〉이었다. 현업에서는 많은 정치지도자를 가까이 보좌하며 현실정치에 접목해 검증할 기회도 있었다. 내 생의 거의 전부를 리더십을 공부하고 적용하며 살았다고 해도 과언이 아니다.

이 책은 현실 정치영역에서 '리더십'과 '통합'에 관한 이야기다. 이 둘은 밀접히 연관되어 있다. 리더십이 강하면 자연스럽게 그 리더십이 미치는 영역은 확장된다. 위대한 리더들은 대부분 영역과 영토를 확장했다. 이들 중 많은 수는 무력을 이용했다. 마케도니아의 알렉산더, 로마의 카이사르, 신성로마제국의 프리드리히, 프랑스의 나폴레옹이 그런 인물들이다. 정신적인 경지로 영토를 넓힌 이들도 있다. 기독교의 예수, 이슬람교의 무함마드, 불교의 붓다, 유교의 공자 등이 그렇다. 우리나라에도 세종대왕이 대표적으로 영역을 넓혀 존경받은 리더다.

리더는 "세상의 빛과 소금이라"

나는 성경의 구절로 리더십을 설명하길 좋아한다. 성경에는 "너희는 세상의 빛과 소금이라"(마태복음 5장 13~16절)라는 말씀이 나온다. 이는 전도자의 역할에 대한 말씀이기도 하지만, 리더에 대한 최적의 은유다. 빛은 사물을 밝히는 데 기여한다. 무지몽매(無知蒙昧)와 부지(不知)로 인한 불안(不安)을 극복하고, 삶과 사회를 밝혀 세상 사람들을 지혜로 이끄는 역할을 한다. 작게는 길을 비추는 촛불이나 횃불을 생각할 수도 있지만, 좀 나아가 어두운 바다를 밝혀 배를 안전하게 인도하는 등대가 제격이다. 날이 밝고 시야가 트인 날엔 등대가 큰 소용이 없다. 태평성대(太平聖代)의 지도자는 '무위(無爲)'로 다스리는 것과 마찬가지다. 일을 하지 않는 것이 아니고 보이지 않게 돌아가게 하는 자연스러운 모습이다. 하지만 날이 칠흑같이 어둡고 광풍이 불며 집채만 한 파도가 거듭 쏟아지는 절체절명(絕體絕命)의 상황에서 등대는 너무도 소중한 빛의 존재다. 등대는 움직이지 않기에 더욱 값지다. 지도자는 등대와 같이 최악의 상황에서 움직임 없이 듬직함을 보이며 빛을 비춰주는 존재다. 소금은 더욱 기술적인 은유를 보여준다.

나는 소금의 삼투압(滲透壓)을 활용해 리더십을 설명한다. 소금의 농도가 높으면 주위의 수분을 끌어들인다. 소금이 리더고 물은 백성이다. 어느 나라가 리더십이 강하면 타지의 백성이 스스로 알아서 부의한다. 안정감을 주기 때문이다. 이때 소금은 물에 고단하게 설명하거나 유치하려 노력하지 않는다. 소금이 물을 끌어들이는 것은 자연스러운 현상이고 이것이 '무위의 통치'(無爲之治)다. 자연의 섭리에 따라 물 흐르듯 사회를 이끄는 것이다.

여기서 핵심은 리더가 낮아지거나 쫓아가는 것이 아니고, 백성이 스스로 찾아오게 하는 것이 리더의 덕목이란 것이다. 물론 진정한 리더가 되기 위한 통과의례는 필요하다. 장수는 병법서를 통해 이론을 익히고 전장이란 실전경험을 통해 그 이론을 체화해야 한다. 그러나 실전에서 '경험 삼아'는 무책임한 변명에 불과하다. 지난 2019년 자유한국당과 2020년 총선 과정은 '리더십'과 '통합'의 본질적 특성을 보여주는 대표적인 사례들을 제공한다. 본질에 접근하기 위해, 먼저 미래통합당의 패인에서부터 생각해 봤다.

"승리한 정당의 승인(勝因)은 다들 비슷비슷하지만, 패배한 정당은 저마다 다른 이유가 있다."

위의 문장은 안나 카레니나의 첫 문장 "행복한 가정의 사정은 다들 비슷비슷하지만, 불행한 가정은 저마다 다른 이유가 있다"를 차용한 것이다.

미래통합당은 왜 패했을까? 총선 후 1년 가까이 야당과 보수진영에서 총선의 패배원인에 대한 많은 분석이 쏟아졌다. 모두 저마다의 이유로 의미가 있지만, 찬찬히 들여다보면 본질을 보여주지 못하고 변죽만 울린 것 같다. 보기에 따라서는 도저히 패할 수 없는 선거였다. 그런데 참패했다. 그것도 과거에 없었던 패배였다.

총선패배 후 당 비상대책위원회가 당에 별도의 기구를 두어 백서까지 펴냈다. 하지만 언론은 '맹탕'이라고 폄하했다. 지금 지도부의 성격을 고려하면 구조적으로 한계가 있었음은 인정한다. 하지만 '객관적인 원인'을 회피하면 다음에도 같은 패착을 거듭할 수밖에 없다. 돌아오는 '4.7 재·보궐선거'가 얼마나 중요한지 설명하지 않아도 모두 알 것이다. 틀린 처방을 반복하면 결국 패할 수밖에 없고, 그러면 원내교섭단체 유일 야당 〈국민의힘〉은 뿔뿔이 공중 분해될 수도 있다. 본질을 제대로 읽고 다른 처방을 고안해 내야 한다. 이를 위해 상황을 전략적으로 재해부(再解剖)해 보는 것은 필수고 그 일환이 이 책이다.

일방적이면 충(忠), 의리(義理) 어떤 것도 아니다.

얼마 전 나는 거의 30년간 몸담아 왔던 당에서 나왔다. 탈당계를 낸 것이다. 평소 존경하던 원로 정치인에게 조심스럽게 말씀드렸다. 의외로 "잘했다"라는 대답을 들었다. "사나이가 이런 물컹한 정당에 목을 매서는 안 된다."라는 충고와 함께였다. 돌아오며 생각해 봤다. 진정한 '충(忠)'과 '의리(義理)'는 무엇인가? 결론은 단순했다. 일방적이면 충도, 의리도 아니다.

이런 내용을 잘 담은 글이 중국 전국시대 말 연나라의 명장 '악의(樂毅)'의 "보연왕서(報燕王書)"다. 연나라는 현재의 베이징 주변을 다스리던 동북방 끝의 나라였다. 사마천이 쓴 [사기(史記)] 〈악의열전(樂毅列傳)〉에 의하면 악의는 원래 조나라 사람이다. 전국시대 말의 많은 재사들이 그렇듯, 그도 몇몇 나라를 돌다가 연나라 소왕(昭王)의 인정을 받아 연나라에 정착했고 그곳에서 큰 공을 세웠다. 거의 망해가던 연나라를 다시 부흥시켜, 서쪽의 진나라와 자웅을 겨루던 동쪽 끝 제나라를 파죽지세로 공격해 거의 절멸 지경까지 이르게 했다. 그런데 그를 영입했던 연나라 소왕이 죽고 혜왕(燕 惠王)이 그 뒤를 이었다. 혜왕은 패망 직전이었던 제나라의 반간계에 넘어가 악의 장군에 대한 신뢰를 거두고 다른 장군을 파견한다. 악의는 스스로 두려워 연나라로 돌아가지 않고 고향인 조나라로 피신한다. 그가 사라지자 제나라의 반격이 시작됐고 연나라는 다시 궁지에 몰렸다. 곤경에 처한 연 혜왕은 다급해졌다. 이 와중에 그에게 원한을 갖게 된 악의가 조나라 군사를 이끌고 연나라를 쳐들어올까 봐 걱정되어 편지를 보냈다. 그의 편지에는 '두려움'과 '원망'이 담겨있으며, 다시 돌아와 '군신 관계'를 이어갈 것을 요구한다. 이에 대한 답신이 '보연왕서'다.

이 편지에는 '군신 관계의 본질'이 잘 나타나 있다. 아무리 군신

간이라도 일방적인 관계일 수 없다는 것이다. 악의는 자신을 알아 봐 줬던 선왕(先王) 연 소왕을 도와 제나라를 도모했던 과정과 그 전공을 자세히 쓰고, 이어 연 혜왕이 등극하고 "이제 '군신 간의 신뢰'가 없어졌으니 돌아갈 수 없다."라는 취지로 글을 썼다. 이어 본인은 선왕과의 의리를 저버릴 수 없기에 조나라를 도와 연나라를 치진 않을 것임을 약속했다. 이에 연 혜왕은 답례로 악의의 아들 악간(樂間)을 '창국군(昌國君)'으로 삼아 우대했다. 일종의 '인질'이었을 것이다. 이어 악의의 자손이 등장한다. 연 혜왕은 악의의 후손 악간에게 곤경에 처한 조나라를 침공해도 되겠냐고 물었는데, 악간은 여러 이유를 들어 '불가(不可)'라고 답했다. 하지만 혜왕은 이를 듣지 않고 침공했고 결국 패배했다. 그 와중에 악간이 조나라로 피신했고, 혜왕은 그에게 다시 편지를 보내 돌아오라고 간청했다. 하지만 자신을 알아주지 않을 군주를 섬길 수 없었던 악간은 돌아가지 않았다. 악의의 판단이 정확했음을 보여주는 사례다. 한편, 악씨 일족인 악승은 조나라 군대를 이끌고 가 연나라를 침공했다.

후세 사람은 악의의 불충(不忠)을 비판했다. 하지만 사마천의 생각은 달랐다. 그의 고향은 조(趙) 땅이었는데 처음에 위(魏)나라 지경(地境)에 있다가 다시 조나라 땅이 되었다. 이 지역은 연나라와 접경지대다. 즉 그는 항상 자기 고향에 있었는데, 전국시대 말 전쟁 중에 국경이 바뀌며 소속된 나라가 때때로 바뀐 것이다.

요즘도 비슷한 예가 있다. 자신은 당적을 바꾼 적이 없는데 정당이 이합집산을 거듭하며 당원이 당을 전전한 것처럼 보이는 것과 유사하다. 이런 혼란기에는 지도자를 중심으로 한 사람 간의 신뢰가 어느 때보다 중요하다. 지도자는 참모를 신뢰해 그 뜻을 귀히 쓰고, 참모는 자신을 알아봐 준 지도자를 위해 최선을 다하는 것이다. 그렇게 쌍방 간에 정성을 들이는 것이 진정한 '충'이고 '의리'다. 일방적으로 요구하고 따르는 것이 충이 아니고 '사이비 교주에 대한 맹종'일 뿐이다. 과거 거점 중심의 국가와 달리, 근대 국가에 들어와 '국가에 대한 전적인 충성'이 강조됐다. 성리학을 기본으로 한 절대적인 충성은 비교적 최근의 개념이다. 이마저도 중국은 따르지 않는데 우리나라는 이를 맹종했다. 그러니 유연성이 떨어지고 결국 부러진 것이다. 조선의 패망이 일제(日帝)로 넘어간 것도 이와 무관치 않을 것이다.

나도 비슷한 처지였다. 당은 구심점이 없었고 구성원 모두 각자도생 분위기였다. 이합집산, 탈당과 복당이 반복됐다. 그 과정에서의 비난전은 의미 없고 공허한 이전투구였을 뿐이다. 당은 지도자가 없는 껍데기일 뿐이었는데, 나는 그 껍데기에서 벗어나지 못하고 연연했다. 스스로 재갈을 물리고 주리를 튼 것이다. 홀로 그 자리를 지킨다고 빛이 나지도 않았고, 돌아왔다고 비난받을 일도 아니었다. 이제 그런 무의미한 고집을 버리기로 했다. 결단하지 못하고 자리를 지키며 그때그때의 상황에 끌려다니는 것은 이제 그만.

'인간과 하늘의 관계를 구명하고 고금의 변화에 통관'하기 위해

그렇다고 '탈당이 능사'라는 이야기는 아니다. 탈당은 명분이 분명하고, 향후 당적을 정했을 때 설득력이 있어야 한다. 설득력이 있다 해도 고민은 남는다. 당적을 바꿔도 인간관계가 없어지지는 않기 때문이다. 연 혜왕이 마음을 바꾸어 진심으로 악의에게 매달렸다면 상황이 달라졌을지 모르겠다. 어디까지가 의리일지 생각해 봐야 한다. 〈보연왕서〉에서 오자서를 예로 든다. '충(忠)'이 세대를 넘어 영원할 수 없으니, 상황이 바뀌면 왕과 거리를 두는 것이 생명을 유지할 방법이라 설명했다. 이 또한 다음 세대 왕으로, 동일한 왕 이야기는 아니다. 그러나 동일한 왕이라도 마음이 변하는 경우는 수없이 많다. 그때마다 기준을 두어 계산하고 처신하는 것은 거의 불가능하다. 나도 당과 거리를 둘 수는 있었지만, 한때 대표특보로 모셨던 황교안 전 대표와의 인연을 단칼에 정리할 수는 없었다. 나를 아끼는 많은 지인이 '연락도 받지 말라'고 했다. 하지만 너무 모진 것 같기도 하고, 지난 1년여의 관계가 안쓰러워 차마 그렇게 하지 못했다. 간간이 식사도 하고 차도 마셨다. 자연스럽게 과거를 회상할 기회가 있었고 본격적인 복기의 유혹이 생겼다. 최소한 내가 보낸 시간과 감당해야 했던 경제적 손실에 대한 첨부 소명서는 될 것 같았기 때문이다.

사마천(司馬遷)은 〈사기(史記)〉 저술의 목적을 '인간과 하늘의 관계를 구명하고 고금의 변화에 통관하여 일가의 주장을 이루려는 것'이라고 했다. '변하지 않는 것을 변하는 것 속에서 파악하고 구체적 인간을 통해 하늘의 뜻을 추론하려는 것'이라고 나는 해석했다. 감히 나도 '리더십'과 '통합'이란 키워드를 가지고, 황교안 전 대표(이하 황 대표)를 통해 '인간과 하늘의 관계를 구명하고 고금의 변화에 통관하여 일가의 주장을 이루려'고 이 책을 쓰려 한다.

집필의 다른 이유, '개인적 변명'

내가 이 책을 쓰는 이유는 대의를 위해서만이 아니다. 오히려 개인적인 이유가 더 크다. '변명'을 찾고 싶었다. 거듭되는 실패에 대해 가족, 특히 아들에게 변명해야 했다. 그러나 설득력이 없으면 그냥 '넋두리'가 되어 버린다. 실패한 정치인의 넋두리만큼 듣기 싫은 것도 없다. '변명'이 설득력이 있으려면 철저히 객관적이어야 하고 합리적·과학적이어야 한다.

나는 '정공법'을 쓰기로 했다. 당시 의사결정을 주도했던 최고지도자의 목소리로 상황을 재해석하고자 한 것이다. 그동안 임시 지도부의 평가는 과거를 모두 부정하는 것에서부터 시작했다. 좋은 것이나, 작더라도 그나마 만들어 놓은 성과도 묻어버리는 그릇된 접근이다. 잘 알지 못하거나 부분만 알면서 말이다. 그것은 당시 상황과 실체를 드러내지 못하는 '수박 겉핥기식' 접근이다. 그런 '피상적인 해석'으로는 제대로 된 해법을 도출할 수 없다. 재발 방지도 불가능하다. 계속 같은 실수를 범할 것이고, 결국 낭떠러지에 몰려 뛰어내리는 처지가 될 것이다. 당시 상황을 제일 잘 아는 사람들은 아직도 침묵으로 일관하고 있다. 지도부에서 중도하차한 나경원 전 원내대표가 〈증언〉이라는 책을 써 상황을 정리하고는 있지만, 본인이 썼기에 사료로서 객관성에 한계가 있다. 총선 전체과정을 보여주지도 못한다. 국회에서 대여투쟁 과정은 알겠지만, 공천과정 등 선대위의 사정을 잘 알 수 없기 때문이다. 게다가 4월 재·보궐선거 서울시장 출마를 고려해 낸 책이라고 하니 자기중심적인 상황분석이 있을 수밖에 없다. 나름 노력했겠지만, 왜곡은 불가피했을 것으로 생각했다. 그래서는 제대로 된 개선책이 나올 수 없다. 제일 좋은 방법은 모든 의사결정의 가장 정점에 있던 황 대표의 이야기를 듣고, 사실관계를 재구성해보는 것이라고 생각했다. 마침 근래에 만났던 황 대표는 절절한 반성의 말씀을 많이 했다. 그리고 '나는 죄인입니다'로 시작하는 법정 발언이 보도됐다. 그래서 '변명만 하지는 않겠구나'하는 생각을 했다. 객관적인 평가의 기본조건이 충족된 것이다. 객관성 확보에 필요하면 당시 지도부나 선대위 관계자들의 진술을 크로스 체크하면 진실에 더 가까이 갈 수 있을 것이다. 지루하고 답답한 작업이 될 수도 있지만, 누군가는 해야 한다. 나 개인의 변명뿐 아니라, 보수 재건과 나라 재생을 위해서다.

나는 이 작업이 만병통치(萬病通治)약을 만들지 못할 것이라는 사실을 잘 안다. 그래서 안나 카레니나의 마지막 문장을 떠올린다. "나는 마부 이반에게 여전히 화를 낼지도 모르고 시도 때도 없이 내 생각을 늘어놓을지도 모른다. 신성한 내 마음과 다른 사람,

심지어 아내의 마음 사이에도 일종의 벽이 생길지도 모른다. 또 나 자신의 두려움 때문에 아내를 비난하게 될지도 모르고, 무엇 때문에 기도하는지 이성적으로 이해하지 못하면서 기도를 할지도 모른다. 하지만 내 삶은 이제 그 자체로 의미 있을 뿐만 아니라 선한 의미를 갖고 있는 것이다." 〈고백록〉의 작가 톨스토이가 본인을 투사한 〈안나 카레니나〉의 진정한 주인공 레빈의 독백이다. 이 작업이 본질을 파악하거나 접근하지 못해 앞으로 도래할 상황을 바꾸지 못할지 모른다. 하지만, 최소한 나름 개인적 의미를 찾을 수 있지 않을까 기대한다.

CONTENTS

Part. 01

왜 죄인이고
누가 피해자인가?

왜 죄인이고 누가 피해자인가?

　'번뇌(煩惱)'는 "뇌를 태운다."라는 의미다. 어떤 고민에 빠져 끊임없이 두뇌에 불을 지피며 과도하게 활성화하고, 결국 '타서 머릿속 모든 것이 사라져 버리는(burnout)' 상태를 이른 말이다. 한자의 번(煩)과 영어의 번(burn)이 우리말로 같은 발음인 것이 재미있다. '번민(煩悶)'은 번뇌에 답답할 민(悶)을 덧붙인 상태다. 뇌가 끊임없이 타서, 숨이 막힐 정도로 연기가 가득 한 상태를 연상시킨다. 그만큼 '괴롭다'는 뜻이다.

　필자는 지난 4.15 총선 이후 번뇌와 번민에 빠져서 그야말로 막살았다. 잠을 이루지 못해 매일 밤 술독에 빠져 지냈다. 코로나 사태가 심해져서 모임을 갖지 못할 때는 평소에 하지 않던 '혼술(혼자 마시는 술)'을 했다. 더 고통스러운 것은 늦게까지 술을 마셔 취했는데도 아침에 늦잠을 잘 수 없었다는 것이었다. 그래서 하루

종일 멍하니 지냈다. 술이 깬 낮에는 책은 읽지 못하고 온라인 스트리밍 서비스를 정기구독해 드라마만 봤다. 어떨 때는 몰아보기를 통해 하루 종일 보고 밤을 새우는 때도 있었다. 말 그대로 폐인(廢人)이었다. 그렇게 악순환을 거듭하며, 매일 악몽 같은 나날을 보냈다.

그러다가 우연히 뉴스 하나를 접했다. 황 대표가 패스트트랙 법안 저지 문제로 법정에 출두해 한 말이었다. "나는 죄인입니다"로 시작했다. "'불면의 밤', '회한의 나날'을 보내고 있다"라고도 했다. 그때 깨달았다. "나는 '원망의 나날'을 보냈구나. 그 원망의 본질을 직시하지 않으면 한 발짝도 앞으로 나갈 수 없구나" 하는 생각이었다. 총선에서 믿었던 공천을 받지 못한 것이 엄청난 트라우마(trauma)가 됐다. 그 상처가 매일 내 마음을 괴롭히고 있었다. 물질적 피해도 만만치 않았지만, 내 삶에 대한 회한과 좌절이 더 컸다. 내 존재가치 자체에 대한 의문이 들었다. 그래서 황 대표의 발언을 통해 심리적으로 재기할 기회를 찾아야 하겠다는 생각을 했다. 그리고 연락해 그를 만났다.

나 : 대표께서 죄인이면, 피해자는 누구인가?
황 : 모든 국민이 피해자고 대한민국이 피해자다. 물론 우리 김 특보(필자)도 피해자다. 사과한다.

총선 이후 몇 차례 황 대표와 만났을 때마다 "(공천 때) 챙기지 못해 미안하다"라는 말을 듣기는 했지만 좀 더 절절한 사과로 느껴졌다. 계속 질문 공세를 이어갔다.

나 : 그럼 어떤 죄를 지은 죄인인가?

황 : 국민 앞의 죄인이다. 법정 앞에서 얘기했듯이 패스트트랙 법안 관련된 죄인을 의미하는 것은 아니다. 국민의 뜻을 제대로 받들지 못하고 총선 이후에도 폭정을 막아내지 못한, 종합적인 죄의식 차원에서 말한 것이다. 더 좋은 길이 있었음에도 기대에 부응하는 성과를 거두지 못한 부분에 대해 매일매일 자책했다.

나 : 요즘도 여전히 '불면의 밤', '회한의 밤'을 보내는지?

황 : 그렇다. 지난 총선 이후 대한민국은 더욱 불행해졌다. 우리는 문재인 정권의 폭정을 막아내지 못하고 총선에서 패배했다. 이로 인해 더욱 가혹해진 폭정을 여전히 방치할 수밖에 없었다. 이 부분에 대한 죄책감은 날로 커지고 있다. 무엇보다 근래에 국민께서 더욱 체감하고 인지하시는 것 같아 가슴이 정말 아프다. '삼권분립'이 무너진 상태에서 독재와 진배없는 폭주가 이어지고 있고, 이는 여러 언론에서도 동일하게 지적하고 있는 부분이다. 나는 국민에 대한 의무이자 정치인의 책임을 제대로 지지 못했다.

과거 대표 시절 우유부단하다 느낄 정도로 온화했던 분위기와 사뭇 달라져 있었다. 많은 고민의 흔적과 상처가 느껴졌다. 그리고 더욱 단호해졌고 더 단단해졌다는 느낌도 들었다. 내친김에 더 들어가 봐야겠다고 생각했다. 양해를 얻어 메모하기 시작했다.

나 : 좀 짓궂은 질문이지만, 괴로움의 증상은 어떠한가?

황 : 밤마다 문득문득 잠이 깨고 다시 잠들지 못한다. 불규칙한 상태로 시간을 견뎌내야 하니 견디기가 힘들다. 정치인으로서의 일정은 거의 없어졌지만, 정치적인 마음의 부담은 더 커졌다.

그도 그럴 것이 중앙당의 대표로서, 또 종로 지역구 총선 후보로서 한창 바쁠 때도, 그는 생활에서 일정한 루틴을 지키려고 노력했다. 보통 11시 전후로 취침하고 새벽 3시쯤엔 기상을 했던 것 같다. 더 바쁠 때는 더 늦게까지 자료를 보고 필요한 통화를 했지만, 기상 시간은 일정히 유지했다. 나도 밤늦게 대표와 통화를 하고 보고서를 작성해 보냈는데, 메일 확인 시간이 새벽 3시경인 것을 보고 놀란 적이 적지 않았다. 그렇게 평생을 유지하던 루틴이 깨졌으니 괴로울 만도 했다. "정치인으로서의 일정은 거의 없어졌지만, 정치적인 마음의 부담은 더 커졌다"라는 말을 들으며 그의 복잡한 심경을 읽을 수 있었다. 무엇을 할 수도 없고 가만히 있을 수도 없는 어정쩡한 상황에서 느끼는 심리상태 말이다. 그의 발언은 더욱 가라앉고 간절해졌다.

나 : 법정에서 기자들에게 '나는 버려도 야당을 외면하지 말아 달라'고 했다. 지금 '국민의힘'은 잘하고 있나?

황 : (순간 표정이 복잡해지며 말했다) 물론 아직도 국민이 보기에 만족스럽지 않을 수 있다. (다시 비장한 표정을 지으며) 내가 정치권에 들어올 때부터 말했듯이, 이 정부는 경제를 망가뜨리고 안보를 위협하며 나라를 총체적 난국으로 끌고 가고 있다. 지금은 더욱 안하무인이다. 더 중요한 것은 대한민국의 '정체성' 문제다. 지난 4년간 문재인정부는 우리나라 민주주의를 송두리째 망가뜨리고 있다. '삼권분립'을 무너뜨리고 독재적 폭주를 이어가고 있다. 언론도 이 정권의 행태를 '독재'라고 정의하고 있지 않나? 지금 우리는 '잘살고 못살고의 문제'가 아니다. '사느냐 죽느냐의 문제'다. 누구라도 반드시 막아내야 한다.

이럴 때에 야당의 역할이 중요하다. 야당은 잘하고 못하고를 떠나 기본적으로 정부·여당을 견제하는 기능을 갖는다. 야당이 손가락질하며 정부의 실정을 지적할 때 손가락이 아니라 정부 실정을 보는 것이 바람직하다. 야당은 평소에는 정부·여당의 실정을 지적해 바로잡도록 하는 소임을 맡고, 선거 때가 되면 자기 스스로 대안임을 증명하는 것이다. 평소에 '대안이 없다'라는 공세는 정당한 비판이 아니라고 생각한다. 본질을 오도하고 '물타기'를 하려는 여권의 정치공세의 측면이 강하다. 물론 그럼에도 불구하고, 야당이 스스로 대안이 될 수 있도록 노력하는 것은 매우 중요하다. 그것은 당 시스템이 아니라 '지도자의 몫'인 경우가 많다. 결국, 야당은 정부·여당을 견제하는 직분에 충실하

고, 야당 지도부는 대안(對案)을 만들어 선거에서 스스로 대안
(代案)이 되도록 노력해야 한다.

실제로 그랬다. 지난 총선은 정부·여당의 수많은 정책실패에
도 불구하고 '정권 심판'이 아니라 '야당 심판', '제2, 제3의 탄핵'
선거였다. 선거결과는 참혹했고, 당원과 국민의 심경은 참담했다.
어떤 칼럼의 한 구절이 마음에 와닿는다. "역사는 결석은 인정해
도 지각을 용납하지 않는다." 국민은 야당이 빨리 통합을 해서 전
열을 정비하고, 제대로 여권과 싸우길 기대했다. 그런데, 전장 코
앞에서 엉뚱한 사람들이 내부총질로 전열을 흐트러트리고, 당은
방향을 잡지 못한 채 허둥댔다. 그 결과 개헌 이외에 무엇이라도
할 수 있는 '거대 여당'이 탄생했다. 폭주는 가속화됐고 야당은 존
재 이유를 찾지 못할 정도로 쪼그라들었다. 국민은 지금 집권 여
당에 실망하면서도 무기력한 야당에 희망을 품지 못하고, 계속 야
유를 보내고 있다. 황 대표의 말에서 처절한 경험에서 비롯된 절
절한 회한이 느껴졌다.

여기서 황 대표가 법정에서 했던 발언을 보고 내가 썼던 칼럼을
소개한다. 이 글이 이 책의 모태이기 때문이다. 〈저는 죄인입니
다.' 황교안 반성과 보수의 새 출발〉이란 제목의 글이다.

만시지탄(晩時之歎)이다. 하지만 안 하는 것보다는 매우 좋았다. "늦었다
고 생각할 때가 가장 이른 때"라는 말도 있지 않은가?

늦은 오후, '국민의힘'에 있는 후배가 메시지를 보내왔다. "모처럼 정치인다운 모습이네요." 황교안 전 대표의 법정 발언 관련 기사와 함께. 황 전 대표는 '불면의 밤과 회한의 나날을 보내고 있다'라고 말했다. 국민도 마찬가지다. 그의 발언이 절망한 국민과 좌절한 〈국민의힘〉 당원들에게 작은 위로가 됐으면 좋겠다고 생각했다.

"저는 죄인입니다"…
야당도 '남 탓 신드롬'이 만연한 상황에서 신선함 느껴져

첫 대사가 '저는 죄인입니다'였다. 맞다. 그는 죄인이다. 그러나 그가 말했듯, 법 앞의 죄인이 아니라 국민과 역사 앞의 죄인이다. 그동안 야당의 총선패배에 대한 수많은 분석과 평가가 있었다. 그러나 정작 반성은 없었다. 대부분 평가는 '남 탓'이었다. 손바닥으로 해를 가리는 행태였다. 머리만 땅에 박은 타조 같았다. 〈국민의힘〉에서 발간한 총선백서가 대표적이다. 어리숙한 황 전 대표 탓이었고, 사기 친 문재인 정권 탓이었고, 속은 국민 탓이었다. '남 탓'은 어느덧 시대정신이 돼버렸다. 여 · 야는 물론이고, '남 탓 신드롬'이 온 나라에 역병처럼 번졌다.

힘 있는 여권은 그래도 버틸 수 있다. 힘이 떨어질 때까지는 그렇게 계속 버틸 것이다. 그러나 어느 순간 고목이 쓰러지듯 갑자기 쓰러질 것이다. 그 후가 문제다. 야당이 대안이 되어야 한다. 그래야 대한민국이 유지될 수 있다. 하지만 지금 우리나라엔 제대로 된 야당이 없다. 이유는 단순하다. 잘못에 대한 진솔한 반성이 없기 때문이다.

늦었지만, 황교안 전 대표가 스스로 죄인이라고 나섰다. 기회를 주셨던 국민께 사죄한다고 했고, 여권의 폭주를 막지 못하고 스스로 추락한 것이 '천추의 한'이 될 것이라고도 했다. 구구절절 공감이 가는 말이다. 요즘은 국민 대부분이 느끼는 '맞는 말'을 하는 것이 용기가 됐다.

판사도 대한민국 국민

그는 재판부에도 당부했다. 법치주의와 법치주의의 최종목표인 민주주의 수호가 대한민국 법원이 추구해야 할 일이라고 충고했다. 판사도 대한민국 국민이고, 그것이 재판에서도 주된 판단 기준이 되어야 한다고 했다. 그러면서 현재 판사가 일제시대 판사와 다른 이유라고 했다. 일제 강점기의 판사는 국민이나 민주주의가 아닌, 일본 천왕과 전체주의를 위해 봉사했다. 판사라는 직업은 같고 법도 유사하지만, 정체성과 목표에 따라 전혀 다른 재판을 하게 된다. 일본 법원은 안중근을 테러리스트로 봤고, 우리 국민은 의사로 본 이유다.

황 전 대표의 후배 검사들은 '권력의 폭주와 불법'을 막기 위한 야당의 정당방위를 법의 이름으로 재단하고 벌주려 하고 있다. 처지와 입장은 이해한다. 인사권을 가지고 있는 문재인 정부 추미애 법무부 장관의 치하에서 살기 위해 어쩔 수 없을 것이다. 추 장관은 물불을 가리지 않는다. 국회에서마저 저돌적이고 안하무인(眼下無人)이다. 영향력 하의 검찰에 대해서 더하는 것은 이상할 일이 아니다. 문재인 대통령은 추 장관의 폭주를 '검찰개혁'이라고 추켜세운다. 그는 '청년의 날' 행사에서 청년을 향해 '공정은 흔들리지 않는 정부의 목표'라고 강조하면서도 추 장관에 대한 언급은 회피했다. 이어지는 다른 행사에서 '공정'을 파괴한 법무부 장관은 칭찬하고 변함없는 신뢰를 보내고 있다. 이런 상황에서 버텨낼 수 있는 검사는 없다. 정권과 다른 소릴 하면 오지로 전보되고 옷을 벗게 된다. 의기 있는 검사들이 남아나지 않는 이유다.

행정부인 검찰과 사법부인 법원은 전혀 다르다. 법원은 삼권분립의 보루이고 민주주의의 최종 수호자다. 그런 법원이 정치적 판단에 휘둘리고 있다. 황 전 대표의 발언은 이를 우려하는 국민의 뜻을 담은 메시지다. 그 말 한마디가 판결을 바꾸진 못할 것이다. 판사가 불쾌해할 수 있기에 불이익이 있을 수도 있다. 이를 모를 리 없는 황 전 대표가 이런 말을 한 것은 특별한 의미가 있다. 이번 사건만의 문제가 아니다. 앞으로 이어질 수많은 정치적 사건들에서 법원이 일방적으로 여권에 유리한 판결만을 내린다면 대한민국의 민주주의를 지킬 수 없다. 단순히 잘못된 판결이 아닌, 나라는 망치고 다시 일제의 상황으로 돌아가는 길이기 때문이다.

여권의 폭주를 막기 위해, 야당은 힘이 있어야

국민에 대한 부탁도 있었다. "나는 실패했지만, 야당을 외면하지 말아 달라"고 했다. 결국, 최종 심판자이자 최종 책임자는 국민이다. 지난 총선에서 국민이 야당을 심판해 괴멸시켰지만, 그 결과로 국민의 삶은 더욱 힘들어졌다. 거창한 이념 이야기가 아니다. 문재인 정권이 때만 되면 '구도선'으로 강조했던 '정의'와 '공정'이 삶의 현장에서 무너지고, 잘못된 부동산정책 등으로 국민이 재산을 유지할 수 없으며, 일자리가 증발하고 자영업이 무너져 서민들은 당장 삶의 터전에서 밀려나고 있다. 먹고살기 이렇게 힘든데, 문재인 정권은 모든 사안을 정권의 이해관계로 환원하는 정책을 펴고 있다. 이 상황에서 대부분 언론은 눈치만 보고 있다. 이때 필요한 것이 야당이다.

모든 야당의 힘은 국민에게서 나온다. 여당은 제도권의 물리력과 법적인 권력이 있다. 지금은 행정부와 사법부뿐 아니라 국회 권력도 여당이 독식하고 있다. 국회의 모든 상임위원장 자리를 여당이 차지했다. 야당이 믿을 힘은 국민뿐이다. 야당이 잘못하면 선거 때 심판하면 된다. 그러나 항상 선거가 있는 것이 아니므로, 힘 있는 여당의 폭주를 막고 국민을 두려워하게 하기 위해서라도 국민은 야당에 힘을 실어 주어야 한다.

이제 반성의 첫 단추는 채워졌다. 이제 모든 단추를 채워야 한다. 현직 의원과 당 지도부의 몫이다. 남 탓에서 벗어나 진정한 반성을 통해 새 출발의 기회를 만들어야 한다. 어물쩍 넘어가는 미봉(彌縫)에는 한계가 있다. 야당의 생존과 대한민국의 건강한 정치를 위해서 반드시 해야 할 것이 '모두 내 탓이오' 하는 반성이다.

그의 이야기를 들으며 다시 궁금한 것이 생겼다. 황 대표는 지난 총선 패인이 무엇이라고 생각할까? 미래통합당은 총선백서를 내며 반성은 하고는 있지만, 언론에서는 '맹탕 백서'라며 평가절하했다. 그도 그럴 것이 백서에는 패배의 원인과 결과가 뒤섞여 있었다. 말 그대로 '백화점식 나열'이다. 첫 번째 거론한 원인이 '중도층 지지 회복 부족'이었다. 중도층은 2017년 탄핵사태 때 이미 지지를 철회했다. 당이 많은 수단과 노력을 들였지만, 결과적으로 그들의 마음을 바꾸는 데 실패했다. 결과를 보여주는 현상이 득표 실패인 것이다. 원인이 아니라 결과일 수 있다는 말이다. 이런 오독과 과한 단정은 제대로 된 원인분석을 곤란하게 한다. 언론에서 보수와 진보 지지자 비율 역전을 총선패배의 원인이라고 생각하는 것과 비슷한 설명이다. 국민의 정치적 성향은 쉽게 바뀌지 않는다. 지지하는 정당이 창피해서 여론조사에 의사표시를 하지 않고 투표장에 나오지 않으면 지지율과 득표율이 떨어지는 것이다. 신바람이 나서 왕성하게 발언을 하고 적극적으로 선거에 참여하면 지지율이 높아진다. 이 또한 결과이지 원인은 아니다. 혼동하고 착각하는 것이다. '상관관계'를 '인과관계'로 착각한 결과다. 마찬가지로, 중도층에게 투표장에 나와 정권을 심판할 명분을 주었어야 했는데 그렇지 못했기 때문에 지지 회복을 못 한 것이다. '지지 회복'이 특별한 묘수가 있어 마술같이 이루어지는 것은 아니란 이야기다. 마지막으로 지적한 '청년층의 외면'도 그렇다. 근본적인 원인이 아니다. 드러난 현상일 뿐이다. 다시 황 대표에게 물었다.

나 : 당이 출간한 백서에서 '황교안 책임론'을 강조하는 분위기였다. 이

에 대해 어떻게 생각하나? '책임 떠넘기기'라는 지적도 있는데 억울한 부분은 없나?

황 : 나는 패배한 장수다. 할 말이 없다. '제가 죄인'이라는 말씀으로 대신하겠다. 패배를 통해 정치적 리더십에 대해 많이 깨닫고 배웠다. 나는 '섬김의 리더십'을 추구했다. 높고 강력한 리더십보다는 '협치의 리더십'이 필요할 때라고 생각했다. 하지만 일단 결과는 실패였다. 내가 가진 이상을 현실에서 구현하기엔 경험과 스킬이 많이 부족했다. 하지만 궁극적으로는 '섬김의 리더십'이 목표가 되어야 한다는 생각엔 변함이 없다. 괜히 '공복(公僕)'이 아니지 않은가? 아직은 잘 맞지 않더라도 희망을 가지고 그 목표를 향해 계속해나가야 한다. 지금 기성 정치권 분들과 관점의 차이가 있을 수 있다. 하지만 향후 정치 지도자들은 이 부분에 깊은 성찰이 필요할 것 같다.

나 : 대표님이 진단하는 진짜 패배원인은 뭔가? 객관적으로 설명해 달라.

황 : 당에서 발간한 백서 자체는 일리 있으나 그것이 전부를 설명한다고 생각하지는 않는다. 먼저 '막말'에 대해 이야기하겠다. 기본적으로 〈국민의힘〉을 지지해왔던 분들께서는 '특정 정파에 편향되었다'라고 보기보다 애국심이 기본적인 동기였던 경우가 많았다. 그런데, 이분들을 전부 '극우 프레임'이나 '막말 대상자'로 매도해서는 안 된다. 그런 면에서 단순히 '막말 때문에 졌다'라고 생각하는 데에는 전부 다 동의하지는 않는다.

'공천'은 실패했다. 다만, 이번 공천에서 지난날 반복되었던 비리와 당 대표의 일방주의 공천 등으로 인한 부작용은 최소화됐다고 생각한다. 많은 유혹이 있었지만, 내 나름대로 노력을 많이 했다. 특히 "'통합'을 이루고 좋은 공천을 통해 승리하고자 하는 것"이 당시 대표인 내가 지향했던 '이기는 공천'이었다. 그런 뜻을 가지고 공관위를 구성하고 나름 긍정적인 역할을 기대했으나, 결과적으로는 공천은 실패했다. 그래도 당 대표의 전권을 내려놓는 시도를 했다는 점에서는 유의미하지 않을까 생각해 본다.

'중앙당의 전략 부재'에 대해선 인정한다. 민부론(국민을 부자 만들자는 경제 대안), 민평론(국민 중심 평화 대안), 민교론(국민 중심 교육 대안) 등 평소에 우리 당에서 정책 대안을 마련해오긴 했지만, 선거 때 국민 마음을 사로잡을 수 있는 압축적이고 매력적인 대안을 제시하지 못했다. 국민에게 제대로 전달하지 못한 것이다.

'탄핵에 관한 입장 표명'의 경우는 좀 다르다고 생각한다. 당시는 그 문제를 논할 상황이 아니었다. 미래지향적인 관점이 옳다고 생각했다. '탄핵' 이야기가 나오는 순간 분열이 야기되는 분위기였다. 적어도 국가지도자가 되고 싶은 사람이라면 분열적 요소에 몰입하는 것은 바람직하지 않다. 당시 정권의 폭주를 막기 위해 자유민주진영은 미래와 단합에 집중해야 했다.

'청년층의 외면'은 뼈아팠다. 이들의 자유민주 진영에 대한 지지율은 15%도 되지 않았다. 하지만 우리가 그들의 필요와 바람에 부합하는 정책을 만들어 내고 당의 운영방식 역시 시대정신에 맞는 형태로 개신해 나간다면, 이러한 신성성이 받아들여지지 않을까 하는 생각을 했다. 총선 당시 나에게 다가온 수많은 청년을 보면서 희망의 기운을 느꼈다. 그런 맥락에서 더 쇄신하고 청년들의 수요에 맞는 정책과 당 운영방식을 지속해서 실행에 옮겨야 했는데 아쉽다.

분명한 사과가 있었지만, 사안에 따라 나름 객관적으로 분석했다. 과정의 실패는 인정했지만 떠밀린 판단에 대해서는 분명한 입장을 가지고 있었다. 하지만 역시 더 잘할 수 있었는데 하는 짙은 아쉬움이 배어났다. 생각해 봤다. 다시 기회가 오면 더 좋은 결과를 낼 수 있을까? 그 정도로 정치적으로 성숙했을까? 아직 나는 모르겠다. 그래서 현재 진행형인 문제를 물었다.

나 : 총선 전 대표로서 '대통령탄핵사태'에 대한 입장은 무엇이었나?

황 : 당시는 탄핵을 이야기할 때가 아니었다. 당시 탄핵에 대한 명확한 입장 발표가 있었다면 분명히 양극단으로 분열되었을 것이다. 자유민주진영의 통합이 절실한 상황에서 '탄핵 관련 입장' 같은 내부 논란거리를 만들어서는 안 된다고 생각했다. 그러면 대통합은 고사하고 소통합도 물 건너간다. '분열의 길'은 정치지도자가 가서는 안 될 길이다. 문재인 정부의 실정에 대해서는 변명의 여지가 없을 뿐 아니라, 국론분열과 국민 반목을 조장해 정치적 승리를 거두려는 작태는 용납할 수 없다. 이런 소신으로 나는 '통합의 길'을 선택했고 '탄핵'에 연연하지 않았다.

당시 우리는 여전히 '과거의 늪'에 빠져서 허우적거리고 있는 형국이었다. 그 늪에서 빨리 나와 미래로 건너가야 했다. '왜 자꾸 서로 얽혀 과거에 매달리며 스스로 발전 가능성을 없애느냐'는 의견이었다.

나 : 총선 공천에서 보인 리더십 문제가 이슈가 됐다. 적과 싸워 승리할 진용을 짜지 못했다는 비판이다. 다시 기회가 주어진다면 제대로 된 '황교안 사단'을 만들 생각이 있는가?

황 : 공천에 부족한 점, 아쉬운 점이 정말 많다. 진용을 제대로 짜지 못한 것도 한스럽다. 하지만, 다른 차원에서 안타까운 점도 있다. 지금도 나는 '통합지향의 공천'이 잘못되었다고 생각하지는 않는다. '자유민주주의와 시장경제질서를 주축으로 한 헌법가치를 존중하는 모든 세력이 함께하자'는 차원에서 통합을 강조했다. 우파 내 여러 노선이 있었던 것은 사실이지만 '헌법가치'란 대전제에서는 다 하나 된 목소리라고 생각했다. 큰 흐름은 분명히 합쳐졌다. '가치중심의 통합'은 그만큼 중요했다. 다만 노선을 정하는 데 있어서의 전략적 선택의 차이는 존재할 수 있었다. 그렇다고 이런 차이로 인해 통합자체가 부정되어서는 안 된다.

나는 당에 처음 들어왔을 때 제일 먼저 통합을 강조했다. 〈3단계 통합〉이 핵심인데, 첫 번째 단계인 '당내통합'은 친박계와 비박계 간 갈등의 해소였다. 두 번째로는 자유민주진영 정치세력 대연합을 목표로 한 '대통합'이었다. 내가 2019년 2월 당 대표가 된 이후 몇 개월 지난 8월 즈음부터 12월까지, 유의미한 의견교류와 합의를 통해 대통합 노력이 공식화됐다. 적어도 12월 중에는 통합을 끝내야 한다는 것이 처음 내 계획이었다. 결국은 2월 말에서야 합의되어 3월 초에 공식적으로 미래통합당이 출범했다. 이런 맥락에서 '골든타임을 놓쳤다'는 점에 대해선 여전히 아쉬움이 남는다. 세 번째는 국민통합이다. 국민통합을 위해 정치권부터 통합과 단합을 지향하는 모습을 보여야 한다. 반면 문재인식 리더십의 핵심 DNA는 '분열'이다. 국민 사이의 갈등을 조장하여 '갈라치기'하는 형태의 폭정은 반드시 제어되어야 한다. 그게 야당의 몫이다. 지금의 〈국민의 힘〉역시 지속해서 그런 노력을 진행해야 한다.

나 : 통합의 전제조건으로 말씀하신 '헌법가치'는 민주당도 무시하지 않는데?

황 : 하는 말과 달리 민주당은 헌법가치를 현저하게 흔드는 모습을 확실히 보여주고 있다. 특히 문재인 정권의 정책은 큰 틀로 봤을 때 헌법에 배치되는 부분이 너무 많다. 가령 헌법적 가치인 '시장경제'만 해도 그렇다. 현행 헌법에 '시장의 폐해를 보완하는 규정'이 있음에도 불구하고, 현 정부의 정책적 흐름은 보완을 넘어 때려 부수는 식으로 가버리니 문제가 심각해지는 것이다.

나 : 그렇다면 '국민통합'에 현 정부 사람들은 포함 안 되는가?

황 : 물론 포함된다. 반성하고 헌법적 가치를 존중한다는 전제에서다. 대한민국 국민 모두의 통합을 지향하는 정치가 옳고, 그것이 정치

인 황교안의 소신이다.

나 : 아까 공천이 잘못됐다고 하셨다. 공관위와의 갈등 때문인가?

황 : 내가 처음 당에 들어왔을 때, 한국당이 직면한 가장 큰 비판이 '싸움을 못한다', '대안이 없다', 그리고 '미래가 없다'라는 내용이었다. 그래서 나는 '싸워 이기는 정당', '역량 있는 대안 정당', 그리고 '미래를 준비하는 정당' 등을 목표로 삼았다. 문제는 내가 이 모든 것들을 포괄하는 최고의 전문가는 아니라는 점이었다. 그래서 상기 목표들을 함께 이룰 수 있는 '협치 모델'을 연구했다.

예를 들면 광화문 투쟁을 진행하는 동시에, 경제적 대안을 민부론 등을 통해 출판했다. 그 과정에서 정말 많은 현장·학계 전문가들을 초빙했다. 그 외에도 안보, 교육 등 여러 대안을 연이어 만들었다. 당내의 인재부족 문제를 해소하기 위해서, 2019년 6월부터 인재영입에도 적극적으로 나섰다. 하지만 타이밍이 너무 늦어져서 결국은 공천에만 매몰된 인재영입이 되어 버렸다. 개인적으로는 공천 외에도 당 내외 혁신을 이룰 수 있는 '포괄적 인재영입'을 추구했었다. 특히 당내 의원들을 중심으로 여러 분야 인재들을 추천받았다. 총선준비단도 경험 있는 의원들과 뜻을 모아 오래전부터 출범시켰고, 준비도 착실히 했었다. 공관위 역시 제왕적 당 대표의 무분별한 공천개입으로부터 자유로운 독립적인 조직을 추구했다. 하지만 공관위가 처음 내 구상과 다른 길로 간 부분은 많다. 최선을 다했을지는 모르겠지만 결과적으로는 실패했다. 하지만 책임을 미루려는 뜻은 전혀 없다. 역시 최종적인 책임은 나에게 있다고 생각한다.

나 : 마지막 공천의 정정은 약속했던 '공관위 독립성'을 침해한 것 아닌가?

황 : 권한을 분명히 주었지만, 대표인 나도 당헌·당규의 범위를 넘는 정도의 권한을 줄 수 없다. 공천과정에서 분명한 문제가 있었다. 특히 마지막 몇 자리의 경우, 당헌·당규상 명백히 위배되는 내용이 있었다. 통념상 받아들이기 힘든 지역과 후보들이어서 당헌·당규에 따라 최고위를 통해 바로 잡은 것이었다. 물론 이 과정에서 발생한 마찰에 대해서는 내 잘못이 없지 않다. 전반적으로 10여 곳이 문제가 있는 지역으로 분류되는데, 여기에 대해서 최고위원회의 정당한 권한을 활용해 최소한의 조치를 했고, 여기에 대해선 국민께서도 양해를 해 주셨으면 하는 바람이다.

나 : 총선 이후 김형오 위원장을 만난 적이 있나?

황 : 만난 적 없다. 총선 선거전 진행 중 만난 일은 있지만…

나 : 김형오 위원장과 선거가 한참 지난 후 신동아 인터뷰를 했다. 보셨나? '내부에 적이 있었다'라는 내용이 주던데, 개인적으로는 어떻게 생각하시는지?

황 : 봤다. 그런데 면밀하게 따져 본 것은 아니다. 굳이 시시비비 가리고 싶지 않고, 그래서도 안 된다고 생각한다. 그래도 함께 고생했던 분인데, 인터뷰하신 내용을 가지고 주거니 받거니 하는 것은 옳

지 않다고 본다.

나 : 김형오 위원장이 인터뷰에서 언급한 공천자료로서 '위원장 평가지
  침서'에 대한 생각은?

황 : 총선준비단에서 많은 내용이 검토되고 논의됐다. 정량·정성 평가
  의 기준, 평가 주체의 객관성 등 여러 문제에 대한 생각들을 정리
  했다. 2019년 6월부터 총선준비단은 제기될 수 있는 여러 이슈를
  광범위하게 정리했고, 공관위에도 결과와 기준들을 종합적으로 전
  달했다. 그것을 공관위가 받아들여 활용했는지는 모르겠다.

나 : 김형오 위원장 인터뷰에서 언급된 '김종인 책임론'에 대해서는 어
  떻게 생각하는지?

황 : 책임은 전적으로 내가 져야 한다. 물론 김종인 위원장이 나와 함께
  총괄선대위원장을 맡으셨기 때문에 선거결과에 대한 책임도 같이
  지어야 한다고 말하는 분도 있지만, 엄밀히 말해서 내가 당 대표를
  겸해 맡았기 때문에 내 잘못이 절대적으로 크다.

나 : 김형오 위원장은 태영호 의원을 공천하고 그를 중심으로 별도의
  유세단 만들려고 했는데 김종인 위원장이 비토를 놓으면서 유세단
  자체가 수포가 되었다며 아쉬움을 피력했다. 이에 대해 부연해 설
  명할 것이 있나?

황 : 처음 김종인 위원장을 영입하려 했을 때, 강남(갑) 공천이 잘못되었
  다며 변경해야 한다는 조건을 제시하셨다. 거기에 대해 내가 반대하

니까, '당에 들어와서 할 역할이 없다'라고 하시더라. 그러나 공천 결정은 공관위에 위임했고, 실제 최종공천까지 이뤄진 마당에 그걸 되돌린다는 것은 공정성에 부합하지 않다고 판단했다. 그래서 결국 그분 뜻대로 되지 않았다. 결과적으로 태영호 의원이 강남갑 국회의원이 되었다. 내가 알고 있는 팩트는 거기까지다. 지금 시점에 다시 시시비비를 따지는 것은 바람직하지 않다고 생각한다.

나 : 다시 패스트트랙 법안 재판으로 넘어가 보겠다. 피고인으로 법정에 선 것은 처음 아닌가? 피고인으로 법정에 선 심경은 어땠나?

황 : 처음이다. 그런데 심정은 별반 다를 것이 없었다. 내가 죄를 지어서 진짜 피고인으로 그 자리에 섰다면 심경이 남달랐을 것이다. 하지만 아니었다. 나와 동지들은 민주주의를 지키기 위한 노력으로 가당치 않은 기소를 당했다. 그래서 두렵거나 수치스럽지 않았다. 당당할 뿐이었다.

다만 민주주의가 무너져 가는 모습을 보면서 굉장히 안타까웠다. 정체를 알 수 없는 공수처법은 아직도 진행형이다. 근대적 사법제도는 프랑스 혁명 때부터 시작되었다. 당시 법원의 자의적 재판과 경찰의 자의적 수사가 인권을 침해했기 때문에 그 대안으로 검찰이 탄생한 것이다. 구체적으로는 법원의 법 집행과 경찰의 수사 등을 조율하고 지휘하고자 만들어진 조직이 검찰이다. 실제로 몽테스키외는 검찰조직의 탄생을 가장 현명한 일이라고 말했다. 그런 검찰을 특정 정권이 좌지우지하기 위해 법적 근거도 없는 옥상옥 조직을 만드는 것은 아무리 봐도 방치할 수 없는 일이다.

나 : 그동안 법정에 많이 서셨을 것이다. 가장 기억에 남는 재판은?

황 : 법무부 장관 자격으로 헌법재판소에 청구했던 '통합진보당 해산' 사건이 기억에 남는다. 법무부 장관이 헌법재판소의 재판기일에 참석하는 것은 극히 이례적인 일이었다. 청구 당시 정치권을 비롯해 여론 흐름은 호의적이지 않았다. 오히려 부작용에 대한 여권의 우려와 '지나치다'라는 일반 여론이 강했다. 이런 분위기에서 발의를 한 사람 입장으로 법무부 직원들에게 동기부여를 하고자 내가 앞장서서 나선 것이다. 마무리도 마찬가지였다. 내가 헌재에 출석해서 매듭지었고, 결론적으로는 헌재재판관 9명 중 야당 추천 재판관을 비롯한 8명이 통합진보당 해산에 찬성했다. 그것이 가장 기억에 남는 재판이다.

나 : 통진당 해산에 대해 지금은 어떻게 생각하나? 바람직했나?

황 : 헌법에 '민주적 기본질서에 위배되는 정당'은 해산되도록 규정되어 있다. 이는 곧 국민의 요구와 진배없다. 정당의 자유는 최대한 보장되고 제한은 최소한도로 이뤄져야 하는 것은 맞는 말이다. 그러나 헌법가치에 정면으로 도전하는 헌법정신을 부정하는 정당은 그런 자유를 누릴 대상으로 인정될 수 없다. 이런 이유에서 당시는 헌재의 판결을 받아 해산시키는 것이 바람직하다고 생각했다. 하지만 그런 '외과적 치유'까지 할 수밖에 없었던 우리 정치의 문제에 대해 안타깝다는 생각을 했다. 정치의 면역력과 정당의 건강성을 키우는 것이 근본적인 치유라고 생각했고, 그런 생각이 나를 정치권으로 인도한 측면이 크다.

이후에도 많은 질의응답이 있었다. 하지만 시간적 제약으로 체계적인 분석이 불가능했다. 그래서 제안했다. "대표로 재직하던 시절의 드라마를 들려 달라. 그 인터뷰를 책으로 내면 중요한 사료가 될 수 있을 것 같다." 황 대표는 잠시 망설이다 말했다. "그동안 나 나름대로 정리해 보려고 메모를 많이 했다. 비교할 수는 없지만, 톨스토이처럼 나도 '고백록'을 내는 것이 좋겠다고 생각도 했다. 그런데 써놓고 보니 자꾸 변명이 돼버리더라. 그래서 결국 포기했다. 그런데 김 특보가 정리해 준다면 좋겠다는 생각이 든다. 대신 변명으로 생각되지 않게, 아주 객관적으로 정리해 달라. 그게 조건이다." 황교안의 '고백록'인 동시에, '총선백서'가 탄생하는 순간이었다. 이후 충분히 인터뷰했고 더 많은 대화를 나눴다. 처음에는 자기방어적 대응이 꽤 있었지만, 갈수록 반성과 성찰의 농도가 높아졌다.

Part. 02

정치판에
'주사위 던지기'

Part. 02

정치판에 '주사위 던지기'

카이사르, 황교안, 그리고 방탄소년단

본격적인 정치 여정이 시작됐다. 1월 12일. 고대 로마에서는 카이사르가 루비콘강을 건넜다. "주사위는 던져졌다"라는 말을 남겼다고 한다. '건곤일척(乾坤一擲)'의 결단으로 운명에 모든 것을 맡긴다는 뜻이었으리라. 1월 15일. 현대의 대한민국에서 전 국무총리 황교안은 자유한국당에 입당했다. 전자는 기원전 49년이었고, 후자는 서기 2019년이었다.

이천 년 이상의 시차(時差)가 있었지만, 두 사건 간의 공통점은 '꿈과 이상을 좇아 모험하는 것'이 있었고, 그 전제로 국민의 큰 지지를 받아야 하는 것도 같았다. 그러나 양자 간에는 결정적인 차이가 있었다. 카이사르는 '공화정'을 무너뜨리려 도강했고, 황교안은 '민주공화제'를 수호하겠다며 입당했다. 이상(理想)과 목표뿐 아니라 물리력 차이도 컸다. 카이사르는 전설적인 〈10군단〉이 있었고 목숨을 내놓을 정도의 충복도 많았다. 10군단은 카이사르가 만든 군단 중 가장 강력했다. 카이사르의 군대는 체구는 작았지만(평균 163cm), 최대 100파운드(45.4kg)의 군장을 짊어지고 하루 25마일(40.4km)을 행군했다. 아침이면 일어나 군영을 불태우고 행군을 마친 후 저녁에 도착하면 새로운 군영을 만들었다. 이런 일이 매일 반복됐다. 적에게 숙소를 제공치 않기 위해서였다. 군기도 대단했다. 병사 한 사람이 잘못하면 같은 줄의 병사들은 모두 처벌을 받았다. 이런 군대는 유능한 장수들이 없었다면 존재할 수 없었다. 카이사르와 그의 군대는 갈리아, 브리타니아, 이스라엘 중동과 아프리카 지역을 정복하는 등 로마가 명실공히 세계 제국으로 발돋움하는 데 결정적인 무훈을 세웠다. 그 결과 황제의 꿈을 꿀 수 있을 정도로 카이사르의 인기는 하늘을 찔렀다.

하지만 황교안은 혈혈단신(孑孑單身)이었다. 카이사르가 '현실주의자'라면, 황교안은 철저한 '이상주의자'였다. 여기서 성패가 갈렸다. 황교안 개인 캠프 출신이었던 분들이 불쾌해할지 모르지만 적어도 나는 그렇게 생각한다. 황교안은 고교, 법조계 선배인 이회창 전 총재와 비견되곤 한다. 배경과 상황이 유사하기 때문이다. 그런데 이회창 가까이엔 지금까지도 총리 시절 비서실장이었던 '군기반장' 이흥주 특보가 버티고 있다. 황교안에게도 이흥주 같은 측근이 있는가? 그렇다고 윤여준, 이병기, 금종래(소위 '윤·

금·이')같이 혼신의 힘을 다하는 책사가 있는가? 황교안은 '꿈꾸는 청춘'이었다. '청춘'은 가능성이 무한하지만, 그 가능성을 현실화하는 데는 많은 시간과 노고가 필요하다. 처절한 노력을 했음에도 성취는 없고 좌절만 남는 경우가 허다하다. 황교안도 그랬다. 그러나 포기할 수 없고, 해서도 안 된다. 전사는 전장에서 전쟁을 통해 만들어진다. 방탄소년단의 노래 '피 땀 눈물'의 스토리는 큰 영감을 준다. 추락하는 이카로스와 타락한 천사, 그리고 비극적인 결말일 줄 알면서도 갈 수밖에 없는 소년들. 도전하지 않는 인간은 죽은 인간이다. 그래서 모든 인간은 청춘이고 청춘이어야 한다. '피 땀 눈물'의 가사는 노래한다.

알면서도 삼켜버린 독이 든 성배
내 피. 땀. 눈물. 내 마지막 춤을 다 가져가 가
내 피. 땀. 눈물. 내 차가운 숨을 다 가져가 가

정치와 선거, 그리고 정당

황교안에게 아직도 '마지막 춤'이 남아 있을까? 황 대표는 철저히 패배했다. 하지만, 그동안 흘린 '피 땀 눈물'을 통해 현실적인 변태와 성장이 있었다면 가능성이 없지는 않다. 스스로 일어서는 것은 불가능하다. 하지만 아침저녁을 모를 현실정치에서 기회가 올 수도 있다. 그때 준비되어 있어야 기회를 잡을 수 있다. 기회가 왔을 때 그 기회를 현실화시킬 수 있는 준비 말이다.

꿈은 현실이 되지 않으면 '망상(妄想)'일 뿐이다. 망상은 자신뿐 아니라 주변에 피해를 준다. 꿈을 현실화하려면 꿈과 현실 간의 '접점'을 찾아야 한다. 감성과 이성 간의 접점. 이상과 현실과의 접점. 내 꿈을 타인에게 전파하는 데 필요한 소통의 접점 등. 정치에서 그 접점은 '공감된 정의(正義)'라고 생각할 수 있다. 정치를 제대로 하려는 사람은 '정치에 대한 정의(定義)'부터 숙고해야 한다. 기본으로 돌아가는 것이다. 인간이 위기를 극복하려면 기초체력이 튼실해야 한다. 처음 공부할 때 '정의'는 피상적으로 암기하는 것이지만 그게 전부는 아니다. 특정 분야에서 진력하다가 고통을 받아 본 사람에게 어떤 '정의'는 사무치게 다가오는 것이다. 그 핵심을 찾아 자신에게 내면화하는 것이 첫 단추다. 이를 바탕으로 타자와 공감을 이루는 것이 두 번째다.

요즘은 잘 모르겠지만, 필자가 고등학교 다닐 때 "정치는 가치의 권위적 분배 (Politics is the Authoritative allocation of values for a society)"라는 정의를 배웠다. 데이비드 이스턴 (David Easton)의 정의다. 여기서 '권위적'은 '권위 있는'이란 의미다. 우리 역사 속 부정적인 경험 때문에 '권위적'이란 말이 우리 머릿속에는 부정적인 의미로 각인됐지만, 여기서 '권위적'이란 말은 보다 중립적인 의미다. 하지만, '권위 있는'은 '자의적이지 않고 사적이지 않은'이라는 의미와 상통한다. 이 정의에 입각한 정치의 본질은 '분배'다. 물론 그 '분배'에는 권위 위에 시행된다. 올바른 정치는 정당한 리더십에 근거한 정당한 권위가 전제되어야 한다. 다시 말해서 '정당한 리더십을 가진 정치인이 정당한 권위를 가지고 가치를 배분하는 것'이 올바른 정치다. 선거는 '정치의 꽃'이라고 말한다. 그러니 정당의 입장에서 선거는 '정당성을 갖춘 리더가, 승리를 위해, 정당한 권위를 행사해 공정하게 공천하고, 그 결과를 국민께 심판받는 이벤트'를 의미한다.

민주주의는 '직접민주주의'와 '간접민주주의'로 나뉜다. 전자는 의사결정을 유권자가 직접 하는 것이다. 그러나 현대사회에서는 이상일 뿐이다. 이유는 이렇다. △ 모든 분야가 너무 전문적이다. 아무리 똑똑한 철인(哲人) 유권자라도 모든 문제에 정통할 수는 없다. △ 어떨 때는 선택에 화급을 다투는 문제도 있다. 어떤 문제에 있어서 '한가하다'라는 이야기를 들으면 나라가 결딴날 수도 있다. 그렇기에 결정과 실행을 대신할 능력 있고 충성스러운 공복이 필요한 것이다. 이 공직자를 어떻게 통제하느냐가 '절차적 민주주의'라는 과제다. 여기서 문제가 발생한다. '포퓰리즘'의 유혹이다. 직접민주주의에서는 포퓰리즘을 막을 수가 없다. 포퓰리즘은 그 나라와 사회에 앞으로 살 후손들의 희생 위에 벌어지는 기성세대의 방탕이다. 이런 문제들 때문에 현대사회에서는 임기가 보장된 대의기관을 통한 대의민주주의가 선택되는 경우가 많다. 임기가 보장된 공직자가 소명과 소신, 그리고 큰 목표와 긴 안목을 갖고,

당시의 여론에 반하는 상황에도 국가와 국민에 도움이 되는 정책을 시행하라는 취지다. 물론 기술발달을 통해 직접민주주의 요소를 가미하긴 하지만 기본적으로 보조적인 기능일 뿐이다. 그런데 요즘은 정치인들은 확신 부족과 조급증 때문에 수시로 여론조사와 지지층의 아우성에 휘둘린다. 야당이야 그럴 수 있다지만, 집권 세력이 여론에 근거한 포퓰리즘에 중독되면 나라가 망하는 것은 시간문제다.

결국, 민주주의의 성패는 '정년이 보장된 직업공무원들을 감시할 임기제 공직자를 어떻게 잘 선출하느냐'로 귀결된다. 선거기간이란 짧은 시간에, 바쁜 현대인들이 많은 후보자를 확인해 봐야 하고, 정보 접근에도 한계가 있으므로 '정당정치'가 강조되는 것이다. 유권자의 판단을 수월케 하도록 돕는 장치이며, 추천(공천)에 책임을 지게 하는 제도적 장치가 바로 정당이다. 정당은 후보자의 '먹튀'를 방지하는 시스템인 것이다. 그래서 '대의정치'는 곧 '정당정치'다. 정당이 '선거철 떴다방'처럼 수시로 바뀌는 것은 민주주의의 불행이다. 그런데 정당에도 얼굴이 필요하다. 일반 기업에도 대표를 두고 기업의 성과에 연대책임을 지우듯이, 정당도 국민이 인정할 수 있는 대표를 두고 그가 정당의 성패에 대해 연대책임을 지도록 하는 것이다. 대표는 책임을 미뤄서는 안 되고 미룰 수도 없다. 요즘처럼 정당의 이합집산이 많은 정치 상황에서 국민의 유일한 판단 근거는 그 정당의 대표이기 때문이다.

한 사람이 정치를 하겠다는 것, 특히 한 정당의 대표를 하겠다는 것은 이 모든 것을 감당할 자신과 각오가 있어야 한다. 하지만 불행하게도 대부분은 그렇지 못해 실패한다. 실패한 사람 중에는 재기하는 사람도 있고 재기 못 하고 잊히는 사람들도 많다. 그 차이는 실패했을 때 어떻게 반성하고 처신하느냐에 달려있다. 여기서 핵심은 '실패의 원인'을 정확히 파악하는 것에서부터 시작해야 한다는 것이다. 그래야 다음에 올바른 처방을 할 수 있기 때문이다. 처방이 틀렸음이 확인됐는데 이를 알지 못하고 같은 처방을 고집하는 것은 본인뿐 아니라 조직과 나라를 망치는 일이다. 문재인 정부의 '부동산정책'처럼 말이다. 문재인 정부엔 기회를 30차례 가까이 주었지만, 아직도 길을 찾지 못하고 있다. 이 정도 되면 실패를 교훈 삼고 반성한 야당 지도자에게도 기회가 있지 않을까? (아직도 야당에 최고지도자감이 보이지 않기 때문이기도 하다) 이 불확실한 경우를 가늠하기 위해 복기를 통해 가능성의 여지를 판단해 본다. 그 결과 아니면 정말 아닌 것이다.

'정당해산'에서 '정치입문'까지

얼마 후 황 대표를 만나 '왜 정치입문을 결심했냐'고 단도직입적으로 물었다.

황 : (회상하는 듯 잠시 생각하다가 또박또박 설명했다.) 내가 가장 기억에 남는 재판이 헌법재판소에서의 '통진당 해산' 결정이었다고 말했다. 좋은 기억은 아니었다. 분명히 이겼는데 기분이 썩 좋지 않았다. 오랫동안 생각해 봤다. '정당해산'은 최후의 방법이다. 모든 치료가 실패했을 경우 선택할 수밖에 없는 외과적 치료 수단이다. 치료는 할 수 있지만, 부작용이 너무 크다. 가장 좋은 방법은 면역력을 키우고 건강한 몸을 만들어 병을 예방하는 것이다. 정당과 정치도 마찬가지다. 건강한 정당과 정치가 있으면, 그런 그릇된 시도는 정치 담론시장에서 자연스럽게 걸러진다. 그런데 오랫동안 그렇게 되지 않았다. 그런 면역력과 건강이 사라졌기 때문에 '정당해산'이라는 극단적인 방법을 동원할 수밖에 없었던 것이다. 그래서 결심했다. 정치를 건강하게 만들어야 하겠다고.

그렇다고 총리 퇴임 직후 바로 정치를 직접 하겠다고 결심한 것은 아니다. 대통령권한대행을 끝마치고 일 년 반 넘게 정치와 일정한 거리를 두고 나름 나라와 사회에 기여할 방법을 찾았고 이를 위해 노력했다. 먼저 총리직에 있으면서 느꼈던 부족한 점들에 대해서 분석해봤다. 무엇보다 '청년들과의 소통과 동행'이 전혀 안 됐다는 생각에 이르렀고, 그래서 청년들과의 호흡을 맞추기 위해 강연, 플랫폼 구성 등 다양한 활동을 실행해 봤다. 두 번째로 자신이 챙기지 못한 영역들에 대해서 고찰해 봤다. 특히 '탄핵당한 자유민주진영'의 정치적 취약점이 무엇일까에 대한 고민을 정리해 보았다. 무엇보다 자유민주진영이 '영웅 중심의 정치 유행'으로부터 벗어나야 한다는 생각이 들었다. 지금도 그렇지만, 앞으로는 모든 영역에서 더욱 다원화되고 개별 전문성이 심화할 것이다. 따라서 모든 영역에서 독보적인 영웅이 나오기 힘든 토양이 될 것이기에 이런 습성이 심각한 문제가 될 수 있다고 생각했다.

이제는 보통사람의 시대, 국민의 시대로 정치가 자리 잡는 것이 필요하다고 생각했다. 이럴 때는 무엇보다 협치가 중요하다. 이에 대비하기 위해 싱크탱크 구성을 위한 미팅도 해보고 공부도 여러 방면에서 수행했다. 그렇다고 이 모든 행보가 내가 직접 정치를 하기 위한 것은 아니었다. 앞서 말한 싱크탱크도 나 개인의 정치적 목적보다는 순수하게 사회에 기여하고 싶다는 의도를 가지고 정치 현실에 작은 힘이나 보탤 생각으로 설립을 시도한 것이다.

나 : 처음에는 그렇게 소박한 마음이었다고 하셨는데, 결국 직접 정치를 시작했다. 대통령권한대행을 할 때 경험한 '권력의 맛'을 잊을 수 없어서 아닌가?

황 : 권력을 휘두르기 위해서 정치권에 들어온 것이 아니다. 문재인 정권하에서 야당 지도자가 그런 태도라면 국민의 호응을 얻을 수 없다. 이 나라를 망가뜨리고 국민의 삶을 힘들게 만드는 문재인 정부와 투쟁하기 위해 정치권에 들어올 수밖에 없었다.

처음에는 실제로 문재인 대통령이 잘해주길 바랐고, 상식적인 국정운영을 하지 않을까 기대도 했다. 그런데, 시간이 지날수록 실정이 점차 누적된다는 느낌이 들었다. 대선 1년여가 지나고 2018년부터 이 정부의 잘한 점과 잘못한 점을 메모하기 시작했다. 조금 지난 후 보니 잘한 것은 한두 페이지고 잘못한 점은 수십 페이지가 됐다. 그나마 잘했다는 것은 '올림픽의 성공적 개최' 같이 전 정권이 유치했고, 우리 국민이 잘 해낸 것들에 불과하다. 그런데 정작 이 정권이 주도해서 잘한 것은 거의 없었다. 반면 각 분야의 실정은 제목만도 수십 페이지에 달할 정도로 이루 말할 수 없이 많았다. 딱히 현 정권을 비판하려고 적은 것은 아니었지만, 국정의 총체적 파탄을 보며 확신에 이르게 됐다. 그래서 나라를 바로잡기 위해 정치입문을 결심하고 자유한국당으로 입당한 것이었다.

나 : 그런데 왜 하필 자유한국당인가? 당시 개인 지지도로만 보면 당시 이낙연 총리와 1위 경쟁을 하며 막상막하 선두권이었는데. 다른 대안도 있지 않나?

사실은 '자유한국당'과의 연결고리가 궁금해서 한 질문이다. 그리고 반기문 전 유엔사무총장을 옹립하려고 차려진 신당 '바른정당'의 경우가 생각났기 때문이다. 당시는 상당수의 탈당자가 복당한 상태였지만, 일부는 외곽에 여전히 건재하고 있었다. 탈당파 중 복당파(소위 김무성계)와 바른미래당 잔존파(유승민계), 그리고 자유한국당 잔류파(친박계 중심) 중 어느 세력과 의논을 하고 결정을 했는지 알고 싶었다. 향후 의사결정의 단초들을 확인하는 작업이었다.

황 : 내가 총리로 재직했을 때 여당이 자유한국당이었다. 어려운 시기

에 같이 국정을 논했던 집권 여당이었기 때문에, 일차적으로 한국당이 자연스럽게 검토될 수밖에 없었고, 딱히 갈만한 당도 없었다. 신당 창당도 생각해 봤지만, 자칫하다가는 자유민주진영의 분열을 일으키지 않을까 염려가 되어 한국당행을 선택했다. 당을 개혁할 때에는, 환부를 잘라내야지 매번 몸통을 갈라 나눠서는 안 된다고 생각한다. 매번 때리고 부수고 하며 새집을 지을 수는 없지 않나? 대통령의 리더십 역시 그런 맥락에서, 있는 장점은 살리고 약점을 개혁하여 리더십을 살리는 게 중요하다.

대답을 듣고 머쓱해졌다. 고수가 아니면 완전한 초짜라고 생각했다. 초반이라 너무 밀어붙이지는 않았다. 그래서 질문의 방향을 좀 바꾸어 봤다. 입당이 거론되던 시기 여권의 공격에 관한 질문이었다. 당시 여권은 황교안 총리가 대통령의 국정농단을 막지 못했고, 대통령권한대행 때는 특검 연장을 거부했다며, 그래서 황교안은 원조 적폐라고 공격했다. 이를 지적하자 황교안은 분명한 어조로 말했다.

황 : 전형적인 악의적 프레이밍이다. 경쟁자의 싹을 자르겠다는 의도였다. (그리고 그들의 공격을 하나하나 탄핵했다) 먼저, '대통령 농단을 막지 못한 총리'라는 비판에 대해서 말해보자. '농단'이 무엇인가? 또 당시 실제로 그것을 총리가 막을 수 있었다고 생각하는가? 총리는 국정을 수행하는 사람이었지 대통령을 관리하는 사람이 아

니라고 생각한다. 특히 사생활의 경우는 더더욱 알 수 없다. 당시 야당인 민주당에서 언급한 '최순실의 존재'에 대해서, 대부분 청와대 인사들이 그랬듯 나 역시 찌라시나 언론보도를 통해서 알았을 뿐 사전에 알지 못했다. 특히 농단과 잘못에 대해서 구분할 필요가 있다. '농단'이라 함은 사실상 국정이 흔들린다고 보는 것인데, 실제 미르재단 문제가 있었을 당시만 하더라도 국정 공백이나 정책적 문제는 보이지 않았다. 최근 한 민주화 운동권 출신 재야 원로인사는 '박근혜에겐 최순실이 한 사람이지만 문재인에게 열 명이다'라고 했는데, 그 10명이 누군지 아는 사람이 청와대와 정부에 몇 명이나 되겠는가? 그때에 비해 지금의 상황은 더욱 심각한 국정 난맥상인데 말이다.

'특검 연장을 막았다'는 비판에 대해서도 그렇다. 특검 활동을 연장하려면 '예외적인 사유'가 있어야 한다. 이미 절차상 수사를 다 했고 더이상 그것을 진행할 명분도 없었기 때문에 실무진의 검토를 바탕으로 양심에 근거해서 원칙적으로 진행했을 뿐이다. 특정 세력의 정치적 활용을 위해 국가재정을 낭비하고 국민 분열을 가중하는 일은 공직자로서 해서는 안 되는 일이다. 지금도 그런 소신엔 변함이 없다.

'도로 새누리당', '도로 친박당'이란 비아냥에 관해서도 설명하겠다.

"나는 법무부 장관 제안을 받기 전까지만 해도 박근혜 대통령과 인연이 전혀 없었다. 따로 박근혜 정권 출범에 기여한 것도 없었기 때문에 나 자신도 의아했다. 친박 그룹에 딱히 신세 진 적도 없었고 카르텔에 가담한 것도 아닌데, 그렇게 매도되는 부분은 개인적으로 안타깝게 생각했다. 하지만 정치인의 길에 들어선 이상 이런 지적도 감수하고 당당히 헤쳐나가야 한다고 각오를 다졌다. 그리고 생각해 봤다. 그렇다면 박근혜 전 대통령은 왜 나를 법무부 장관 자리에 앉혔을까? 첫째로는 임명권자가 권력자로서의 비리가 있었다면 나를 장관으로 임명 못 했을 것이다. 만약 숨기고 싶은 일이 있었다면 과거의 대통령들과 같이 '철저한 자기 사람'을 앉혔을 것이다. 특히 법무부 장관은 수사권 있는 검찰을 지휘하기 때문에 더욱 그렇다. 그런 맥락에서 볼 때 박 대통령이 그만큼 청렴에 자신이 있었다고 생각했다. 탄핵 이후 수많은 수사와 재판 중에도 지금까지 개인 비리가 나오지는 않았지 않은가? 둘째로는 나에 대한 제삼자의 객관적 평가를 바탕으로 한 '철저한 실용주의 인사'였다고 봤다. 정치적 정실인사가 아니었다는 말이다. 만약 그랬다면 대법원장도 감방에 보낸 저들이 지금까지 나를 가만두었겠나? 장관이 되어서 법무부뿐 아니라 국무위원으로 업무를 보다 보니 대부분의 국정과제가 '개혁'이었다. 당시는 '4대 개혁(공무원연금 개혁 등 공공부문 개혁, 노동 개혁, 금융개혁, 교육개혁 등)', '비정상의 정상화 개혁', '규제개혁(손톱 밑 가시 뽑기)'에 집중했다. 현 정권 들어와 이러한 개혁성과가 이유 없이 '적폐'가 되었고, 국가정책이 뒷걸음질 치면서 다시 '미래가 없는 사회'가 되는 것 같아서 안타깝다. 실제로 현 정부 들어 국민부담이 가중되도록 공무원정원이 계속 늘어나고 있다. 노동조합의 전횡은 코로나 전염병도 막지 못할 정도로 커지고 있다. 또 '라임·옵티머스 사태' 등 사례로 볼 때 현 정권 들어 국가금융시스템이 얼마나 허약해졌는지가 확인됐고, 지속적으로 교육경쟁력이 하락하는 등 '헬 조선'에 이어 '절망의 대한민국'이 돼가고 있다는 공포감이 들었다. 그래서 가만히 있기가 힘들었다.

나 : 박 대통령과 전혀 인연이 없었는데 법무부 장관이 되고 총리가 됐다는 것이 이해되지 않는다. '대통령(권력)의 복심'으로 많이들 언급하는데, 대통령과의 첫 인연은 누가 연결했나?

황 : 지금도 나는 모른다. 추측하기로는 주변 사람들의 복수 추천이 작용했을 것 같다.

총리 출신 정치인의 흑역사

박 전 대통령과의 연결고리에 대해 새로운 답을 더 기대할 수 없을 것 같아 다시 입당 과정 이야기로 돌아갔다. 먼저 전직 국무총리 중에 정치적으로 성공한 케이스가 전무하다는 점을 지적했다.

과거 대통령까지 한 국무총리가 없었던 것은 아니다. 최규하 대통령이다. 그가 총리를 할 때 박정희 대통령이 서거해 간선제 대통령을 역임했다. 그러나 존재감 없이 신군부에 자리를 넘겨줘야 했다. 대표적인 총리 출신 정치인은 김종필이다. 그는 박정희 정부의 총리로 명실공히 정권의 2인자였다. 그는 1997년 다시 김대중 대통령과 공동정부를 꾸려 총리가 됐다. 그러나 거기까지였다. 다음은 이회창이다. 그는 대법관, 감사원장, 국무총리를 역임하며 김영삼 대통령 앞에 거침없이 바른말을 했다. 국민은 환호했고 성대한 입당식을 통해 정치에 입문했다. 그러나 대권을 코앞에 두고 두 번이나 실패했다. 다음으로는 '행정의 달인' 고건 총리를 들수 있다. 노무현 대통령의 신임을 받아 총리가 됐고 노무현 대통령 탄핵사태 때 대통령직무대행직을 수행했다. 그러나 노무현 대통령의 비토를 받고 대권을 포기해야 했다. 지금도 이낙연 전 총리, 정세균 총리 등이 대권 주자로 뛰고 있지만 아직은 안갯속이다. 정치적 존재감이 없거나 떨어지고 있다.

나 : 여 · 야를 불문 역대 국무총리 출신 중 대통령에 도전한 사람은 많지만 성공한 사례는 아직 없다. 본인은 성공할 가능성이 있다고 생각했나?

황 : 나는 최고책임자(대통령)가 되겠다고 생각하면서 정치권에 들어오진 않았다. 이른바 권력의지보다는 '나라를 구하겠다'라는 사명감으로 도전했다. 역대 46인 총리 중 10분 정도가 대권 의지가 있으셨다. 그런데, 내가 보기엔 총리는 '행정직'이다. 대통령은 정무직이기 때문에 완전히 결이 다르다. 내가 입당할 때 고건 총리, 반기

문 총장 등과 비교하는 사람들이 많았다. 그분들이 '실패의 아이콘' 같이 느껴졌다. 그런데 나는 생각이 좀 다르다. 고건 총리, 반기문 총장이 지금 어떠하기에 그렇게 평가절하된다는 말인가? 그분들은 지금도 각자 대한민국이 내세울 수 있는 좋은 인적자원이자 우리 사회의 원로들이다. 전직 총리 역시 그런 맥락에서 정치에 도전했다는 것만으로 예단 되고 폄훼되어서는 안 된다.

나 : '대통령이 안 되어도 상관없다'고 생각했나?

황 : 나는 나라를 살리기 위해 정치에 도전한 사람이다. 실현방식은 여러 가지가 있고, 그중에 하나가 대선이라고 생각했을 뿐이다.

분위기를 좀 바꿔봤다. 정치인들 보통 '롤 모델'을 많이 잡는데, 황교안의 롤 모델은 누구인지 궁금했다. '황교안의 롤 모델'에 대해 과거에 들었던 기억이 없었다. 그래서 질문을 했다.

나 : 정치적 롤 모델은 누구인가?

황 : 미국의 레이건 대통령이 생각난다. 지금 우리 경제가 어렵기 때문이다. 레이건 대통령은 미국의 경제위기 속에서 획기적 경제 회생 정책을 내놓아 미국 경제를 되살려냈다. 이른바 레이거노믹스였다. 우리나라 정치인 중에서 꼽자면, 이회창 선배(고등학교, 법조계 선배)의 대쪽과 김영삼 대통령의 정치적 순발력, 허주 김윤환 의원의 유연성, 그리고 일부 전·현직 대통령의 거짓말 능력을 모두 갖췄

으면 좋겠다. 너무 욕심쟁이인가? (하하)

본격적인 입당 과정과 대표경선 막전 막후

이제 본격적으로 입당 과정을 물었다.

나 : 가족의 반대는 없었나?

황 : 걱정은 했지만 별다른 반대는 없었다. 내가 생각하고 느낀 사명감을 가족들에게 전달했을 때 다들 수용하는 분위기였다.

나 : '벤처사업은 가족을 설득하는 것부터 시작한다'는 말이 생각난다. 그러면 입당할 때 누구와 상의하셨나?

황 : (분위기가 조심스러워졌다) 공직생활을 할 때 연을 맺었던 정치인들같이 과거 인연이 많았던 분들에게 상의했다. 또한, 총리 시절 나를 도왔던 정무직 공무원들에게 행정적 · 정무적 차원의 조언을 구했다. 그 외 평상시 알고 지냈던 분 중 한국당에 있던 분들에게 협조를 요청했다.

나 : 당시 비상대책위원장이던 김병준 위원장이 입당을 권유했다는 언론보도는 사실인가?

황 : 직접 권유를 받았던 기억은 없고, 간접적으로 '당에 들어와 주었으면 좋겠다'는 제안을 받기는 했다. 그러나 그것 때문에 한국당행을 택한 것은 아니고 순전히 내 의지와 고민에 따라 결정했다.

나 : 김병준 위원장이 입당 권유는 했으나 전당대회 대표경선 출마는 반대했다는 기사를 봤다. 당시 분위기를 설명해 달라.

황 : (대답은 역시 조심스러웠다) 김 위원장님이 반대하셨다면 내가 겪을 '정치적 부담'에 대한 걱정 때문이라고 생각한다. 대표경선 출마에 도움을 주신 분은 박관용 전 의장이셨다. 그분은 당시 대표경선 선관위원장이셨다. 전당대회 당시 선관위원장으로서 흔들림 없이 중심 잘 잡아주신 분이다. 대표경선 후보 자격에 대한 유권해석을 해 주셨다. 책임당원 자격문제(대표출마를 위해서는 출마 직전 3개월 동안 책임당원이어야 한다는 조항)였는데, 이 경우는 '긴급조치'라는 조항을 통해 출마가 가능하다고 해석해 주셨다. 이 유권해석에 근거해 나와 오세훈 전 시장의 출마자격이 인정되었다. 만약 그때 거부됐으면 오 시장과 나는 출마하지 못했을 것이고 전당대회 흥행에도 한계가 있었을 것이다. 역시 나는 박 의장님이 당의 큰 자산이자 원로라고 생각한다.

나 : 김병준 위원장과의 별도의 개인적 인연이 있었나?

황 : 박근혜 대통령께서 어려웠을 당시 나는 대통령께 사의를 표했다.

책임져야 한다고 생각했기 때문이다. 한동안 만류하던 대통령께서 수용하며 후임 총리에 대해 조언을 구했다. 내가 추천한 분 중 한 분이 김병준 전 비대위원장이었다. 이런 사정을 김병준 위원장도 알고 있었을 것이다. 그분은 정책적인 섬세함도 있고, 스케일도 크신 분이기 때문에 개인적으로 좋은 인상 가지고 있었다. 김 위원장이 지난 총선 당시 대구지역 출마를 희망하시기에 험지 출마를 요청했고, 고맙게도 '당의 뜻에 따르겠다'라고 말씀해 주셨다. 요즘도 가끔 연락하고 지내며 의견을 나누는 사이다.

나 : 입당과 대표경선 출마를 결단했을 때의 상황을 좀 더 상세히 설명해 달라.

황 : 막상 결단 내리기 전에는 고민이 많았다. 한 번도 해보지 않았던 정치 진로를 놓고 고심을 거듭했다. 당에 대한 국민적 시각이 우호적이지 않았던 것도 잘 알고 있었다. 그때 사람들을 많이 만났다. 그 와중에 '나라는 어려운데 사람이 없다'라며 은근히 등을 떠미는 사람도 있었다. '전직 총리까지 지낸 사람이 이런 위기 상황에서 수수방관하는 것은 직무유기'라고 언급한 분의 말씀이 결정적이었다. 그렇게 어느 정도 입당을 결심하고 다시 주변 분들을 만났다. 조언과 의견교류를 통해 당에 들어와 할 역할을 대체적으로 구상했다. 결론은 당 회생을 위한 대표출마였다. 어떤 분은 '총선 때 쉽게 들어와 배지를 달고 시작하면 되는 것 아니냐'고 했지만, 당시 나는 한가하게 꽃길을 기다릴 여유가 없었다. 입당을 결심한 이상 오로지 사명감으로 가야 한다는 일념하에서 도전했다. 그러나 그 과정

에서도 '미지의 길'을 가야 한다는 심적 부담감을 거둘 수 없었다. 그때 이회창 선배께서 입당을 선언하면서 '눈을 감고 절벽에서 뛰어내리는 심정'이라고 했던 말이 떠올랐다."

나 : 경선캠프는 어떻게 구성했나? 언론에는 캠프 총괄에 심오택 전 국무총리 비서실장, 정무·메시지 담당은 이태용 전 총리실 민정실장, 정책은 오균 전 총리실 국무1차장이 맡고, 대변인 정성일, 법률 지원 황성욱 변호사 등이 거론됐다. 총리실 식구들이 주축이었다. 여기에 김무성 의원의 전 보좌관, 충청의 재선의원 보좌관, 대구의 초선의원 보좌관, 경남의 초선의원 보좌관 등이 돕고 있는 것으로 알려졌다. 구체적으로 누가 참여했나?

황 : 당시 나를 돕던 국회의원들이 캠프 구성을 도와주었다.

당시는 '떼놓은 당상' 분위기였기 때문에 정치권에 있는 사람이라면 서로 황교안 캠프에 들어오려고 로비가 난리가 아니었다. 서로 돕겠다고 하고 자신의 보좌진을 밀어 넣으려고 혈안이 되어 있었다. 내게도 캠프참여자가 조언을 구하기에 대하빌딩에 있던 캠프사무실에 가서 회의한 적이 있다. 후보는 직접 현장을 뛰어다니느라고 캠프사무실에 거의 나오지 않았고 참모와 실무진들은 각자 바빴다.

황 : (그가 다시 입을 열었다) 내가 기억하기론, 나에게 입당을 권유했던

의원들과 총리실 간부들 등 두 팀이 주축이 되어 캠프 구성을 주도했다. 당시 도왔던 의원들이 캠프에 있을 사람들을 선정했고, 실질적으로 내가 직접 선택한 사람은 없었다. 총리실 사람들도 자체적으로 주변 지인들을 추천해서 합류시켰다. 그냥 자연스럽게 만들어진 조직이다.

나 : 본격적인 대표경선 선거전도 궁금하다. 입당할 때부터 '통합'을 특별히 강조했다. 통합 이외에 해야 할 일들이 후순위로 밀려 일을 그르쳤다는 얘기도 있다. 왜 그렇게 통합에 집중했는가?

황 : 내가 당 대표가 되고 첫 메시지가 '△ 싸워서 이기는 정당, △ 역량 있는 대안 정당, △ 미래를 준비하는 정당' 등이었다. 싸울 때나, 대안을 만들 때나, 미래를 준비할 때, '통합'은 선결되거나 함께 추구해야 할 핵심적인 요소였다. 내가 대표가 되기 전에 우리 당은 연속적인 선거 패배와 비대위 체제 등으로 역량 자체가 분산되어 있었다. 구심점이 없었던 상태였다. 이래선 힘을 쓸 수 없다고 생각했다. 그래서 통합을 항상 염두에 둘 수밖에 없었다. 가령 장외집회를 하더라도 스피커를 한곳에 모으고 싶었고, 우리가 내세우지 못했던 대안들을 내세우는 외부 세력과의 연대도 필요하다고 보았기 때문에 늘 통합을 생각하고 있었다.

입당 이후로 항상 강조했기 때문에 '통합'은 황교안의 트레이드마크가 됐다. 통합절차가 본격화되는 시점부터 공천과정까지 다양한 형태로 이 주제가 변주되기 때문에 별도의 장에서 따로 논의하기로 하고 이 정도로 마무리하기로 한다.

나 : 전당대회 당시는 메시지가 좋았다. 전당대회 메시지 중 '자유민주
　　진영의 대통합', '총선 압도적 승리'는 당원과 지지자에게 희망을 주
　　었고, '강한 야당'은 야성을 깨웠다. '무덤에 있어야 할 386 운동권
　　철학이 21세기 대한민국의 국정을 좌우하고 있습니다'라는 말에서
　　카타르시스를 느끼는 국민ㆍ당원들도 많았다. 당시 메시지는 누가,
　　어떻게 만들었나?"
황 : 당시 두어 명의 메시지 담당자가 있었다. 내가 메시지의 큰 방향은
　　제시해 주었고, 메시지 팀에서 이를 토대로 초안을 마련했다. 초안
　　이 만들어지면 나와 캠프 핵심 구성원들이 같이 토론하며 보완해
　　나갔다. 여기서 각종 피드백을 반영해 다듬어서 공개했다.

　　대부분 조직의 정상적인 방법이고 대답이었다. 그런데 이후 당
대표가 되고 나서 메시지가 날카로움과 풍미를 잃고 애매해졌다
는 평가가 많았다. 이 문제도 다른 장에서 다시 다뤄보겠다고 다
짐하며 캠프에 관한 질문을 마감하고 전당대회 경쟁자들에 관해
물었다.

나 : 당시 경쟁자는 오세훈 전 시장과 김진태 전 의원이었다. 당시 상황
　　을 설명해 달라.

황 : 경쟁 자체는 매우 치열했던 것으로 기억한다, TV토론 때만 해도 굉장히 아픈 얘기가 오고 갔지만 서로 간에 사감은 없었다고 생각한다. 그래서 경쟁이 과열돼도 본격적인 감정싸움으로 번지지는 않았다. 전당대회 이후 두 경쟁자와 같이 식사도 했고, 그분들이 '협조하겠다'고 말했기 때문에 관계 자체가 틀어지지는 않았다. 경선 직후 재 · 보궐 선거 때에도 과거 경쟁자들에게 재 · 보궐 선거 현장에 나와 돕도록 당부했고, 두 분 모두 직접 오셔서 많은 협조를 해주셨다.

나 : 예비후보로 거론되던 홍준표와 김태호 두 분의 전직 경남지사와 관계는 어땠나?

황 : 김태호 의원과는 서로의 입장을 이해하고 소통이 잘되는 관계다. 개인적으로는 호형호제하는 사이다. 실제로 경선 때 나를 많이 도와줬고 개인적으로 매우 고맙게 생각한다. 홍준표 전 대표는 정치권에 들어와서는 따로 직접적인 관계가 없었다. 하지만 과거에는 가까운 사이였다. 검사 시절 첫 부임지가 중첩되어서 가족 간에도 가깝게 지냈고 교류도 자주 했다. 그런데 내가 당 대표가 되고 나서는 언론상에 불편한 이야기들이 돌았다. 하지만, 딱히 개인적인 공격이라기보단 당을 위한 충정으로 해석했다."

총선패배에 관한 이야기는 많이 했기에 승리의 기억을 소환해도 되겠다고 생각했다. 승리와 실패는 습관이다. 자꾸 되새기면 그 습관은 반복되고 강화된다. 가장 최근의 승리가 전당대회 대표경선에서의 승리였다. 그래서 상기하는 의미에서 물었다.

나 : 대표경선 승리의 요인이 뭐라고 생각하나?

황 : 새로운 인물에 대한 갈망이라고 생각했다. 안정감도 이유가 될 것 같다. 법무부 장관 청문회도 매끄럽게 처리되었고, 국무총리 청문회도 마찬가지였다. 총리 청문회는 3일(보통은 2일) 동안 치열하게 진행됐음에도 사람들이 검증과정에서 '안정적이었다'라는 인상을 받으셨던 것 같다. 대표 도전 당시 계파 갈등 등 당 상황은 최악이었다. 전직 대통령권한대행(총리)으로 갖게 된 안정감과 이전 행보의 일관성 등이 복합적으로 좋게 작용하였던 것 같다. 지금도 저에게 기대를 걸어 준 당원들에게 고맙게 생각을 한다.

나 : 안정감을 말씀하셨는데, 투쟁하는 야당에 대한 기대심리에 대해서는 어떻게 생각하나?

황 : 투쟁만 하는 야당은 의미 없다고 본다. 싸우더라도 다각도로 접근해야 한다. 때로는 머리를 쓰고, 때로는 몸을 써야 할 때도 있다. 많은 당원이 '강하게 (여권을) 때려 달라'는 요청을 했다. 빗발 같았다. 나는 대표로 있을 당시 이를 국민과 당원의 '절규와 절박감'으로 느꼈다. 하지만 무작정 달릴 수는 없었다.

가장 투쟁을 강하게 했던 대표의 말이다. 이 또한 장외투쟁을 다루는 다음 장에서 확인해 보겠다. 황 대표는 화려하게 입당했고 입당 직후 최고지도자가 됐다. 약인지 독인지는 이후 과정이 확인해 줄 것이다. 사실 나는 다른 생각이었다. 정치 초보가 감당하긴 너무 무거운 짐이었다. 당 내외의 상황은 최악이었고, 본인의 정무적 능력은 제한적이었으며 책임 있는 주도세력도 없었다. 속된 말로 '맨땅에 헤딩해야 하는 상황'이었다. 합리적으로 생각할 때, 그의 경우라면 총선에 입당해 선대위원장을 맡고 안정적인 비례대표를 받아 국회에 입성하는 것이 상식이다. 그런데 굳이 성공 가능성이 희박한 어려운 길을 선택했다. 누군가는 감당해야만 할 상황이었고, 그가 자신의 결단으로 이를 감당해 장렬히 산화했다. 어떻게 보면, '비극을 내포한 시작의 화려함'이었다. 그 성쇠(盛衰)와 영욕(榮辱)의 과정을 따라가 보자.

다음 장은 대표로서 첫 행보와 당내 인사다. 대표로서 첫 대국민 메시지를 보내는 것이고, 본격적인 전투를 앞두고 당의 진용을 짜는 작업이기에 이를 통해 향후 향배를 가늠해 볼 수 있다.

Part. 03

첫 행보, 첫 인사

Part.
03

첫 행보, 첫 인사

"밥은 백성의 하늘이다." – 첫 민생 행보 새벽시장

일반적인 정치인이 당 지도부가 되면 대부분 당선 다음 날 아침 국립현충원을 찾아 참배한다. 그것이 공식적인 첫 행사다. 순국선열께 신고하고 국민과 역사 앞에 각오를 다지는 행보로, 정치인에게 상징적인 의미를 갖는 통과의례다. 그리고 바로 다음 행보가 당 대표로서 지향을 보여줄 수 있는 가장 상징적인 기회다. 정치 지도자의 행보 자체가 메시지이기 때문이다.

황 대표는 대표 취임 후 첫 일정으로 〈남대문 새벽시장〉을 찾았다. 대부분 정치인이 그렇지만, 그의 첫 행보는 각별한 의미를 있다. 향후 '정치인 황교안'의 길을 예측할 수 있는 기준점이 되기 때문이다. 그는 전당대회 대표경선 TV토론에서 첫 행보로 새벽시장 방문을 약속했고, 그 약속을 행동으로 지켰다. 그는 이후 1년여 동안 아주 많은 시간을 시장과 거리에 있었다. '민생대장정'과 '민생투쟁 대장정'에 이어, 전국 거리와 광화문광장·청와대 앞 투쟁, 그리고 종로 거리에서의 선거전이 뒤를 이었다. 뒤이은 투쟁과 선거운동은 그의 첫 약속인 '국민 속으로'가 지켜졌기에 동력을 얻어 이어질 수 있었다.

황 대표는 새벽시장에서 상인들에게 밥은 "백성의 하늘"이라고 말했다. 또 본인의 정치에서 '먹고사는 문제'를 최우선시할 것이라 약속했다. 그러나 '먹고사는 문제'와 '대정부 투쟁'이 현실 정치에서 매끄럽게 이어졌는지는 잘 모르겠다. 고도의 정치술로 무장한 상대가 있는 게임이기 때문이다. 국민은 바로 그 '먹고사는 문제' 때문에 나와 상대를 끊임없이 비교하고, 종종 진실성 없는 적의 손을 들어준다. 진실 못지않게 교묘한 전략이 필요한 이유다.

나 : 첫 행보가 새벽시장이었다. '약속을 지키려고 간 것'이란 말씀도 하셨는데, 대표당선이 27일이었는데 왜 3월 5일에야 방문하게 됐다. 일주일 가까이 걸렸는데 특별한 이유가 있나?

황 : 취임 당일 바로 방문하고 싶었지만, 현실화하기까지 시간이 좀 걸렸다. 당 체제 자체가 생각처럼 원활하지 않았다. 전당대회에 모든 역량이 쏠려 있었기 때문이기도 하지만, 잇단 선거 패배와 비상대책위원회가 오래 지속되다 보니 당 조직이 좀 느슨해진 측면도 있

었던 것 같았다.

맞는 이야기다. 당시 당 사무처 기구는 오랫동안의 '계파 갈등' 과 패배에 이은 '지도부 공백'으로 사실상 손을 놓은 상태였다. 전 당대회 준비와 경선 관리를 깔끔히 치른 것으로 그나마 저력을 보 여주었다. 이런 상황에서 첫 행보의 짜임새를 기대하기는 힘들었 을 것이다. 그러나 당에만 문제가 있었던 것은 아니다. 보통 새 지 도부가 들어서면 당 사무처는 귀신같이 그에게 맞는 첫 행보를 준 비한다. 게다가 '황교안 당선'이 확실시되던 때였고, 그가 첫 행선 지를 이미 공개적으로 말했기 때문에, 누군가가 적극적으로 챙겼 다면 바로 시행할 수 있었을 것이다. 과거 유력한 후보 캠프라면, 이 정도 상황이면 사무처 당직자 출신 인사를 영입해 사무처 조직 으로 하여금 은밀히 준비토록 했을 것이다. 1997년 이회창 지도부 가 들어섰을 때 장다사로 보좌관(사무처 출신으로 당시 이회창 의 원실 보좌관)이 그 역할을 했다. 이명박, 박근혜 캠프도 마찬가지 였다. 사무처는 공무원조직과는 아주 다르다. 미리 정해둔 매뉴얼 이 아니라 새로 들어올 캠프의 유력인과 소통해 의사결정을 한다. 하지만 먼저 특정 캠프와 유착됐다는 말을 듣는 것은 극도로 꺼린 다. 결국 캠프의 능력이다. 능력 있는 캠프는 사무처 당직자 출신 인사를 통해 사무처가 미리 준비하고 바로 실행할 수 있도록 돕는 다. 당시 황교안 캠프에는 그 역할을 할 인사가 없었다. 후보도, 캠프도 아직 '정치 신상'일 뿐이었다. 뜻은 높지만 길잡이가 부족 했던 것 같다. 이후 이런 일들은 계속 반복되었다. 지금 생각해 보

면 이 또한 모두 리더십의 핵심인 '사람의 문제'였다. 질문을 이어
갔다.

나 : 다른 상징적인 장소도 많을 텐데 왜 새벽시장을 약속했는가?

황 : 국민의 삶이 반영되지 않는 정치는 의미 없다고 봤기 때문이다. 무
엇보다 '삶의 현장'이 중요하다. 시장은 '진정한 삶의 터전'이다. 내
가 시장을 선택한 이유다. 나는 서울의 대표적인 달동네에서 태어
나 자랐다. 그래서 경제적 약자들의 상황이나 심정을 잘 안다고 생
각한다. 이들에게 힘이 되겠다는 일념으로 '민생 · 경제 행보'부터
시작했다. 국가적으로는 안보도 중요하지만, 일반 국민은 민생경
제가 가장 중요하다. 내가 '밥은 백성의 하늘'이라는 말을 좋아하는
이유다. 나는 이 말을 '민심은 천심'이란 말의 근거로 생각한다. 시
장은 그야말로 하늘의 마음이 있는 곳이다. 그래서 민심과 천심을
모두 알 수 있는 곳이 바로 시장이다. 경제에서 펀더멘탈(Funda-
mental, 경제기초)이 중요하다고 하지만, 당시의 경제 상황을 정확
히 알 수 있는 곳은 역시 시장이다. 그래서 정치인들이나 고위공직
자가 상황이 모호하고 헷갈릴 때 시장을 찾는다. 옛날 임금이 미복
(微服)을 입고 저잣거리를 왕래한 이유이기도 하다. 또 '새벽'에 간
이유는 일찍 일어나 생업에 종사하는 분들과 함께하고 '근면의 가
치'를 강조하기 위함이다. 나 자신을 경계하고 근면을 생활화하겠
다는 각오이고, 국민과의 엄숙한 약속을 확인하기 위함이었다.

정치권에 들어오기 전 '경제가 무너지고 있다'라고 느꼈다. 이런 아우성이 나를 정치권으로 끌어냈다. 경제가 무너지는 현상을 가장 잘 확인할 수 있는 곳 또한 시장이다. 새벽시장은 정말 '한계상황'에 처해 있었다.

나 : 당시는 코로나 사태가 발생하기 한참 전인데, 그때도 현장은 그리 심각했나?

황 : 분명히 말하지만, '코로나 19' 이전에도 우리 경제는 파탄지경이었다. 팬데믹(pandemic) 이전부터 우리 경제는 나락으로 떨어지는 절박한 상황(경제 파탄)이었다. 정치가 엉망이었다 해도 경제가 제대로 돌아갔다면, 내가 정치할 각오는 하지 않았을 것이다. 이후에 보면 오히려 '코로나 19'가 현 정권에게는 구세주가 됐다. 온갖 실정을 가려줬고, 면죄부까지 주었다. 실정을 감춰주고, 돈을 풀 핑계를 만들어 주지 않았나.

남대문 시장 현장에서 새벽을 깨우는 분들을 봤다. 가게는 상당 부분이 닫혀 있었다. 그곳에서 '한 푼이라도 더 벌겠다'라며 일찍 나오신 분들을 보면서 애잔한 마음이 들었다. 상당수 상인이 내가 손을 잡았을 때 '살려달라'고 했다. '못 살겠다 바꿔 달라'는 얘기도 했다. 이미 익숙한 말이었지만 과거와 달리 생생하게 마음에 꽂혔다. 들을 당시는 분통이 터졌고, 지금은 송구스럽다.

나 : 시장에서 무엇을 사셨나?

황 : 채소와 과일을 많이 샀다. 새벽에 가니 싱싱한 상품들이 많았다.

고기도 샀다. 그 시간에 고기도 판매하더라. 되도록 다양한 점포에서 많이 사자는 생각이었다. 그래서 사전준비를 많이 했다. 그래도 너무 적게 샀다고 아내에게 혼나기도 했다. (웃음) 시장을 다녀오면 꼭 부작용이 있다. 한편으로는 '보여주기'라는 공격도 있고, 구매하지 못한 상점 주인들의 일부 볼멘소리도 있었다. 이런 점들을 고려하여 세심히 준비했고 그럭저럭 큰 욕은 먹지 않았던 것 같았다.

시장에 가보니 '정치인의 내공'을 확인할 수 있었다. 특히 나경원 원내대표에게 많이 배웠다. 나 대표와 신보라 최고위원은 주부라서 그런지 시장에서 자연스러웠다.

나 : 새벽시장에 함께 간 나경원 원내대표가 대표의 입당 과정에서 일정한 역할을 했다고 하던데 어떤 역할을 했나? '각별한 관계'였나?

황 : 첫 새벽시장 행보 때에는 최소인원으로 가고 싶었는데, 많은 분이 같이 가고 싶어들 하셔서 동행했다. 특히 나경원 원내대표로부터 많이 배웠다. 이전에도 가벼운 대면은 있었지만, 새벽시장 첫 행보를 기점으로 본격적으로 '정치적 동지'가 됐다. 당시도 그랬지만 지금도 그가 훌륭한 정치적 자원이라 생각하는데, 대중적으로는 평가절하되는 부분이 있는 것 같아 안타깝다.

나 대표는 원래 법조인 출신이기 때문에 접점이 많다. 가까운 후배와 사무실을 함께 열었던 적도 있는데, 내가 개소식에 가서 축하하기도 했다. 간간이 만날 기회도 있었다. 나 대표가 입당을 권유한 것은 사실이다. 나는 친분 있는 소수의 (정치인) 몇 분에게 의견을 구했는데, 그중 한 분이 나 대표였다. 전당대회 대표경선 출마 권유까지는 정확히 기억이 나지 않는다.

나 : 나 대표가 최근에 출간한 저서 〈증언〉에 보면, '대표 측에서 오해가 있어서 관계가 나빠진 측면이 있다'라고 하던데, 어떤 오해인가?

황 : 원내대표는 의원과 원내 상황을 지휘한다. 당 대표는 원내를 포함한 당 전체를 통할한다. 문제는 당 대표가 해야 할 일을 원내대표가 행하는 경우다. 이 부분에서 상호 오해가 있었을 수는 있다. 가령 2019년 6월 15일 북한 어민 '목선 귀순 사건'의 경우가 생각난다. 매우 중요한 사안이라고 생각해 야당 대표로서 현장에 방문할 계획을 말했는데, 내 지시를 받고 사무처가 준비하는 중에 원내대표가 먼저 다녀왔다. 이에 대해, 함께 가기로 한 최고위원들과 참모들의 문제 제기가 있었다. 하지만 나는 그때나 지금이나 심각하게 생각하지 않았다. 조율만 잘 되면, 열심히 하는 모습과 경쟁은 그 조직을 발전시킨다. 임기기간 중에 큰 틀에서 트러블이 있었다고 생각하지 않는다.

나 : 사전조율(원내대표, 사무총장, 비서실장) 기능은 없었나?

황 : 당연히 사전조율이 있었다. 각 비서진과 메시지 팀을 중심으로 중요한 쟁점들에 대한 사전 정지작업을 진행했다. 특히 회의에서 지나치게 발언이 중복되는 상황을 방지하기 위해, 사전에 최고위원들에게 발언 요지를 받아 조율토록 지시했다. 설령 같은 주제에 관하여 얘기한다고 하더라도 서로 다른 측면으로 다양하게 얘기를 하는 방향으로 최고위 메시지를 운영했다. 특히 최고위와 원내대

표단 메시지는 상호 간에 초기부터 맞춰갔다. 초기의 사소한 시행착오를 빼고는 크게 중첩된 적이 없었고 별다른 갈등도 없었다.

정당에서 최고위원회의의 메시지 관리는 매우 중요하다. 최고위 회의는 보통 주 2회(월, 목)에 개최되는데, 회의 모두에 하는 구성원들의 발언은 언론에 원안 그대로 공개된다. 그때 그 당의 분위기와 전략을 알 수 있다. 짜임새 있는 정당은 이 시간을 최대한 잘 활용해 방향을 제시하고 여론을 유도한다. 그렇지 않은 정당은 이 시간이 싸움판이 된다. 모두발언에서 불협화음이 노출되면 비공개인 본회의가 잘 될 수가 없다. 대표적으로 혼란스러웠던 사례가 박근혜 정부 시절 김무성 대표 체제 때였다. '원조 친박 출신 비박계'였던 김무성 의원이 대표가 되고, '친박 좌장'으로 불리던 서청원 전 대표가 차점자로 최고위원이 됐다. 이분들은 사사건건 대립했다. 당·청 간 갈등이 반영된 것이었다. 다른 최고위원들은 청와대와 당 지도부 사이에서 처신하는 데 대부분의 힘을 소모했다. 리더십이 서 있는 확실한 '일인 지도체제'에서는 발언과 행보가 적절히 조율된다. 황교안 대표 체제의 최고위원회는 상대적으로 돌출발언이 많지 않았다. 이를 볼 때 메시지 운용 차원에서는 전반적으로 당내 리더십이 잘 작동했다고 볼 수 있다.

봉하마을 방문

원래 일반적인 정치적 초식과 달라 이목을 끌었던 것은 첫 정치 행보였다. 봉하마을을 찾아 고(故) 노무현 대통령 묘역을 참배한 것이다. 조금 의외였다. 그리 정치적 계산이 많지 않은 분이 다양한 해석이 나올 수 있는 일을 첫 행보로 했기 때문이다. 그래서 물었다.

나 : 새벽시장 방문 이후 바로 봉하마을을 찾아 노무현 대통령 묘역을 참배했다. 민생 행보 이후 첫 정치 행보로 봉하마을을 찾은 이유는 뭔가?

황 : 난 새로운 정치(혁신)와 통합이 중요하다고 생각한다. 설령 정파적 입장과 진영이 다르다고 할지라도 배울 부분이 있다면 함께 해야 한다고 생각한다. 당시는 고(故) 노무현 대통령에게 충분한 예의를 표하는 것이 우파의 외연 확장과 자유진영 가치 정립에 두루 도움이 된다고 생각했다. 실제로 노무현 대통령도 통합과 관련해서 노력을 많이 하신 분이다. 나는 전직 대통령의 공과(功過)를 판단하는 데 과보다는 공을 중시하는 자세가 중요하다고 생각한다. 그게 그 나라의 역사를 풍성하게 하는 길이다. 모든 대통령은 국민과 역사가의 부름에 응답해 정치적 부담을 지신 분들이고 나름의 역할과 공이 있다고 생각한다.

나 : 문재인 대통령도 마찬가지로 생각해도 되는가?

황 : ('오프 더 레코드'라며) 그분은 아직 모르겠다.

나 : 노무현 대통령의 '통합'과 '나라 사랑 정신'을 깊이 기억하겠다고 했는데, 문 대통령과는 어떤 공통점과 차이점이 있다고 생각하나?

황 : 저는 '통합'을 강조하며 대표가 되었기 때문에 상징적인 의미에서 그분을 찾아뵈었다. 지금 문재인 정부와 비교해 보면 그분이 얼마나 훌륭한 분이었는지 새삼 알게 된다.

'조적조', '추적추'라는 말이 돌고 있다. 과거의 조국이 현재의 조국을 비난하고 있다. 타인을 비판하던 자신의 말이 칼이 되어 자신에게로 돌아온 것이다. 추미애 장관도 마찬가지다. 노무현 대통령 덕에 대통령이 된 문 대통령이 노 대통령과는 상반된 길을 걷고 있다. '노적문'이라는 사람도 있더라. 문 대통령은 당선되자마자 첫 추모식에 봉하마을을 찾아 인사했다. 그리고 임기 중에는 오지 않겠다고 했다. 나는 '진짜 국민통합을 추진하려나 보다' 생각했다. 그 이후도 믿고 싶었다. 그런데 지금 보니 너무 순진한 생각이었다. 요즘 윤석열 총장이 고생이 많은데, 같은 착각 때문에 고초를 당하고 있는 것으로 생각되어 안타깝다.

나 : 그럼, 노무현 전 대통령과 문재인 대통령의 차이는 뭔가?

황 : 노 전 대통령과 문 대통령 간에는 정치적 퍼포먼스를 떠나 본질적 차이가 있다. 구체적으로 들자면 한도 없다. 정치적으로는 '협치', 원전 정책 등 산업정책, 파병 문제 등 대외정책 등이 본질에서 다

르다. 거의 국정 전반에서 '극과 극'이다. 대통령 개인의 국정 스타일에서도 큰 차이가 있다. 노 대통령은 욕을 먹더라도 당당히 국민 앞에 나섰다. 문 대통령은 중요한 문제에 숨어만 있다. 책임지는 자리엔 서지 않고 광내는 자리만 등장한다. 이것이 본질적인 차이라고 생각한다. 어떤 분들은 문 대통령이 노 대통령의 진정한 계승자라고 하지만, 나는 전혀 그렇게 생각되지 않는다.

나는 조금 도발적으로 질문했다. 현 여권 식(아니면 말고)의 공격적인 질문이다.

나 : 문 대통령을 '디스'하기 위해 봉하마을을 찾았나? 일종의 '선전포고'였나?

황 : (황당하다는 표정으로) 참배를 위해 가면서 그런 생각을 어떻게 할 수 있나? 나는 그런 정도의 정치 술수를 배우지 못했다. 특정인을 우회 비판하기 위해 (묘역을) 찾는 것은 큰 결례다.

(좀 미안했던지 목소리를 낮추며) 하지만 노 전 대통령과 문재인 대통령은 완전히 다르다. 적어도 고(故) 노무현 대통령은 나라에 위해를 가할 사안에 대해서는 자기제어능력을 발휘했다. 본인 진영으로부터도 환영받지 못했던 '한미FTA 체결'과 '해외파병'(자이툰 부대) 등을 강단 있게 추진한 것이 그런 경우다. 국정운영에 있어 정치적 사익보다 국익에 부합되는 선택을 이어나가셨던 분으로 평가할 수 있다.

문재인 대통령은 노 전 대통령과 정반대다. 기본적으로 (잘못으로 판명된 의사결정에 대해) 고칠 생각을 하지 않는다. 최저임금을 인상하는 과정이 좋은 예다. 너무 극단적이다. 과거 박근혜 정부만 하더라도 5년에 걸쳐 매년 6% 내외로 점진적인 인상을 했다. 충격을 최소화하는 자연스러운 인상 시스템을 구축했던 것이다. 전체적으로 보면 지금의 인상률과 그리 큰 차이가 없다. 문제는 한 번에 30% 가까이 올린 극단성이다. 그리고 바로 다음 해 인상률은 2%대로 후퇴했다. 모든 일을 '깜짝 이벤트'로 접근하다 보니 필연적으로 발생할 수밖에 없는 참사다. 이렇게 순리를 거스른 채, 일방주의로 과격하게 정책을 밀어붙이니 자영업자들이 살 수가 없다. 처음에는 종업원을 내보내고, 그래도 버틸 수 없으면 결국 스스로 폐업을 한다. 세계적으로 자영업자의 비율이 매우 높은 우리 경제 시스템에서 자살행위다. 말은 '일자리'를 강조하지만, 행동은 실업자를 양산하고 있다. 경제 상황을 이 지경으로 만들어 놓았으니 서민의 삶이 나아질 수가 없다. 노무현 전 대통령과 문재인 대통령은 달라도 너무나 다르다.

나 : 당시 '봉하마을 방문' 기사에 보니 노무현 정부 시절 '인사 불이익'을 당했다는 내용이 있던데, 진상이 어떻게 되나? 블랙리스트 아닌가?

황 : 블랙리스트 이상이었다. 나에 대한 파일이 당시 청와대 민정수석실에 있었다고 들었다. 2006년도 초 검사장 인사가 있었다. 당시에는 검사장 승진 1순위가 서울중앙지검 차장검사였다. 3명의 차장 중, 2차장 제외하고 제1, 제3차장이 승진했다. 그 불운의 2차장

이 바로 나다. 당시는 의아하고 실망스러워서 옷을 벗을 생각도 했다. 한참 후에야 지인에게 '청와대 블랙리스트' 때문이라는 이야기를 들었다. 당시 민정수석실에 '황교안은 안 된다'라는 근거자료로 별도의 파일을 만들어 놓고 있었다는 것이었다.

첫 번째 부적격 사유는 '강정구 교수 국가보안법 위반 사건'이라고 했다. 경찰에서 수사가 한창일 때 노무현 대통령이 공식적으로 수사 반대 의사를 표했다. 이후 검찰로 이첩되어 살펴보니 '6.25는 통일 전쟁'이라고 한 부분과 전후의 행적을 볼 때 명확한 법 위반이었다. 수사팀이 구속기소를 강력히 주장했고 나도 같은 생각이어서 검찰 수뇌부도 구속기소를 건의했고 당시 김종빈 검찰총장도 이에 동의했다. 노 대통령의 발언이 있었기에 즉시 법무부에 보고했고, 당시 천정배 법무부 장관은 '구속하지 말라'는 수사지휘권을 발동했다. 추미애 장관에 의해 남발되고는 있지만, 이때가 헌정사상 최초의 수사지휘권 발동이었다. 결국 검찰총장은 법무부 장관의 법적 권한 행사를 수용하고, 본인이 이 모든 상황을 책임지겠다며 사퇴했다. 그 결과 강정구 교수 사건은 불구속 기소로 마무리됐다. 이것이 나에 대한 인사보복의 빌미가 되었다고 한다. 그러나 강정구 교수는 결국 재판에서 유죄를 선고받았다.

두 번째는 '국정원 도청 사건' 문제였다. 지금은 조직 자체가 사라져서 말할 수 있지만, '국정원 8국'이 광범위하게 불법 도청을 주도하고 있었다. 당시 수사팀은 관련자 전원을 구속, 처벌해야 한다고 주장했다. 이에 나는 국정원의 경직된 수직적 의사결정 구조를 고려해야 한다고 판단했다. 현실적으로 '지시 불이행'에 대해 어려움을 겪는 행위자들에게 책임을 물려서는 안 된다는 판단에 따라, 원장 두 사람과 차장 한 사람만을 구속하는 방향으로 내부결정을 조정했다. 이를 검찰총장, 법무부 장관, 대통령께 보고했다. 그런데 구속 대상인 임동원 원장이 김대중 대통령 측근이었기 때문에 청와대와 (이해찬) 총리실에서 강력히 반발했다. 그런데도 원칙에 따라 그대로 밀어붙여 구속했다. 이 때문에 정권 차원에서 미운털이 박힌 것이다.

두 사건 모두 그 중심에 문재인 대통령이 있었다. 첫 번째 사건 때는 문 대통령이 청와대 민정수석이었고, 두 번째 사건 때는 대통령 비서실장이었다. 내가 검사장 승진에서 누락된 것은 진보진영 언론매체도 '부당하다'라는 사설을 쓸 정도로 큰 사건이었다. 그도 그럴 것이 이 사건들은 내가 책임자로 직접 143회 언론브리핑을 할 정도로 중요한 사건이었다. 눈엣가시였을 것이다. 참고로, 이후 천신만고 끝에 정권이 바뀐 후 검사장 승진을 했고 그 후 2011년 부산고검장으로 부임했을 때 문재인 당시 변호사에게 인사 전화를 했다. 내게 인사 불이익을 준 분 이지만 말이다.

"인사가 만사" – 처음 한 '당직 인사'의 어려움

나는 인사를 '밥상 차리기'와 같다고 생각한다. 밥상을 차리려면 요리를 해야 하고 요리를 하려면 재료를 구해야 한다. 모든 조직의 최고결정기구는 구성원의 능력이 뛰어나고, 보기에도 균형 잡히고 아름다우며, 품위가 있어야 구성원의 신뢰를 얻을 수 있다. 그들의 메시지는 풍미 있고 맛깔나야 하며, 내용상으로도 좋은 영향력을 끼쳐야 한다. 요리가 식자재의 품질이 좋아야 하고, 보기에 좋아야 하며, 풍미가 있어야 하고, 맛이 좋아야 하는 것과 같다. 물론 건강이란 내용적 결실도 중요하다.

첫 인사는 첫 제사상과 같이 상징적인 의미가 크다. 조상과 음복에 참여하는 가족에 대한 정성을 사람들 앞에서 증명해 보여줘야 하기 때문이다. 당에서 조상과 같이 섬겨야 할 대상은 국민이고, 복을 나눠야 할 가족은 당원이다. 초짜 야당 지도자에게 첫 당직 인사가 매우 힘들었지만, 가장 큰 애로는 역시 '재료에 한계가 있다'라는 것이었다. 탄핵과 분당, 연이은 선거 패배로 인적자원 고갈은 절정이었다. 과거 '3김 시대'에는 상도동계, 동교동계 등 계파자원이 이를 커버했다. 하지만 황 대표는 계파가 없었다. '정치 신인'이란 한계도 있었지만, '계파가 없는 것이 정치 발전'이라는 소신이 있었기 때문이다.

자원의 한계로 인사 과정에 시간이 좀 걸렸다. 대표가 '계파를 고려하지 않았다'고 했지만, 기본안(案)을 만드는 사람들은 이를 고려하지 않을 수 없었을 것이다. '안'을 만드는 이들은 당내 인적 자원을 잘 알아야 하고 그렇게 인사에 밝은 사람들은 자신도 계파에서 벗어날 수 없게 된다. 황교안이 아무리 계파주의를 타파하려 해도 인사 결과에 대한 계파논란은 피할 수 없었다. 그것은 언론의 기본적인 문제는 프레임이기 때문이다. 그가 '합리적 인사 원칙'을 제시해 얼마나 잘 설명하고, 그에 부합한 인사를 하느냐가 오해를 최소화할 수 있는 유일한 방법이었다. 그러나 이 또한 한계가 있을 수밖에 없었다. 최대한 '적합한 인사'를 임명한다 해도, 당 지형과 자원의 관점에서 평가는 그리 우호적일 수 없었을 것이다.

나 : 대표가 된 후 첫 당직 인선에서 가장 중시하게 생각한 원칙이 무엇인가? 당시 기사에는 대표께서 "인사 원칙은 '역량 중심 · 폭넓은 참여'"라고 나오던데. 탕평과 실용주의인가?

황 : 계파와 관행을 넘어선 '혁신 인사'가 기본적인 지향이었다. 개인의 역량, 적재적소 배치, 개혁성 등을 중시했다. 처음부터 친박, 비박 구분 없이 기용하기로 마음먹었다, 대표적인 사례가 김세연 여의도연구원장과 김재경 중앙위원회 위원장 등이다.

그러나 언론상의 프레임과 네이밍이 여러모로 불리하게 작용했다. 옴짝달싹할 수 없는 프레임에 우리를 집어넣었다. '친박 독식 인사'라는 기사가 많았는데 실상은 그렇지 않았다. 인선 후 신임당직자 20여 명과 첫 회식을 했는데 정작 '친박'으로 분류되는 사람들은 손에 꼽을 정도였다. 정종섭 중앙연수원장 같은 경우 박근혜 정부에서 장관을 했기 때문에 '친박'으로 분류되지만, 본질은 교수 출신 전문가다. 아이디어와 추진력이 뛰어난 분으로, 내가 그 재능을 높이 사 임명했던 것일 뿐 따로 계파를 챙겨준 것은 아니었다. 비박이라 분류되는 김세연 원장이 특히 논란이 됐다. 대내외적으로 문제 제기가 많았지만, 도리어 내가 앞장서 설득했고 임명까지 단행했다.

나 : 보통 지도자들은 두 가지 기준을 가지고 인사를 한다. △ 논공행상(캠프참여자)과 △ 가치실현(통합, 대여투쟁, 대안 마련, 미래)이다. 전자는 작위(爵位)와 분봉(分封)의 개념으로 특별한 기여나 공에 대한 포상을 의미하고, 후자는 관직(官職)을 주는 것으로 능력에 맞게 역할(직무)을 주는 것이다. 어느 쪽이 비중이 높았나?

예를 들면 경선캠프에서 주축의 역할을 하던 총리실 출신 인사들이 당에 들어온 경우가 없어서 사람들이 의아해했다. 총선 등 나중에라도 중용하지 않을까 했는데 그 예측 또한 빗나갔다.

황 대표 인사 스타일이 박근혜 전 대통령의 인사 스타일을 닮았다는 이야기도 있다. 박근혜 대통령과 일면식도 없는데 장관에 임명된 것을 참고삼아 벤치마킹한 것인가? 하지만 박 전 대통령은 인사에서 실패해 탄핵에 이르렀다는 평가가 많다. 인사를 부탁하는 정치인을 향해 거절하며 '그러려고 저를 도우셨어요?'라고 말한 것이 화제가 되기도 했다. 그래서 정치권에서는 '먹튀' 논란도 있었다. 그 결과 '문고리'비서만 남고 측근들도 떠나버린 것이라는 평가도 있다. 나중에 국민적 지지기반이 와해될 때 누구도 총대를 매줄 사람이 없었다. 게다가 '원조 친박계' 중 상당수가 박 전 대통령 탄핵에 찬성했다. 그들이 찬성하지 않았다면 탄핵은 불가능했을 것이다. 이처럼 인사는 리더십의 핵심이다. 어떻게 생각하나?

황 : 나는 과거의 구태정치를 넘어 새로운 정치를 하고 싶었다. 그래서 그때는 '개인의 역량'이나 '적재적소 배치' 그리고 '개혁적 인사' 등의 기준이 중요하다고 생각하고 인사를 결정했다. 당시 나는 유권자 입장과 정치인 입장 중에서, 유권자 입장 중심으로 모든 사안에 접근했다. 일종의 '수요자 중심주의'다. 그러나 현실은 그것만으로는 안됐다. 정치인의 본질을 뒤늦게 알게 됐다.

'공정한 인사'에 주력하느라, 정작 나를 도와준 분들에게 도움보다는 어려움을 주게 되어서 아쉽고 안타깝다. '등잔 밑이 어둡다'는 말이 그 이후 내게 와 닿았다. 도와주신 분들을 충분히 챙겨보지 못했던 점은 내가 한없이 부족했음을 확인시켜 주는 아픈 증거다. 다시 기회가 온다면 그렇게까지 하지는 않았을 것 같다.

나 : '전문가를 기용했다'라고 하셨는데 누가 전문가였나?

황 : 나는 입당 초부터 '통합'과 '대여 투쟁', '정책 대안', '미래 준비'를 강조했고, 그 이상에 적합한 분들을 모셨고 상당한 권한을 드렸다. 분야별로 보면 이렇다.

'미래'를 담당했던 분은 김기현 의원, 김종석 전 의원이었다. 김기현 의원은 정책위의장 출신답게 구체적인 아이디어들이 많으셨고 열정적이셨다. 김종석 전 의원은 여의도연구원 원장답게 매우 학구적이고 다양한 식견을 가지고 계셨다. 김 전 의원은 경제대전환위원회 부위원장으로 활약하기도 하셨다. 두 분 모두 어떤 특정한 도그마에 갇혀 있는 분이 아니었다. 그래서 미래를 준비하는 데 적합하다고 생각했다.

'대안' 전문가는 김광림 전 의원, 김재원 전 의원, 추경호 의원 등이다. 김광림 의원은 최고위원으로 경제대전환위원장을 맡아 〈징비록〉과 〈민부론〉 만드는 책임을 훌륭히 완수해 주셨다. 김재원 의원도 정책위의장으로 많은 활약을 해 주셨다. 특히 추경호 의원에 대해서는 나와 개인적인 인연을 많이 이야기하시는데, 나는 대체로 능력 있는 사람을 좋아하는 것 같다. 추 의원은 나와의 인연 때문에 오히려 능력보다 평가절하되신 분이다.

처음에 대표를 맡았을 때 가장 많이 들었던 말이 '야당이 싸울 줄을 모른다'는 이야기였다. 계속 '세게 하라'는 주문을 받았다. 그래서 투쟁을 많이 했다. 그 중심에 박대출 의원과 민경욱 전 의원이 있었다. 민경욱 전 의원은 내가 기념행사에 갔다가 물세례를 받았을 때 온몸으로 막아줬다. 박대출 의원은 상임위에서 정책 대안으로 잘 싸워줬고 거리에서도 용감했다. 특히 고맙게 생각하는 것은 내가 청와대 앞에서 단식투쟁을 할 때, 마치 관운장같이 항상 내 앞을 지켜준 것이다. 어려울 때 든든한 힘이 되어 주었다.

'통합' 과정은 원유철 전 의원, 김상훈 의원, 홍철호 전 의원 등이 맡아 주셨다. 원유철 전 의원은 통합에 가장 큰 역할을 해주셨고, 총선 때 미래한국당 대표까지 맡아 주셨다. 김상훈 의원은 최근 4·7 재·보궐선거 경선준비위원회 위원장으로 활약하고 계신다는 이야기를 들었다. 잘해주실 줄 믿는다. 홍철호 전 의원도 통합과정에서 매개자의 역할을 충실히 해주셨다.

나 : 쟁점이 됐던 당직, 사람 등 특별히 기억에 남는 인선이 있다면?

황 : 역시 김세연 여의도연구원장이다. 임명할 때도 그랬고 이후에도 정말 많은 말을 들었다. 반대를 무릅쓰고 임명을 밀어붙였으나 그 것으로 끝나지 않았다.

그분이 여연원장을 하고 있을 때 보건복지위원장까지 맡았다. 중요 당직을 복수(보건복지위원장, 부산시당위원장, 여의도연구원장)로 맡는 것이 옳지 않다는 비판이 많았다. 당 대표로 곤혹스러웠다. 직접 만나서 이런 분위기를 전했더니 부산시당위원장은 곧 임기가 끝난다고 하며, 본인이 더욱 열심히 하겠다고 했다. 면담 후 본인 의사를 존중하여 겸직을 허락해주었다. 통합이란 차원에서 결이 좀 다르더라도 함께 가는 것이 중요하다고 생각했다.

나 : 그럼에도 불구하고 이후에 당에 대해 저주에 가까운 말을 해 논란 이 됐다. 또 공천과정에도 구설이 많았다. 지금이라면 어떻게 하시 겠는가?

황 : 가정으로 이야기하긴 힘들다. 나는 '여연은 정치를 잘 아는 외부 전 문가가 맡는 것이 좋다'고 생각하게 됐다. 그래서 이후 (김세연 원장 이) 그만두자 정치권에 밝은 학자인 성동규 교수를 원장을 임명했다. 성 교수는 공천에 공을 들이기보다 맡은 바 임무에 충실하려 애쓰셨 다. '시간을 좀 더 충분히 드렸으면 좋았겠다'는 생각을 한다.

나 : 직접 챙길 수 있는 최고자리가 '지명직 최고위원'인데 계속 비워두

셨다. 왜 그랬나?

황 : 나는 기본적으로 정치 술수에 능하지 않다. 숫자 싸움도 익숙하지 않다. 기본적으로 선출되지 않고, 대표가 지명하는 최고위원이 있어야 하냐는 의구심을 가졌던 것이 사실이다. 하지만 당헌에 있으니 고려는 해 봤다. 대안으로 청년과 경제전문가, 정무 역할을 잘 해줄 인물, 자영업자·소상공인 대표 등을 고려했다. 정책적 목표를 강조하기 위한 인선안이다. 하지만 특정인을 최고위원으로 올리면 대표성 논란이 벌어질 수 있다는 의견도 있었다. 그것보다 해당 분야의 위원회를 활성화하는 것이 좋겠다는 결론에 이르렀다. 이후 지명직 최고위원을 조커로 쓸 수 있게 비워두면 되겠다는 생각이 들었다. 당에 위기가 오거나 정말 중요한 일이 생겼을 때, 그리고 통합과정에서 필요할 때 활용하자는 생각이었다. 하지만 기본적으로 '꼭 필요하지 않다면 비워놔도 되겠다'라는 생각이었다. 결국 꼭 필요한 경우가 없었고 적임자도 없었기에 임명하지 않은 채 지나온 것이다.

나 : 이후 상황에 관해서 묻겠다. 사무총장은 공천과정에서의 역할이 중요하다. 그런데, 이후 총장인사에서 초선을 임명하기보다는 당내 비중이 있는 다선의원을 임명하는 것이 맞았다는 이야기도 있다.

황 : 아쉬운 점은 수없이 많다. 겸허히 듣고 반성하겠다. 많은 사람이 '정치 인사가 매우 힘들다'라고 했다. 정말 그런 것 같다. 김영삼 전 대통령이 자주 하셨다는 '인사가 만사'라는 말이 자주 마음에 와 닿았다. 관료는 주어진 것을 잘 활용만 하면 된다. 일이 맡겨지면 인적,

물적 자원은 자연스럽게 따라온다. 반면, 정치인은 돈·사람 모두 직접 만들어야 한다. 그것이 관료를 갓 그만두고 나온 신참 정치인이었던 내가 정치권에 쉽게 적응하지 못한 이유였던 것 같다.

또 대표로서 일을 맡기면 당직자들이 알아서 결과를 내올 줄 알았다. 그런데 일일이 챙기지 않으면 함흥차사인 경우가 많았다. 그래서 대표의 업무가 엄청나게 많아졌다. 정치적 동지가 충분하지 않았던 것이 매우 아쉬운 일이었다. 뼈저리게 느꼈다. 정치인으로 일년여를 지내고 보니 이제야 감이 좀 잡힌다.

나 : 제일 잘한 인사와 후회되는 인사?

황 : 잘한 일은, '청년 부대변인'을 임명한 것이 가장 큰 보람을 주었다. 공을 많이 들였다. 의미 있는 청년들을 모셔와 능력이 향상되는 것을 확인하면 보람을 느꼈다. 앞으로도 잘 성장해 주기를 바란다. 상대 당에서도 우리의 '청년 부대변인'제를 보고 비슷한 조직을 만들었다고 들었다. 또 3년 동안 선발 못 한 사무처 직원을 뽑은 것이다. 법정한도가 5명이었는데 모두 선발했다. 우수한 인재들이 사회의 첫발을 우리 당에서 내딛는 것에 기쁨을 느낀다. 둘 다 미래를 준비하는 인사다. 자부심을 크게 느낀다.

후회되는 인사는 역시 사무총장이다. 두 번째 사무총장으로 원래는 이진복 의원을 고려했었다. 선수(選數)를 고려했기 때문이다. 그런데 당시 이의원이 '불출마선언'을 고집해, 이야기가 오고가다가 타이밍을 놓쳐 무산되고 말았다. 정말 아쉬운 부분이다.

인사 문제를 이야기하는 황 대표는 내내 아쉬운 표정이었다. 나중에 공천 문제를 인터뷰할 때는 어떤 표정일지 궁금해졌다. 그때까지는 좀 더 참아야겠다.

Part. 04

민생투쟁 대장정

민생투쟁 대장정

**"우리는 지옥을 밟고 있다.
하지만 국민에게는 꿈이 있다."**

황교안 지도부의 평가에 대해 여러 말들이 있지만, 나는 '인사는 별로, 행보는 대체로 수준급'으로 본다. 지도자의 행보는 현장에서 학습하고, 골방에서 공감 얻을 수 있는 목표를 정해, 광장에서 깃발을 드는 것이다. 오로지 지도자 개인이 감당해야 하는 '개인 전술'이다. 인사는 진용을 짜는 것(당직)이고 팔 상품을 내놓는 것(공천)이다. '팀 전술'이다. 팀보다 강한 개인 플레이어는 없다. 아무리 무용이 뛰어난 무인(武人)도 기왕의 전세(戰勢)를 완전히 바꿀 수는 없다. 예전에는 각 진영의 장수가 대표로 나와 일합(一

合)을 겨룬 후 그 결과에 따라 전체 승패를 판가름하는 때도 있었다. 그러나 그런 명장면은 진법(陣法)이 개발되고 나서 사라졌다. 신화나 영웅담에서나 나오는 이야기가 돼버렸다. 결국, 승패는 진용을 어떻게 짜느냐에 달려있다.

황 대표도 마찬가지다. 진용을 짜는 부분은 아쉬움도 있었다. 그런데 인사는 경험을 통해 발전할 여지가 있다. 누군가 확실히 믿을 수 있는 사람의 조언을 들을 수도 있다. 과거 삼성의 창업자가 면접 때 관상가를 대동했다는 소문도 있었지 않은가. '인사관리의 삼성'도 그렇다니, 그만큼 사람 판단이 어렵다는 사실을 보여준다. 그러니 처음인 경우는 다시 기회를 얻을 수 있다. 경험은 항상 귀하기 때문이다. 그러나 기회를 받기 위해 개인기는 필수다. 깃발을 들지 않고 사람의 마음을 모을 수는 없다. 하지만 행보와 인사가 모두 낙제점이면 다음 기회는 없다. 그래서 행보가 더욱 중요해진다. 황 대표의 초기 행보가 새벽시장, 민생대장정, 민생투쟁 대장정으로 이어진 것에서 나름의 의미를 찾을 수 있다.

모든 업종이 그렇지만, (삶의) '현장에 대한 이해'는 정치인에게 필수다. 사회는 서류에 담기에는 너무나 복잡하고 숨어있는 의미도 많다. 현장은 전쟁터다. 직접 부딪히지 않고서는 본질을 깨우치지 못할 뿐 아니라, 그런 피상적인 판단에 따라 한 행위는 큰 피해를 양산해 낸다.

고대 중국 전국시대 가장 유명한 전투가 '장평대전(長平大戰)'이다. 향후 '천하통일'의 위업을 달성한 진(秦)나라가 조(趙)나라를 쳐들어갔다. 조나라는 백전노장 염파(廉頗)로 하여금 진나라 군대를 막게 했다. 노련한 염파는 싸우기보다는 지키는 데 열중했다. 시간은 수비의 편이다. 공격하는 쪽은 시간이 지날수록 조바심이 나게 된다. 보급이 곤란하고 사기는 떨어지기 때문이다. 이를 잘 아는 염파가 싸우지 않고 버티기만 한 것이다. 초조해진 진나라 장군 백기는 꾀를 냈다. 적의 장군을 바꾸기 위해 이간계(離間計)를 쓴 것이다. 진은 조나라에 간자를 보내 염파를 모함하고 '자신들이 두려워하는 것은 오직 조괄(趙括) 뿐'이라는 소문을 퍼뜨렸다. 조괄은 명장 조사(趙奢)의 아들로 어려서부터 병법을 익혀 통달했다. 병법을 논할 때는 백전노장인 아버지를 이길 정도로 똑똑했다. 하지만 아버지 조사는 "괄은 전쟁을 너무 쉽게 말한다"라며 "만약 괄을 장군으로 삼는다면 틀림없이 조나라 군대는 파멸할 것"이라고 예언했다. 첩자의 말에 현혹된 조나라 왕이 염파를 끌어내리고 약관의 조괄을 장군으로 임명했다. 이 소식을 전해 들은 재상 인상여는 "조괄은 그저 자기 아버지가 남긴 병법서를 읽었을 뿐 사태변화에 대처할 줄 모릅니다"라며 왕의 결정을 만류했다. 하지만 조나라 왕은 경험이 없는 젊은 조괄을 장수로 내보내 싸우게 했다. 그러나 결과는 참혹했다. 겁 없이 전투를 벌인 조괄은 결국 전투에서 패배해 전사했다. 진군은 항복한 조나라 장병 40만 명을 생매장해 몰살시켰다. 조나라는 전사를 포함해 도합 45만의 장병을 잃었다. 그리고 얼마 후 종묘를 닫아야 했다. 조괄은 책으로만 병법을 배웠기에 전투의 현장과 상대를 알지 못했으니 패배할 수밖에 없었다. 이 전투로 진나라는 '전국 7웅' 중 절대적 우위를 잡으며 통일의 기반을 만들 수 있었다. 결국, 병법의 귀재 조나라 장군 조괄은 진나라 통일에 기여한 조나라의 역적이 됐다.

　현장을 모르면 역적이 되고, 잘 알면 전투에서 영웅이 될 수 있다. 승자는 사람들의 칭송을 받는다. 그래서 현장을 배워 아는 것은 정치지도자에겐 필수코스다. 황 대표는 그 필수코스를 압축적으로 이수한 것이다.

　이런 생각을 하며, 다시 황 대표를 만나 인터뷰를 이어갔다. '민생대장정'이 주제였다.

나 : 5월 7일 부산에서 출정식을 시작하기 전에도 민생대장정을 하셨다. 4월 11일 부산 선박 수리업계와 청년스타트업 현장에 가셨고, 4월 18일 공주보 철거 현장에도 가셨다. 왜 '민생대장정'이란 용어를 '민생투쟁 대장정'으로 바꿨나?

황 : 정권의 실정이 계속되고 나라의 상황이 너무 안 좋아서 '투쟁'이란 용어를 넣었다. 경제가 너무 나빠지는데 여권은 '권력 놀이'만 하고 있었다. 그냥 '민생대장정'이라고만 하면 '너무 한가하다'는 느낌을 준다는 건의가 있어서 '투쟁'을 넣었다. 현 정부의 폭정을 저지하기 위한 알림 차원에서 투쟁을 넣긴 했는데, 개인적으로 '민생투쟁 대장정'이란 용어를 좋아하지 않는다. 앞으로 책에도 이런 표현 안 넣었으면 좋겠다. 그냥 '민생대장정'으로 했으면 한다.

나 : '민생대장정' 결정 당시 상황을 설명해 달라?

황 : 국정 파탄이 너무 심각했다. 국민은 사실상 도탄에 빠져있었다. 나

는 2018년부터 신문을 보면서 현 정권의 장단점들을 죽 정리해보았다. 가령 '국민행복지수'가 문재인 정권 출범 이후 계속 하락했다, 한나절 만에 정부 정책이 바뀌는 사례도 있었다. 정리한 자료를 얼마 정도 축적해 보니 문재인 정권의 실정이 너무 심했다. 가만있을 수 없다고 생각하게 됐다. 그래서 정치에 입문했고 투쟁을 시작한 것이다.

첫째, 전당대회 토론회 과정에서 처음으로 공약했던 '특별위원회'를 만들었다. 문재인 정권의 좌파 독재를 저지하기 위한 특별위원회였는데 때는 3월이었다. 위원장에는 투쟁력이 강한 김태흠 의원을 임명했다.

둘째가 '대장정'이었다. 당에 들어와 바로 국민 삶 지키기 투쟁을 실행하려 했으나 시간이 좀 걸렸다. 지난번에 말했듯이 당이 정상적으로 작동하는 데 어려움이 있었다. 우선 진용을 짜야 했다. 당직 인선이 생각보다 길어졌고 국회 상황도 녹록지 않았다. 여당이 패스트트랙을 밀어붙였고 이를 저지하는 데 상당한 시간과 노력이 들었다. 행사도 어려움이 많았다. 그야말로 '대장정'인 관계로 준비해야 할 것이 많았다. 부산과 공주에서 예행 연습을 했지만, 많은 어려움이 노정되어 있었다. 하지만 시간이 길어질수록 가능성이 떨어졌기 때문에 결단으로 시작했다.

나 : 처음 기획했을 때 '도보로 하는 대장정' 건의가 있었다는데?

황 : 제안이 있었다. 하지만 그렇게 하면 시간이 너무 오래 걸린다. 더 많은 분을 만나기 어렵다고 판단했다. 그래서 대중교통을 이용해

18일간 4,080km를 이동했다. 도보로 하면 가능치 않았을 것이다.

나 : 여행은 배낭을 꾸리는 것에서부터 시작한다. 배낭엔 어떤 물건을 가지고 다녔고, 어떤 의미인가?

황 : 이동하면서 필요한 생필품들이 많았다. 목을 많이 쓰니 목캔디, 프로폴리스, 체력을 유지하기 위한 비타민제 등이었다. 내가 방문하는 장소에 대한 정보와 관련된 자료들도 있었다. 자료를 숙지하고 현장을 보니 더 깊이 알고 느끼게 되더라.

책도 있었다. 청년과 미래 관련된 도서들이었다. 예를 들면 '90년대 생이 온다'는 책을 다 읽었다. 그리고 미래 관련 저서도 가져갔다. 그러나 후자는 다 읽지는 못했다. 성경책은 가지고 다니며 힘들 때마다 틈틈이 읽었다. 참! 작은 우산도 있었다. 비가 올 때를 대비하는 것이기도 했지만 햇볕을 차단하는 데도 큰 도움이 됐다.

나 : 민생대장정이 '국민 속으로'라는 컨셉이었는데, 여당에서는 원내로 들어와 정책을 논하자고 했다. 민생대장정과 원내정당 · 정책정당과는 어떤 관계인가?

황 : 문재인 정부의 실정과 거짓말, 그리고 위선과 내로남불 등을 대하면서 우리가 평상시처럼 대응했다가는 나라를 바로 잡을 수 없다고 생각했다. '총력투쟁'을 해야 하는 상황이었다. 원내 투쟁도 중요했지만, 한계가 있었다. 수적으로 절대 열세였기 때문이다. 그래서 원외투쟁(장외투쟁, 시위)을 병행할 수밖에 없었다.

나는 대표로서 투쟁을 원내와 원외 '투 트랙'으로 진행해야 한다고 생각하고 당에 지시했다. 내 지시에 따라 전자는 원내대표를 중심으로 한 정책투쟁을 했다. 후자인 장외투쟁은 내가 직접 국민 속으로 들어가 민생문제들을 직면하고 긴밀하게 챙기는 일이었다. 이 둘은 뗄 수가 없다고 생각했다. '물과 물고기'의 관계처럼 말이다.

나 : 정부 실정 비판과 야당으로서 대안 제시의 관계를 어떻게 생각하나?

황 : 이 또한 나눌 수 없다. 잘못된 것을 비판하며 다른 선택지를 제시해야 한다. '싸워 이기는 정당'이면서 '대안 있는 정당'을 지향하자고 했다. 이 둘을 조화시키기 위해 대장정 중에도 〈민부론〉(경제), 〈민평론〉(안보), 〈민교론〉(교육) 등을 지속해서 만들어 국민에게 제시했다. 하지만, 성과에 대해서는 아쉬운 면이 없잖아 있다.

나 : 대안 제시에 급급해서 아젠다끼리 충돌하고 경쟁하는 모양새가 됐다는 비판도 있었다. 이쪽에서 대안을 제시하고, 그 대안이 논란이 되면서 상대편 실정이 숨겨지는 양상이 된다는 의견이다. 또 대표가 원외여서 관심을 끌기 위해 장외투쟁을 했다는 비판도 있다. 이런 비판에 대해선 어떻게 생각하나?

황 : 2019년 당시로 보면 대안은 각 정당 중 우리만 냈다. 보수는 나라를 바로 세우는 것으로 생각한다. 따라서 대안을 내세우는 것은 매우 중요하다. 우리는 싸우는 것보다 미래를 만들어가는 것을 중요하게 봤다. 이런 이유에서 그만큼 대안을 만들어내기 위한 작업에 관심이 많았다.

원외대표라서 한계를 느낀 적은 전혀 없었다. 의원들과의 소통도 잘 되었고, 상임위와 원내대표단 등도 나에게 잘 협조해 줬다. 기본적인 역량과 국민과의 공감대 형성 부족이 문제였다고 본다. 결론적으로 총력적 투쟁을 위해 원내와 원외가 같이 가는 것이 중요하다고 봤다. 내부갈등은 그리 중요한 요소가 아니었다.

나 : 가장 좋았던 경험은?

황 : 나는 대장정 내내 저녁마다 노인회관, 마을회관, 복지회관 같은 곳에서 잤다. 그럴 때마다 동네 분들이 적게는 10명 많게는 50명 가까이 찾아 주셨는데, 이분들과 저녁 먹으며 만났을 때가 가장 의미 있었다. 보통 본인들의 옛날이야기를 해 주셨는데 재미있었다. 그리고 갈수록 망가지고 있는 나라 이야기를 하셨는데 공감이 많이 갔다. 또 가는 데마다 청년들이 많은 곳에 가려고 노력했다. 예를 들자면 청년들이 창업한 농장과 카페 같은 곳이었다. 대장정 기간 중 네 곳 정도 지역에서 청년들과 만났다. 지역에서 청년들을 만나기가 쉽지 않았는데 같이 이야기할 수 있어서 좋았다.

처음 부산에 갔을 때, 두 분의 의원이 기억에 남는다. 부산의 덕포시장을 방문했었다. '나라를 살려달라'는 목소리가 많이 들리더라. 유재중 전 의원이 준비를 잘해 줘서 많은 사람을 만날 수 있었다. 그때 장제원 의원의 마치 동네 삼촌 같았던 모습도 참 인상적이었다.

나 : 다른 지역에서 기억에 남는 일들은 없었나?

황 : 많았다. 대표적으로 생각나는 곳 몇 군데를 소개하겠다.

경남 창원에 있는 오동동 상가를 갔는데, 엄청나게 크더라. 지하 1층에 청년몰이 크게 자리하고 있었다. 점포가 몇십 개가 있었는데, 그때 보니 텅텅 비어 있더라. 처음엔 야심 차게 시작했지만, 결국은 하나둘씩 비어 갔고, 내가 간 5월 즈음에는 완전 폐업 상태였다. 그걸 보면서 '젊은 친구들에게 실패만 경험하게 했구나'라는 생각이 들면서 가슴이 매우 아팠다. 다른 지역에선 이런 청년몰을 보지 못했는데 이런 대규모 프로젝트가 엎어진 게 너무 안타까웠다.

다음은 울산이다. 이채익 의원 지역구였다. 고리원전을 건설하는 한수원의 지역본부가 있었다. 거기서 활발하게 작업하고 계신 분들의 모습이 인상적이었다. 이런 현장을 보며, 문재인 정권의 탈원전 정책으로 인해 이분들이 피해를 본다고 생각하니 화가 났다.

경북의 영천도 기억에 남는다. 복숭아 단지에서 적과작업(가지치기)을 하는 곳을 가서 봉사활동을 했다. 작업이 끝나고 난 뒤에 차담(茶談)을 나눴다. (우리의 봉사활동이) 여러모로 격려된다고 하시더라. 정치인들이 정쟁보다는 이렇게 민생현장 속에서 사람들을 조금이라도 돕는 방향으로 갔으면 좋겠다는 말씀들을 하셨다. 그래서 화답했다. '우리가 하는 민생대장정의 핵심이 바로 현장 속 국민을 만나는 것이고, 우리 이만희 의원님의 안내로 봉사하러 여기에 왔다. 나중에 추수할 때 다시 오겠다'고 약속했다. 우리의 진정성을 증명하겠다는 각오에서였다. 실제로 추수 때를 맞아 영천 복숭아 농장을 다시 찾았다. 현장 주민들이 많이 놀라시더라. 추수하고 난 후 복숭아를 먹을 수 있었다. 그때 먹은 영천 복숭아는 진짜 맛있었다.

충북 청주는 내가 검사로 임용돼 처음으로 배치된 첫 부임지라서 의미가 큰 지역이다. 청주는 대표적인 교육도시이기 때문에 학부모 간담회를 했다. 나는 본래 '자녀를 기르는 게 기쁨이 되고 보람도 되어야 한다'라고 생각한다고 말하면서, '현실은 자녀를 가르치는 것이 고통뿐이라는 사실이 여러모로 안타깝다'라는 말씀을 드렸다. 나도 교육에 관심이 매우 많지만 보통 부모들도 마찬가지라고 생각한다. 그런데 자기 아이가 대학에 가고 나면 교육에 관한 문제를 다 잊어버리는 것 같더라. 국가와 국민이 지속적인 관심을 통해 교육현장을 바꿔야 한다고 생각했고 지금도 그렇다.

대전 간 날은 스승의 날이었기에 퇴임 교사들과의 만남을 가졌다. 이어 대덕연구단지에 핵융합연구소를 갔었다. 거기서 2040~50년 즈음에 핵융합발전이 가능해질 것이라는 이야기를 들었다. 이게 가능해지면 에너지 문제가 크게 개선되어 우리의 삶이 완전히 바뀌게 될 것이라고 말씀해주셨는데 그때 참 인상 깊었다.

충남은 정진석 의원 지역구인 공주에 갔었다. 그곳에서 공주보 철거 현장을 찾았다. 지역주민들 말이 (정부에서 말하는 것과 달리) 환경이 나빠진 것이 하나도 없고 삶이 더 윤택해졌다고 하더라. 관광객도 늘고 수자원(물고기 종류와 총량 등)도 풍성해졌는데, 왜 이런 순기능을 하는 시설들을 정부가 큰돈을 들여 없애려고 하는지 모르겠다고 하셨다. 현장에 환경부의 여성 국장이 나와 있었는데, 농민들의 말은 듣지 않고 자꾸 정부 주장만 얘기하고 있었다. 조금 불쌍했다. 매번 주민들의 비난을 받으며, 같은 이야기를 하려니 얼마나 힘들까 싶었다.

광주는 '5.18 광주민주화운동 기념식'에 참석했다. 그때 본행사에는 참석했지만, 일부 시민들 반발이 너무 커서 묘역 참배를 할 수 없었다. 나중에 그 지역에 있는 분들 몇 분이 연락을 주셔서 '그게 광주사람들의 일반적인 입장이 아니다'라고 말씀해 주셨다. '특정 단체와 세력이 그런 것이니 이해해 달라'고도 하셨다. 충분히 이해한다고 말씀드렸지만, 그런 점이 여러모로 안타까웠다. 진심을 전하기 위해 두 달 후에 다시 가서 묘역 참배하고 왔다.

제주도에는 '탐나라 공화국'이 있었다. 강원도 남이섬을 개발한 강우현 사장님이 이곳을 다시 만들었는데, 남이섬을 완성하고 다른 분에게 넘긴 후에 제주에 내려와 5년째 개발하고 있다고 하셨다. 여기서 '혁신의 모델'을 보았다. 그 당시는 개방 전이었는데, 사장님이 정성스럽게 잘 안내해 주셨다. 제주 현무암으로 자기(瓷器)를 만드는 실험을 했다고 하셨다. 도예가들이 오만가지 시행착오를 거친 후 1,300도에서 도자기 만드는 데 성공했다고 했다. 참 인상적이었다. 강 사장님은 한국예술종합학교 문화예술 과정을 수강하면서 우연히 알게 되었는데, 재미있는 것은 책에다 내 이름을 써주며 끝에서부터 거꾸로 쓰더라. 받침을 먼저 쓰고 거꾸로 올라가는 필체였다. 그렇게 하는 이유로 '만물을 거꾸로 보면 쓰레기도 자원이 될 수 있다는 것을 깨닫는다'라고 하셨다. 실제로 버려진 소주 · 맥주병 등으로 예술작품 만드는 등 혁신적인 실험을 진행하셨는데, 그런 생각이 제주도에서 현무암으로 자기를 만들 생각을 가능케 한 것 같았다. '거꾸로 보면 세상을 바꿀 수 있다'라는 말이 참 좋았다.

나 : 대장정이 값진 추억을 많이 만들어 준 것 같다. 그런데 대장정의 '정치적 성과'는 무엇이었나?

황 : 실상을 확인하고 투쟁의 동력을 얻은 것이다. 정당은 국민의 뜻에 따라야 한다. 그 뜻을 확인하고 확신을 두고 나서는 것이 필수다. 민생대장정을 통해 국민의 뜻을 알았고 확신을 얻어 과감하게 대여투쟁을 할 수 있었다.

나 : 개인적으로도 성숙을 이루었나?

황 : 물론이다. 나 개인적으로도 많은 도움을 받았다. 우선 체력을 길렀다. 배낭 메고 대중교통을 이용해 여행한 것은 정말 오랜만이었다. 좀 힘든 적도 있었지만 (주민의) 응원을 받고 다시 힘을 얻었다. 그러다 보니, 얼마 지나고부터는 체력이 좋아졌다는 기분도 들었다. 그렇게 얻은 체력은 나중에 단식 때도 큰 도움이 되었다.

그리고 '이런 것이 정치인의 삶이구나' 하는 생각도 했다. 정치인이 물고기라면 국민은 물이다. 물을 떠나서 물고기가 살 수 없듯이 국민을 떠난 정치인은 살아있는 것이 아니라고 생각했다. 유령정치인이 넘쳐나는 상황에서 기본으로 돌아가자는 생각을 하게 됐다. 일종의 '정치적 각성'이라고나 할까? 너무 거창했나? (하하)

나 : 오늘 인터뷰도 끝이다. 마지막 질문, 대장정은 끝난 건가?

황 : 일단 2019년의 대장정은 끝났다. 그러나 인생에서 장정이 영원히 끝일 수는 없다. 오늘 인터뷰가 끝나도 다음 주제를 따라 다시 인터뷰는 계속할 것 아닌가? 인터뷰가 끝나면 다음 일이 있을 것이

다. 인생이나 세상은 계속되고, 되어야 한다. 삶 자체가 '대장정'이
란 사실을 그때 알게 됐다. 지금도 나와 대한민국은 여전히 대장정
중이다.

전 축구 국가대표 이영표가 방송 축구 해설을 하면서 한 말이
다. "월드컵은 경험이 아니라 증명하는 자리다." 2014년 브라질
월드컵에서 홍명보호 축구팀을 보며 한 일침이다. 경기 후 홍명보
감독이 "우리 선수들은 이번 월드컵을 통해 아주 좋은 경험을 했
을 것이다"라며 16강 실패를 얼버무린 직후다. 이영표의 해설은
독한 말이었지만 방청하며 실망했던 많은 국민이 동감을 했을 것
이다.

정치인에게 성과와 성장은 무엇일까? 많은 국회의원이 당선되
고 난 후 성과를 낼 생각은 안 하고 방 잡고 공부 모임만 하고 있
다. 처음 나는 탐탁잖게 생각했다. 그러나 공부 자체가 나쁜 것은
아니다. 줄과 인기가 지배하는 사회에서 정치적으로 훈련된 선수
가 국회의원이 되는 경우가 희소한 시대니, 어쩌면 현장에서의 공
부는 성과를 내는 데 필수 전제다.

장자(莊子) 양생주(養生主) 편에 나오는 말이다. "吾生也有涯,
而知也无涯 (오생야유애 이지야무애) 以有涯隨無涯(이유애수무
애) 殆已(태이) 已而爲知者殆而已矣(이이위지자태이이의). 뜻은
우리 삶에는 끝이 있지만, 지식에는 끝이 없다. 끝이 있는 것으로
서 끝이 없는 것을 좇으면 위태로울 뿐이다. 그런데도 알려고 한
다면 더욱 위태로울 뿐이다." 앎의 끝에 도달하는 것이 불가능하

므로 공부는 무용(無用)하다는 의미로 보인다. 하지만 장자와 황로학파(黃老學派)는 왜 설교하고 책을 지어 사람들에 읽혔는가? 결국, 배움의 중요성을 역설적으로 강조한 것이다. 그들이 말한 것과 같이 지식에는 끝이 없다. 하지만 공부를 멈춰서는 안 된다. 결과보다 앎에 대한 태도와 과정이 중요하기 때문이다.

사람이 학습을 포기하면 개·돼지와 다를 바 없다. 그래서 어떤 자리에 가도 끊임없이 공부하고 정진해야 한다. 정치인은 골방에서 궁구하고, 회의실을 빌려 토론하는 것도 중요하지만, 삶의 현장에서 깨달음을 얻는 것이 더욱 중요하다. 정치인이 되기 전에 일정 정도 서류와 책상에서 얻을 수 있는 지식을 갖추면 더욱 좋다. 그래도 적용하는 과정에서 때때로 실패를 경험한다. 이 때문에 실전을 통해 학습하는 과정은 그 자체로 값지다. 실패하지 않고 성취를 이루는 사람은 거의 없기 때문이다. 일단 정치인으로서 자질만 검증되면 그는 사회의 귀한 자원이다. 인터뷰 끝나고 나오면서 황 대표의 말 중에서 한마디가 머리를 맴돌았다.

"삶 자체가 '대장정'이란 사실을 그때 알게 됐다. 지금도 나와 대한민국은 여전히 대장정 중이다."

그의 이야기가 더 궁금해졌다.

Part. 05

광장에서 장외투쟁

광장에서 장외투쟁

"저도 속고, 국민도 속았습니다."

"조국은 대한민국 체제를 위태롭게 하는 사람이고,
추미애는 법치를 위태롭게 하는 사람이다."

 좋은 드라마의 첫 조건은 개연성 있고 매끄러운 플롯(plot)이
다. 이런 플롯은 등장하는 모든 캐릭터(character)를 살아있게 한
다. 그래서 스타트랙이나 마블 코믹스 슈퍼히어로 물 등 성공한
드라마는 모든 캐릭터가 살아있고 수많은 변종과 아류를 낳는 것
이다. 드라마 플롯은 '기(起)-승(承)-전(轉)-결(結) 구조'를 갖는
경우가 많다. 이제 황 대표의 자유한국당 드라마는 승(承)의 단계
로 들어간다. 주된 캐릭터인 황교안은 이 지점에서 짧지만, 정치

스타의 지위를 얻게 된다. 물론 악역이 필수다. 상대 빌런(villain)은 후배 법무부 장관 조국이다. 그 뒤에는 거대한 암흑세력이 있는데 그 세력이 문재인 정권이다.

지난해 '장외집회'는 정말 뜨거웠다. 계절을 역행하듯, 가을로 갈수록 그 열기는 더욱 뜨거워졌다. 절정은 10월 3일 개천절이었다. 그날 광화문광장에서 개최된 '조국 법무부 장관 파면'을 요구한 대규모 집회는 과거에 보지 못했던 장관이었다. 개천절답게 '단군 이래 최대인파 참여'라는 평가를 들었다. 필자는 박근혜 대통령 탄핵 요구 집회 때도 매주 주말 광화문 시위 현장을 방문했다. 주말마다 광화문에 있는 방송국 시사프로그램에 토론자로 초대됐기 때문이다. 그때마다 주말 집회가 어김없이 중계되고 논의됐다. 그러니 관심을 두고 보지 않을 수 없었다. 그때도 '대단하다'라고 생각했지만, 개천절 집회는 그때하고는 비교가 되지 않았다.

이전에도 매주 대규모 '태극기 집회'가 없었던 것은 아니다. 그러나 언론은 애써 무시했다. 대부분 언론이 정부와 강성여론의 눈치를 봤을 것이고, 탄핵에 동참했던 보수언론도 탄핵을 부정하는 세력에 대해 우호적이지 않았을 것이다. 민주노총 등이 광화문 집회에서 밀리자, 민주노총 산하의 언론노조가 영향을 끼쳤을지도 모르겠다. 이때 지리멸렬하던 제1 야당에 새로운 지도부가 들어섰고, '민생대장정'을 비롯해 지방과 산발적 장외집회에서 분위기를 끌어 올린 후 정식으로 광화문에 입성한 것이다. 광화문광장의 주인이 재야(시민단체)에서 제도권(정당)으로 넘어온 것이다. 이제 언론도 무관심과 무반응으로 일관하기 힘들어진 상황이 됐다. 야당은 황 대표의 리더십이 강해지고 이에 따라 대선 지지도가 상승하며 더욱 힘을 받았다. 그 절정이 개천절 광화문 집회였다.

당일 현장은 말 그대로 '사람의 산 사람의 바다(인산인해 人山人海)'였다. 한창 복잡할 때는 10m를 가는 데 30분 이상 걸렸다. 광화문에서 서울역까지, 좌우는 동쪽으로 종로2가, 서쪽으로 새문안교회까지 인파로 가득 찼다. 당연히 골목마다 사람이 넘쳐났다. 식당, 카페, 호프집 등 사람이 들어갈 수 있는 가게마다 성업 중이었다. 탄핵 집회 때 거리의 노점상들이 즐거워했다면, 이때는 노점상뿐 아니라 점포의 중소상인들이 모두 환호했다. 일부 언론은 서초동 조국 지지 집회와 규모를 비교했지만 현장을 본 사람들은 코웃음 지었다. 억지로 가져다 붙인 티가 너무 났기 때문이다. 현장의 주인공은 단연 황 대표였다. 그동안은 당내나 국회 내 집회를 주도하고 지방을 돌며 '민생대장정'을 하긴 했지만, 진정한 대중정치인은 아직 아니었다. '진정한 대중정치인은 광장에서 탄생'하는 것이기 때문이다.

전장(戰場)은 영웅의 기회를 주고, 광장(廣場)은 영웅을 완성한다. 나폴레옹이 그랬고, 카이사르가 그랬다. 개선문의 주인공들이다. 우리나라에 영웅이 많지 않은 것은 광장이 없기 때문이지 않나 싶다. 이런 기회는 정치인이라 해도 누구에게나 오지 않는다. 광장정치와 대중연설이 활성화됐던 '3김시대' 이후에는 더욱 그렇다. 이회창 총재도 이런 기회를 잡지는 못했다. 운 좋게 문재인 대통령이 탄핵 집회를 만나 대통령이 되었지만 진정한 주인공은 아니었다. 하지만 곁불을 쬐며 분위기를 타 '대깨문' 같은 열혈

팬덤(fandom)을 만들 수 있었고, 그 힘으로 대통령까지 됐다. 문 대통령 이후 광장의 주인공이 된 정치인 황교안을 만나 당시 상황을 물으며 인터뷰를 재개했다.

나 : 개천절 광화문 집회에 통칭 '300만 인파'가 모였다. 그때 상황에 대한 기억과 소감이 있다면 설명해 달라.

황 : 나도 놀랐다. 정말 대단했다. 자유민주진영은 원래 집회 체질이 아니고, 대규모로 모이는 경우는 더더욱 없었다. 처음 장외집회를 시작해보니 1만, 2만 정도였고, 5만에 다다르자 한계를 보였다. 결국, 시민단체와 협업해서 정부 실정에 대한 문제를 제기하는 전략을 채택할 수밖에 없었다. 그렇게 10만, 20만 모이다가 개천절에 이르러 역대 최대 인파가 모였다. 그 당시 집회 현장은 운신할 수 없는 정도였다. 지인이 한 이야기다. 그분이 지하철로 광화문에 도착했는데 친척을 만났단다. 좀 거리가 있어서 위층에서 만나자고 했는데 한쪽은 계단으로 다른 쪽은 엘리베이터로 올라갔다고 했다. 그런데 지척에 있던 친척을 30분이 지난 후에야 만날 수 있었다고 했다. 신문로 대로변의 경우는 말 그대로 움직이는 것이 불가능했다.

그러나 더 대단한 것이 있었다. 진짜 인상적이었던 점은 사고가 단 한 건도 없었다는 사실이다. 그렇게 많은 인파 속에서 짜증이나 갈등이 없는 집회는 거의 불가능에 가깝다. 하지만 집회참가자들은 놀라운 시민의식을 확실하게 보여주셨다. 쓰레기 하나까지도 개별적으로 다 챙겨가는 경우가 많았고, 불법행위는 찾아볼 수 없었다.

'과거 집회들과 대조된다'는 이야기들이 많았다. 개최자로 정말 뿌 듯했다. 참여한 시민들께 감사할 따름이었다.

나 : 민생대장정 시작 때처럼 울컥하셨나?

황 : 아니다, 오리려 긴장되었다. 너무 많은 인파가 몰렸기 때문에 혹시 모를 사고가 발생하지 않을까 하는 걱정이 많았다. 전체를 책임지 는 입장에서 감상에 젖거나 긴장을 늦출 수 없었다.

나 : '개천절 집회 축소 보도' 논란이 있었고, 반대로 '서초동 조국 수호 집회 과대포장 보도' 논란도 있었다.

황 : 서초동 집회 장소는 공간 자체가 많이 모일 수 있는 곳이 아니다. 내가 그쪽에 오래 근무하고 살아봐서 주변과 정황을 잘 안다. 그런 데도 수를 늘리기 위해, 당시 개최됐던 '서리풀 축제' 참석인원과 함께 집회 인원을 계산했다는 이야기를 들었다. 과장된 사진 기법 도 동원됐던 것 같다. 이를 보면서 답답한 마음이 들었다. '저렇게 까지 해야 하나?'

나 : 장외집회 장소로 광화문을 선택하게 된 배경?

황 : 선점효과다. 권력의 핵심인 청와대 코앞이라는 상징성도 있었다. 주말마다 지속적으로 광화문에서 집회를 하였기 때문에, 자유민주 진영이 점차 세력을 확장하며 집회를 이어갈 수 있었다. 결국, 이 런 흐름 가운데 광화문에 좌파가 끼어들 자리도 거의 없어졌다. 앞 에서도 말했듯이 우리 당만 열심히 한 것이 아니다. 자유민주진영

내 많은 분이 함께해주셨기 때문에 가능했다. 우리 당은 주로 세종문화회관 앞에서 집회를 진행했다. 매주 지속적으로 하자, 정부에 실망하고 살기 힘들어진 시민들이 그 분노를 호소하기 위해 우리 집회 장소로 나왔던 것 같다.

나 : 자유민주진영의 다양한 시민단체와 연대해 집회했기 때문에 갈등도 있었을 것 같다. 기억나는 사례는?

황 : 우파정당, 시민단체, 종교단체 등이 있었고, 우리(자유한국당)가 중심에 있었다. 나도 여러 단체의 대표들과 협의했고 사무총장이 주로 구체적인 조율을 했다. 기존에 집회를 주도했던 단체들은 본래 본인들이 가지고 있었던 계획이 있음에도 불구하고 후발주자로 집회에 참여했던 우리 자유한국당과 조율을 잘 해주셨다.

예를 들자면 내가 연설할 때, 그쪽 단체들도 자신들의 화면과 스피커로 내 연설 장면을 내보내는 식이었다. 그래서 한뜻으로 큰 갈등 없이 집회를 진행할 수 있었다. '우리공화당'은 협의를 별도로 하지 않았다. 하지만, '행동을 같이하자'는 공감대가 있었고 그래서 함께할 수 있었다. 참고로 일부 종교단체에서는 '순교단'을 모집했었다. 처음에는 180명인가를 모집했는데 2~3천 분이 모였다고 들었다. 이런 분들이 모이면 필연적으로 사고가 날 수밖에 없기 때문에 극도로 조심했다. 불상사가 나면 전체 대의가 희석되는 측면도 있지만, 그분들의 안전이 중요했기 때문이다.

개천절 집회에 대한 상황을 개괄하고, 장외집회 전반에 대해 질문을 시작했다. '야당으로서 장외집회는 필수인가, 선택인가?', '원내 활동과 언론을 통한 의사전달이 불가능한가?' 하는 의구심에 대한 해답을 얻고 싶기도 했다.

나 : 입당 후 대표로 취임하기도 전인 2019년 1월 27일에 열린 '좌파 독재 저지 규탄대회'에 참석하셨다. 야당의 관성인가? 혹 다른 방법은 없었나?

황 : 취임 전이었지만, 대표경선 출마 선언을 한 뒤의 일이다. 참고로 1월 규탄대회는 국회 잔디밭에서 진행되었고, 기본적으로 확장성이 매우 약했다. 반면 광화문 집회는 모든 국민이 참여할 수 있고, 또 모두가 볼 수 있는 형태로 진행됐다. 따라서 국회 내의 집회와 장외집회는 성격은 당 입장에서는 근본적인 차이가 있다. 장외집회의 경우, 우리는 국민의 안전을 최우선으로 여겼기 때문에 안전 관련해서 굉장히 신경을 많이 썼다. 적어도 우리 집회에서는 큰 사고나 불상사가 발생하지 않았다는 점에 대해서 보람되게 생각한다.
무엇보다 '집회'는 국민의 (헌법에 규정된) 기본권 (집회자유의 권리)에 해당한다. 과거의 좌파세력이 집회할 때마다 불법을 저질렀기 때문에 집회 자체가 불법이라는 생각을 하는 분이 있는데, 집회는 헌법이 보장한 합법적인 투쟁수단이다. 우리의 입장은 분명했다. 문재인 정권이 나라를 망치고 있고, 그런데도 자신을 스스로 거짓으로 포장해 국민을 속이고 있었다. 언론이 장악된 상황에서 국민은 무슨 상황이 벌어지고 있는지 모르고 따를 수밖에 없었

다. 그 때문에 필연적으로 야당인 우리는 이를 국민에게 알리기 위해 장외집회를 할 수밖에 없었다. 그러나 '장외투쟁'에만 몰입했던 것은 아니다. '민생투쟁', '원내투쟁', '정책투쟁' 등 다방면의 투쟁을 함께 진행했다. 국회 내에서 모든 문제가 해결되면 장외투쟁은 필요가 없다. 그러나 그때는 그런 평상의 상황이 아니었다.

이렇게 할 수밖에 없었던 근본적 원인은 문 대통령의 잘못된 '일탈 리더십' 때문이라고 봐야 한다. 국민적 관심을 끌고 우리의 주장을 노출하기 위해서는 국회 같은 폐쇄적 공간이 아닌 광장을 택해야 했다. 이 정권이 우리를 장외로 내몰았다.

나 : 시간순으로 구체적인 이슈를 점검해 보자. 2019. 4. 20 첫 광화문 집회가 있었다. '이미선 헌법재판소 재판관 임명 강행'이 계기가 됐다. 인사 문제다. 어떤 생각이었나?

황 : 헌법재판소는 국민이 접할 기회가 없어 큰 관심이 없지만 국가적으로 정말 중요한 일을 하는 곳이다. 헌법재판소는 크게 다섯 가지 일을 한다. (1) 위헌법률심판 (2) 탄핵심판 (3) 정당해산심판 (4) 국가기관 간 권한쟁의심판 (5) 헌법소원 등이다. 하나하나가 대단히 중요한 일이다. 헌재 재판관 구성이 올바르지 않고, 정치적으로 편향된 사람들이 장악한다면 굉장히 큰 문제들이 노출될 수밖에 없다. 막강한 권한을 부여받는 만큼 책임 의식 있고 전문성을 갖춘 인물이 재판관으로 들어와야 한다.

그러나 문재인 정부의 문제는 실력과 역량, 그리고 균형감각과는 거리가 먼 사람, 법조인 요건만 갖춘 자기편 사람들만 기용한다는 것이다. 편향된 사람들이 헌재를 장악했다는 이야기가 많이 나오고 있다. 그중 대표적 인물이 이석태 재판관이다. 교수나 검사, 판사 출신도 아니다. 정치적으로 크게 편향된 인사의 전형이다. 민변의 중추적인 인물이었고 세월호 특조위원장을 하면서 객관적인 진실보다는 굉장히 편향적 조사를 한 전례가 있었다. 현 정권은 다양성을 무시하고, 검사 출신은 철저히 배제하는 기조를 지속적으로 보이고 있다. 결국, 정권에 편승하는 위인들만 찾아서 헌재에 넣으려는 속셈으로, 이 목적을 차근차근 관철하고 있었다. 헌법재판소 구성원을 권력의 뜻과 안위를 공고히 하기 위해 선택한다는 것은 말이 되지 않는다. 권력에 충성할 사람을 찾다 보니, 개인 도덕성도 검증되지 않은 인물을 추천해 관철하는 것이다.

나 : 문재인 대통령이 본인 탄핵을 대비해 포석을 깔았다고 생각하는지?

황 : 그렇게까지는 보지는 않지만, 결과적으로 봤을 때 '이런저런 대비를 미리 해놓지 않았나?' 하는 생각을 할 수밖에 없다. 특히 헌법 기구는 헌법정신에 부합하는 인사로 구성되어야 한다. 그런데 이 정부는 충분히 '의심'을 살 수 있는 인사로 헌법재판소를 구성하고 있다.

나 : 실제 현 정권은 전 정권에 비교도 안 되는 사법농단을 자행하고, 인사 전횡을 일삼는 등 민주주의의 이름으로 민주주의를 붕괴시키는 것 아닌가?

황 : 전형적인 케이스다. 미국 하버드대의 두 교수가 미국 사회의 정치적 역행을 우려하면서 쓴 〈어떻게 민주주의는 무너지는가〉라는

책이 우리나라에서 유행하고 있다. 현재 우리나라의 모습을 너무나 리얼하게 보여주고 있기 때문이다. 군인이 아니고 국민으로부터 선출된 지도자에 의해 민주주의가 붕괴되는 사례를 책에서 언급하고 있다. 냉전시대에 전 세계에 등장한 독재국가 중 75%가 군대 등의 쿠데타에 의해 민주주의가 무너졌다. 하지만 냉전 이후 민주주의 붕괴는 대부분 선출된 정치지도자에 의해 이루어졌다고 한다. 예전엔 군대를 동원해 민주주의를 무너뜨렸는데, 요즘은 법을 통해 그렇게 한다는 것이다.

문재인 정부도 그런 행태를 보인다. 현 정권 역시 합법적인 절차를 통해 출발했지만 헌법가치에 반하는 행정과 국정운영을 하고 있음은 의심의 여지가 없다. 대표적인 것을 예를 들면, '시장경제' 망가뜨리고 있고, 자유민주주의에서 '자유' 빼려고 하고 있다. 사법부의 경우, 역량이 충분히 검증되지 않은, 정치적으로 편향된 특정 모임 출신 판사들이 장악하고 있지 않은가. 대법원장과 헌법재판소장 등도 그렇다. 사실상 사법부는 이들에게 장악되었다고 볼 수밖에 없다. 국회 역시 패스트트랙 개악을 통해 '일당 국회'를 만들고 그 힘으로 '입법 독재'라는 폭주를 하고 있다. '어떻게 민주주의는 무너지는가'를 읽은 사람들은 대부분 책 내용 그대로 우리나라에서 실현되고 있다고 한다. 나도 같은 생각이다.

나 : 법원 이야기가 나왔으니 하는 말인데, 당시 집회 이슈 중 하나가 '김경수 경남지사의 보석 석방에 대한 규탄'이었다. 언론은 홍준표 의원도 현직 경남도지사 때 불구속으로 재판을 받도록 했다고 설

명한다. 법조인으로서 어떻게 생각하는가?

황 : 홍준표 의원이 당시 구속되지 않은 것은 그 구성요건이 갖춰지지 않아서 기각된 것이다. 반면 김경수 지사의 경우 그 요건이 충족되어 구속된 것이었다. 내가 보기에는 '구속 취소사유'는 없다. 지사직 때문에 구속하지 않는다는 것은 더더욱 말이 되지 않는다. 매우 이례적인 사례이고 무리하게 판단한 것이라고 본다. 그리고 혐의 자체가 '대선 여론조작'이다. 매우 중대한 범죄다. 2심까지 유죄가 나왔다는 것은 사실상 법적 판단이 끝났다고 봐야 한다. 그렇게까지 판단이 나왔는데, 지사직 임기를 보장한다는 것은 말이 되지 않는다. 곧 대법원 최종심이 있을 거다. 지켜볼 일이다.

나 : 정치적 측면에서는 김경수 석방이 현 권력에 도움 된다고 보나?

황 : 법원은 기본적으로 정치적 고려를 해서는 안 된다. 그러나 이번 법원은 상당히 그렇게 하는 것 같다. 김경수 지사에 대해서도 정치적 고려를 했는데, 너무 과하다는 생각이 들었다. 법원은 기본적으로 정무적인 판단에 있어서 항상 맞는 답을 가지고 있지는 않다. 가령 양승태 대법원이 외교 문제를 가지고 정부와 협의한 것을 현 정부는 '사법농단'이라고 몰았다. 결국, 대법원장을 감옥에 보냈다. 외교적으로도 큰 손실을 감내하면서 말이다. 이렇듯 그들은 국익과 관련된 판단도 못 하게 했다. 그런데 국내의 정치적 문제 중 죄질이 매우 안 좋은 혐의에 대해 법원이 '정무적 판단'을 한다는 것이 말이 되는가. 그런 맥락에서 김경수의 케이스는 원칙대로, 법대로 해야 했다. 당시 법원이 전혀 상식적이지 않은 판단을 내렸다고 본

다. 이 또한 국민에게 알려야 할 것으로 판단해 규탄한 것이다.

나는 법적인 문제는 그렇다 치고 정치적으로도 문재인 정권에 큰 해가 됐다고 본다. 모든 일에서 무리하면 탈이 나기 마련이다. 여기서 '무리'는 대선 여론조작이다. 무리하지 않아도 승리는 떼 놓은 당상이었다. 그런데도 무리해서 유력한 친문 차기 대선주자를 잃게 된 것이다. 권력을 계승한 다음 대안이 사라진 것이다. 조급한 마음에, 당장 포만감을 위해 종자(種子)를 먹어버린 격이다. 현 정부는 미래 고려 없이 국가재정을 쓰듯, 정권의 자산도 당대에 소진해 버린다. 순망치한(脣亡齒寒)이 될 것이 뻔한데도 말이다. 결국, 문재인 정권은 실패의 길로 가고 있다. 이후 청와대는 가능성 있는 대권 주자 중 '누가 문재인 정권에 덜 위험한가'를 고민하게 될 것이다. 그러나 그들도 결국 차별화를 위해 현 정권을 적폐로 몰아 심판할 것이다. 우리 정치에서 '권력의 저주'는 계속되는 분위기다. 질문을 이어갔다.

나 : 세 번째 등장하는 인물이 조국 법무부 장관이었다. 2019. 9. 21에는 '문 정권 헌정 유린 중단과 위선자 조국 파면 촉구 광화문 집회'를 개최했다. 본격적으로 조국 사태가 벌어질 때였다. 먼저 가볍게 접근해 보자.
집회 전에 청와대 앞에서 삭발하셨다. 정치인의 삭발치고는 대단한 반향을 일으켰다. 예상치 못한 패러디 제작물과 팬덤, 릴레이 삭발

까지. 전형적인 대중정치인의 모습이었다. 여권이 조국을 물러나게 한 것에도 영향을 끼쳤을 것 같은데. 어떤 기분이었나?

황 : 정작 나는 처절한 심정으로 삭발에 임했다. 문 정권으로 인해 나라가 붕괴한다는 안타까운 심정으로 나선 것이다. 그런 의도와 관계없이, 이른바 '투블럭컷 머리 모양'이 부각되면서 국민적 호응이 일어났다. 나는 원래 새로움과 혁신을 갈망하는 캐릭터다. 많은 분이 정 반대로 오해하는 경우가 있는데, 적어도 삭발은 나의 진면목을 보일 수 있는 계기가 되었다. 일반적으로는 삭발 도구가 홍해를 가르듯 중앙에서부터 삭발했는데 나는 조금 달랐다. 미용사가 옆부분부터 삭발했다. 그것이 특이하게 보였던 것 같다. 사진을 처음 봤을 때 나인지를 전혀 몰랐다. '국민께서 이런 것을 선호하는구나!' 하는 생각이 들었고, 우리 당이 획기적으로 변화해야 한다는 필요성을 절감했다. (머리 옆을 가리키며) 또 기회는 주변부에 있음도 알게 되었다. (하하)

보통 보수는 '꼰대' 이미지가 많다. 재미가 없다. 황 대표는 그런 의미에서 재미를 준 몇 안 되는 보수지도자가 됐다. 그것도 자신이 한 유머가 아니라, 시민이 만들어 준 패러디(parody)로 명성을 얻었으니 홍복이 아닐 수 없다. 어느 날 깨어나 보니 스타가 된 것이다. 찰리 채플린이 했다는 말이 생각난다. '인생은 가까이 보면 비극이고 멀리서 보면 희극이다.' 맞는 말이다. 살아가는 삶 자체는 비극이지만, 좀 거리를 두고 관조하면 희극이 된다. 사람들은 비극을 좋아하지 않는다. 항상 느끼는 비극적 삶을 잠시라도 잊고 싶어 한다. 그래서 멀리서 보며 희극으로 해석해 주는 사람이 필요하다. 코미디언이 그렇고, 정치인 또한 그렇다.

이들은 개미와 배짱이 중 배짱이 역할을 한다. 오(伍)와 열(列)에서 벗어나 있다. 그래서 앞사람 뒤통수가 아니라 멀리 볼 수 있는 것이다. 그렇기 때문에 즐거울 수 있고 오와 열에 막혀 있는 사람들에게 즐거움을 줄 수 있다. 비극은 원래 체제 순응적이다. 반면 희극은 혁명적이다. 슬픈 드라마가 각광을 받으면 사회는 안정적으로 된다. 코미디가 흥하면 위태로워진다. 그래서 독재자들은 코미디언들을 경계하고 도성 밖으로 내쫓는다. 그렇게 쫓겨난 희극인들은 저잣거리를 돌아다니며 풍자와 해학이 넘치는 상황극을 보여준다. 영화 〈왕의 남자〉에 나오는 주인공들이 그랬듯 말이다. 요즘 방송에서 코미디 프로가 사라졌다. 이런 분석과 무관치 않을 것이다. 코미디언이 친정부 인사가 되면 짠맛을 잃은 소금의 신세가 된다. 리얼리티 프로그램이 있기는 하지만, 일상의 살아가는 모습을 지향하기 때문에 본질적으로 비극이거나 또는 지나치게 상황을 미화한다. 그러니 혁명적인 희극의 본질과는 거리가 멀다.

본래 코미디는 고대 그리스어인 코메디아(Comoidia)에서 유래했다. 비극과는 반대로 해피엔딩 장르의 극을 의미했다. 이런 전통은 르네상스 시대 단테에게 이어진다. 단테가 신곡에서 지옥과 연옥을 경험하지만, 천국에 이르게 되므로 해피엔딩으로 끝나기 때문이다. 당대에는 많은 책이 라틴어로 쓰였다. 라틴어는 로마 시대부터 이어진 식자층의 언어이기 때문이다. 그런데 단테의 작품은 라틴어가 아닌 지역의 방언으로 쓰였다. 그리고 집필 과정에서 그가 연구하고 사용한 언어가 지금 이탈리아어의 모체가 되었다. 일반 국민, 서민의 언어인 것이다. 그 때문에 처음에 그가 쓴 글은 조선 시대 우리의 '언문' 취급을 받았다. 진지하지 않은 신변잡기에 쓰이는 글로 치부됐다. 단테가 '피렌체 방언을 섞어서 만든 이탈리아어'로 쓴 책을 일컬어 코메디아(commedia)라고 부른다. 원래 낭독용으로 쓰였기 때문에 구어체 형식이다. 코미디 측면에서 특히 지옥 편이 압권이다. 등장하는 인물이 사회를 조롱하고 풍자하는 장면이 많다.

단테는 결말이 해피엔딩이라는 점에서 〈희곡(La Commedia)〉이라는 제목을 붙였지만, 1555년 베네치아판 이래 희곡 앞에 "신성한(Divinia)"이란 말이 추가되어 〈신곡〉이라 불린 것이다. 희극을 낭독하는 사람들을 코메디안으로 불렀다. 이때도 권력자들은 광대를 싫어했다. 궁중 광대도 있긴 했지만, 대부분 광대는 도심에 있을 수가 없었다. 그래서 외곽도시 저잣거리를 전전하며 공연하고 밥벌이를 했다. 그들의 필살기는 물론 권력자가 거북해하는 '풍자'와 '해악'이었다. '칭찬'과 '아부'는 그들의 몫이 아니었다. 그러니 독재 시대에는 코미디언들이 대접받지 못하는 것이다.

'광장'은 현대판 저잣거리다. 거리에 나오는 사람은 희극을 원한다. 놀잇거리가 필요한 것이다. 일찍이 난장(亂場)으로 광장을 인식한 좌파들은 광장을 놀이터로 활용했다. 하지만 자신들이 집권하자 광장을 닫고 희극의 씨를 말려 버린 것이다. 그런데 보수가 주도하는 광장은 너무 심각하다. 그래서 비극적이며, 혁명적이지 않다. 그때 황교안의 삭발이 재미를 준 것이다. 원인은 사소한 것에 있었다. 삭발할 때 흔히 하던 중앙부터가 아니라 옆에서부터 밀었기 때문이다. 그 장면이 일부에겐 '투블럭컷 머리 모양'으로 보였던 것이다. 이후에 관련된 패러디들이 계속 양산된다. 대부분 스타들이 그렇듯, 그렇게 그는 본질과 관계없이 스타로 재탄생한 것이다. 장황한 해설은 이쯤하고 다시 대화를 이어가 보자.

나 : 패러디 분위기를 타며 대표의 리더십이 강화되고, 조국에 대한 혐오가 확산하는 와중에 대규모 집회로 이어졌다. 결국, 조국 법무부 장관이 사퇴했는데, 선배 장관으로서 그를 어떻게 평가하나?

황 : 후배라고 하니 당혹스럽다. 이런 장관은 단 한 번도 본 적이 없다. 조국은 대략 35일 정도 장관직에 있었다. 그동안 대한민국 법무부 장관으로서 정확히 어떤 역할을 제대로 했는지 알 수가 없다. 재임 기간 내내 의혹 제기를 받고 국민과 싸우기만 했다. 남 탓, 거짓말, 내로남불 등으로 점철된 행태로 국민과 싸운 법무부 장관은 이번이 마지막이어야 한다. 그런데 그 후임(추미애 장관)이 더한 것 같아 안타깝다.

나 : 인성에 대한 평가는?

황 : 장관 지명되기 전에도 사건을 통해서 그분을 어느 정도 알고 있었다. 자유 대한민국에서는 인정받을 수 없는 '사노맹 사건' 등에 연루된 인물이었다. 당시 운동권 단체 중에서도 가장 위험도가 높은 조직의 일원이었다. 나중에 본색이 드러나지 않았나. 이 사람은 자유민주주의

에 대한 파괴자나 위선자이다. 조국은 '위선적인 혁명가'다.

나 : 윤석열 검찰총장이 조국 사태를 계기로 대통령과 소원해졌다. 검
찰 선배로서 어떻게 평가하는가?

황 : 검찰조직은 민주주의 제도의 중요한 축이다. 검찰 제도는 프랑스
혁명의 산물로 탄생했다. 당시 만연했던 법원과 경찰의 부패를 극
복하기 위해 창안된 조직이다. '가장 정의로운 조직'이라고 몽테
스키외가 말할 정도였다. 다만, 시간이 흐르면서 국민 뜻에 어긋
난 검찰의 결정도 있었고 국민의 비난을 받은 경우도 있었다. 아쉬
운 부분이다. 그럼에도 불구하고 검찰이 무너진다는 것은 대한민
국 민주주의가 무너지는 것과 다름이 없다. 윤석열 총장은 살아있
는 권력의 지속적 핍박에도 불구하고 법과 원칙을 지키기 위해 고
군분투하고 있다. 윤 총장은 강단 있는 사람이다. 우리 국민께서도
응원해주시길 바란다.

나 : '정치인 윤석열'은 어떤가?

황 : 현재는 정치인이 아닌 법조인이다. 그것도 특수통 검사다. 그러나
어떤 영역에 있던지 윤 총장이 우리나라의 한 축으로서 정의를 수
호하고자 하는 인물이라고 생각한다.

나 : 조국에 이어 추미애 장관이 취임했다. 그런데 현재 검찰과의 갈등
이 최고조다. 추 장관을 평가한다면?

황 : 평가하기 싫다. 조국과 마찬가지로 정말 평가하기도 싫다. 조국은

대한민국 체제를 위태롭게 하는 사람이고, 추미애는 법치를 위태롭게 하는 사람이다. 나라를 위태롭게 만든다는 점에선 공통적이지만 개별적인 성격은 좀 다르다. 추 장관의 경우 '개혁'이라는 명분으로 말도 안 되는 전횡을 저지르고 있다.

집중적인 전문역량을 갖춘 분이 장관이 되어야 하는 부서가 대표적으로 법무부와 외교부다. 추 장관 이전에도 판사 출신 법무부 장관이 있었다. 대체로 그런 분들도 여러 가지를 고려하며 업무수행을 잘해주셨다. 노무현 정권 때도 판사 출신 장관이 있었다. 처음에는 개혁을 내세웠지만, 이내 검찰의 순기능을 인정하고 업무수행을 무난하게 하셨다. 현 정권에서는 전문적인 능력을 갖춘 법무부 장관이 단 한 번도 나오지 않았다. 추미애 장관은 조국이 질러놓은 불에 기름을 부은 인물이라고 봐야 한다.

나 : 추미애 장관 향후 거취 어떻게 될 것이라고 봄?

황 : 물러나게 되겠지만 사실상 쫓겨난다고 봐야 할 것이다. 얼마 오래 못 갈 것이다.

나 : 10월 19일 '국정대전환촉구 국민대보고대회'가 있었는데, 이때는 조국이 사퇴한 시점(9월 9일 임명, 10월 14일 사퇴)이어서 사실상 가시적 타깃이 공백 상태였는데 어떻게 생각하나?

황 : 처음부터 우리의 목표는 총체적 리더십 위기로부터 나라를 구해내는 것이었다. 조국은 그런 맥락에서 일부였을 뿐이지 최종 목표는 아니었다. 이때 보고대회도 나라를 살려 달라는 국민의 염원이 담

긴 행사였다. 경제를 필두로 정치, 안보 등 여러 대전환 요소들을 모아 '10월 대전환'으로 진행한 것이었다.

조국이 물러나긴 했는데, 난 이 사람이 사과한 것을 본 적이 없다. 그냥 자리에서 물러났을 뿐이다. 이런 모습을 보면서 문재인 정권의 기본 시각에 전혀 변화가 없다고 판단했다. 역대에 비교가 안 될 정도로 제멋대로 국정을 운영하지 않았나. 가령 장관 임명 당시 인사청문회보고서 채택 사례도 열거하기 힘들 정도로 무시하고 건너뛰었다. 나는 10월 대규모 집회를 '국민항쟁'으로 정의하고 있다. 이후 이것이 전국적인 집회로 확산하기 시작했다. 장외집회와 함께 원내투쟁도 이어나갔다. 그게 결국 국회선진화법 패스트트랙 관련 기소 사건이고 지금까지 이어지게 된다. 장외·원내투쟁의 결정판이 된 것이다.

나 : 말씀하신 대로 그 당시의 현안이 공수처법과 연관되어 지금까지 이어지고 있다. 이걸 대응하는 현재 '국민의힘'의 방식이 왜 이리 다른가? '장외투쟁'이 총선 패인이라며 꺼리는 분위기다. 이에 대해서 어떻게 생각하나?

황 : 각각의 상황과 각자의 판단이 있을 것이고 존중되어야 한다. 우리는 장외투쟁만 한 것이 아니라 원내투쟁까지 적극적으로 병행했다. 나는 총체적인 투쟁이 지속되어야 한다고 생각했다. 물론 지금 여건은 내가 이끌었던 상황에 비해 더욱 힘들어졌다. 투쟁의 강도는 더 강해져야 한다고 생각하지만, 또한 상황에 따라 전략적으로 대응할 필요도 있다. 당시는 장외투쟁으로 기소된 사례는 하나도

없다. 오히려 원내투쟁으로 국회선진화법에 의거해서 많이들 기소당했다. 상황에 대한 대처는 달라야 하지만 무조건 장외집회를 두려워할 필요가 없다. 대한민국을 살리기 위한 대장정은 지속되어야 한다.

나 : 코로나 때문에 투쟁 힘들지 않나?
황 : 물론이다. 방역수칙은 존중해야 한다. 투쟁의 본질은 국민에게 실상을 알리는 것이다. 방법을 다양하게 할 수 있다. 가령, 지난번 초선의원들의 청와대 앞 릴레이 (1인) 시위는 꽤 인상적이었다. SNS 등을 활용한 창의적인 방법으로 투쟁의 모습들을 여러모로 개발하면서 접근하면 되지 않을까 싶다.

이후 당과 진영에서 대규모 장외투쟁에 대한 피로감이 높아졌다. 그도 그럴 것이 국회의원과 지역별 당원협의회 위원장들은 매주 버스를 대절하며 당원들을 동원하는 데 지쳐가고 있었다. 대부분 당원과 지지자들이 회비를 내며 자발적으로 참여했지만, 행사 온종일, 많은 사람을 안전하게 안내하는 것은 온전히 당협위원장의 몫이었다. 처음 몇 번은 총선을 앞두고 선거에 도움이 된다고 생각했지만 지속적으로 하려니 다양한 측면에서 힘이 달린 것이다. 게다가 날도 추워졌다. 그런 분위기에서 황 대표는 홀로 단식투쟁으로 들어갔다. 그의 '단식투쟁'은 필연이었을지도 모른다.

Part. 06

단식! 승부수 혹은
도피처 혹은 사당화?
- "죽기 각오로 소명 다할 뿐"

Part. 06

단식! 승부수 혹은 도피처 혹은 사당화?
- "죽기 각오로 소명 다할 뿐"

'단식투쟁'은 영웅을 만드는가?

〈단식(斷食)〉 즉 '곡기(穀氣)를 끊는 것'은 사람이 할 수 있는 가장 강한 의사표시다. 게임의 판돈이 그 사람의 목숨이기 때문이다. 죽음을 각오로 하면 못할 일이 없다. 그래서 상대방이 두려워하는 것이다. 정치에서도 마찬가지다. 어떤 방법도 통하지 않을 때, 정치적 의사표시의 마지막 수단이 단식이다. 그 당시 그의 절박한 상황을 알리고, 당사자의 결연한 각오를 행동으로 입증하는 것이다.

필자는 이전 장에서 '영웅은 전장에서 키워지고 광장에서 완성된다'라고 썼다. 하지만 그것으로 영웅탄생 신화가 끝나는 경우는 거의 없다. '마지막 관문'이 있다. 영웅으로 계속 기억되기 위한 필수과정이다. 그것은 바로, '죽음의 강'을 건너갔다 오는 것이다. 수많은 '영웅신화'는 이 부분을 결정적인 장면으로 다룬다. 그중 가장 오래된 신화가 "길가메시 서사시"다. 길가메시는 인류 최초의 왕국으로 알려진 수메르의 전설적인 왕이다. 그에 관한 이야기가 인류 최초의 영웅서사시이기에, 모든 영웅신화의 모태가 됐다.

서사시에 의하면, 길가메시는 반신반인(半神半人)의 존재다. 수많은 전공을 세웠고, 급기야 신과 대적해 영웅신화를 이어갔다. 하지만 결국 그도 인간일 뿐이었다. 쌍둥이 같이 지내던 엔키두가 신의 저주로 죽자, 그는 모든 것을 내려놓고 '영원한 삶'을 찾아 길을 떠난다. 그는 우여곡절 끝에 '죽음의 바다'를 건너 명계(冥界)에 이른다. 길가메시는 그곳에서 대홍수에서도 살아남은 '죽지 않는 인간' 우트나피슈팀을 만난다. 그리고 죽지 않고 영원히 살 수 있는 비결을 알아낸다. 6일 낮 7일 밤 동안 잠을 자지 않고 깨어 있어야 하는 것이었다. 그러나 그는 실패한다. 단식보다 더 고된 것이 잠을 자지 않는 것이다. 실망한 길가메시를 불쌍히 여긴 우트나피슈팀은 바다의 밑바닥에서 자라는 불로초에 대해 일러준다. 길가메시는 천신만고 끝에 심연에서 불로초를 채취해온다. 하지만, 기쁨도 잠시, 잠깐 잠이 든 사이에 뱀 한 마리가 나타나 그 불로초를 훔쳐가 버린다. 허무한 이야기지만 시사하는 바는 크다.

길가메시는 세상의 모든 것을 가졌으나 죽음을 극복하지는 못했다. 허무하고 허탈해진 그는 구도(求道)의 과정에서 '죽음의 강'을 건넌다. 그래서 진정한 영웅으로 거듭난다. '몸의 불사'를 얻지는 못했지만 '명성의 불사'는 얻게 된 것이다. 스스로 극단적 경험인 '죽음의 강'을 건넜기 때문이다. 그곳은 형제, 친구, 가족도 함께할 수 없는 오롯이 당사자 개인이 감당해야 할 영역이다.

다음 등장하는 영웅담은 호메로스의 〈오디세이(Odyssey)〉다. 〈일리아드(Iliad)〉의 주인공인 아킬레우스와 함께 전장을 누볐고, 그리스 연합군 승리의 주역이었던 오디세우스의 영웅담이다. 그가 트로이전쟁에서 승리한 후 귀향 과정을 다룬 〈오디세이〉에도 '죽음에 대한 성찰'이 나온다. 오디세우스는 귀향 중에 온갖 어려움을 겪고 이를 극복한다. 그중 최고는 저승세계를 다녀온 것이다. 저승세계에서 오디세우스는 트로이전쟁에서 파리스(Paris)의 화살에 맞아 저세상으로 간 아킬레스를 만난다. 저승 생활이 어떤지 묻는 오디세우스에게 던져진 영웅의 대답은 "외롭고도 어둡다"였다. "저승의 왕보다, 이승의 최고 가난뱅이를 위해 일하는 노예가 낫다"라고도 했다. 소똥에 굴러도 저승보다 이승이 낫다는 의미다. '죽음의 경험'은 삶의 가치를 높여주는 것이다. 귀향 중 죽음까지 경험했던 오디세우스는 그리스신화 최고의 영웅이 된다.

저승을 다녀온 영웅들은 그리스 · 로마신화에서 반복적으로 나온다. 헤라클레스, 테세우스, 오르페우스 같은 익숙한 이름들이다. 중세 암흑기를 지나, 다시 인문학이 부흥했던 르네상스 시기에 저승을 다룬 서사시는 어김없이 다시 등장한다. 르네상스를 열었던 〈단테의 신곡(La Divina Commedia , 神曲)〉이 대표적이

다. 단테는 고향 피렌체에서 정치적인 이유로 쫓겨나 평생 저작
활동을 했다. 대표작이 〈신곡〉이다. 그는 이 작품으로 르네상스
를 열고 이탈리아어의 전형을 세운다. 그는 로마건국신화를 만든
베르길리우스(Vergilius)와 '이상의 여인' 베아트리체(Beatrice)의
안내를 받아 저승세계를 체험한다. 결국, 그는 하나님의 사랑을
깨닫고 지상낙원에 도착한다. 그는 '저승'을 이야기했지만 '이승의
이상향'을 노래했다. 저승과 이승은 그렇게 상통한다. 죽음의 경
험을 통해 신 중심이 아닌 '인간 중심의 세계관' 즉 르네상스가 시
작된 것이다.

조선말 애국지사들은 일제 침략에 저항해 단식했고, 결국 돌아
가신 분도 계시다. 개인이 할 수 있는 마지막 독립운동 수단이었
다. 한국 현대사에도 '죽음을 각오한 단식'이 희소치 않다. 대표적
인 것이 '김영삼 단식사건'이다. 1983년 5월 18일, 야당 지도자였
던 김영삼이 '5.18 광주 민주화 운동' 3주년 기념일을 맞아 '민주
화 5개 항'을 요구하는 성명을 발표하고 6월 9일까지의 단식농성
에 들어갔다. 23일간이었다. 이를 통해 김영삼은 가택연금에서 풀
려났고 결국 대통령까지 됐다. 대통령은 많이 있었지만, '최장기
단식'이란 타이틀을 가진 대통령은 김영삼뿐이다. 앞으로도 정치
인의 단식은 계속될 것이고, 그때마다 김영삼의 단식은 다시 소
환될 것이다. 단식으로 영웅이 됐고 신화로 역사에 계속 남는 것
이다. 최근 유명한 단식은 '손학규 단식'이다. 손학규 전 바른미래
당 대표는 72세의 고령에도 불구하고 단식으로 자기 뜻을 관철했
다. 2018년 12월 6일부터 9일간 단식을 한 손학규는 결국 자신이

주장하던 '연동형 비례대표제' 도입 논의를 여·야 정당으로부터 약속받고 단식을 풀었다. 그가 단식으로 관철한 제도가 그와 그의 정당을 구하지 못했다. 그리고 '선거제 자체를 왜곡했다'라는 비판을 받았지만, 일단 목표를 관철했다는 면에서는 성공한 단식투쟁이었다.

이렇듯 많은 영웅이 자신의 주장을 관철하기 위해 죽음을 불사했다. 하지만 '죽음의 경험'만으로 영웅이 될 수는 없다. 오디세우스만 해도 그렇다. 천신만고(千辛萬苦) 끝에 고향에 도착했지만, 정적들과의 마지막 전투를 치른 후에야 가족과 왕국을 되찾는다. 손학규는 단기적으로는 성공했지만 결국 큰 뜻은 이루지 못한 채 '민심 왜곡'이란 오명을 감당해야 했다. 이승에서 죽을 각오로 '가치 있는' 무엇인가를 추구하고, 성공을 완수한 사람만이 영웅이 된다.

이렇듯 "단식"은 '죽음 체험' 또는 '죽을 각오'를 통해, '영웅신화'의 전제가 되고 때때로 필수요건으로 여겨진다. 황교안도 단식 돌입 즈음까지 영웅의 서사를 쓰고 있었다. 그런데 황 대표의 단식은 성공일까, 실패일까? 영웅 서사는 계속 이어졌을까? 일단 구체적으로 알아보자.

'황교안의 단식'도 영웅 서사가 될 수 있을까?

황 대표는 민주주의의 붕괴를 예측하였던 것 같다. 그래선지 그는 공식적으로 단식에 돌입하면서 세 가지 요구 조건을 제시했다. △ 한 · 일 군사정보보호협정(지소미아 · GSOMIA) 파기 철회, △ 고위공직자범죄수사처(공수처) 설치법 포기, △ 연동형 비례대표제 선거법 철회 등이다. 처음에는 이를 위해 청와대 영수회담을 요구했지만 받아들여지지 않았다. 지소미아 파기 3일을 앞두고 결단을 내렸다. 청와대 앞 풍찬노숙(風餐露宿) 단식을 선택한 것이다. 갑작스러운 단식 선언에 정치권 사람들은 당황했다. 기존의 정치 초식에 맞지 않는다는 평가도 많았다. 그러나 결과는 모호했다. 성과가 있긴 했다. 단식 중에 '지소미아 파기를 연기한다'라는 정부의 발표가 있었다. 직접적인 요구 하나가 받아들여진 것이다. 그러나 발표 이후에도 단식은 계속됐다. 나머지 두 가지 요구 조건을 수락하고, 청와대의 국정운영 태도를 바꾸라는 요구였다. 그러나 이런 요구는 받아들여지지 않았다. 그렇다고 지소미아 이외의 성과가 없었던 것은 아니다. 그의 단식투쟁을 통해 국민이 지소미아 파기의 심각성을 알게 되었기 때문이다. 지휘관의 칼자루를 쥐게 된 것이다.

구체적으로 살펴보자. 황교안이 직접 국민을 향해 말한 '단식투쟁'의 이유는 이렇다.

- "곧 다가올 겨울의 삭풍을 생각하며 저는 이 자리에 서 있다."
- "영원한 겨울로 들어가. 더 이상 어떤 꽃도, 어떤 나무도 자라지 않
  는 대한민국, 그리하여 웃음도 희망도 사라져버린 대한민국을 생
  각하면 지금, 이 순간의 추위 따위는 아무것도 아니다."
- "(문재인 정부는) 자신들이 20대 언저리에 꿈꿨던 실패할 수 없는
  국가, 사회 건설을 향해 지금, 이 순간도 물불을 가리지 않고 달려
  가고 있다."

그러면서 "단식을 시작하며 저를 내려놓는다. 모든 것을 비우겠
다"라고 했다. 단식을 계기로 한국당에 강한 쇄신 드라이브를 걸
겠다고 공언했다. "당을 쇄신하라는 국민의 지엄한 명령을 받들기
위해 저에게 부여된 칼을 들겠다"라며 "국민의 눈높이 이상으로
처절하게 혁신하겠다"라고 했다. 대대적 인적 쇄신을 예고한 것으
로 해석됐다.

또 "문재인 정권의 망국(亡國) 정치를 분쇄하려면 반드시 대통
합이 이루어져야 한다"라며 "대통합 외에는 어떤 대안도, 어떤 우
회로도 없다. 자유민주세력의 대승적 승리를 위해 각자의 소아(小
我)를 버릴 것을 간절히 호소한다"라고 했다. 문재인 정부의 실정
을 막아내겠다는 결연한 의지와 이를 위해 '야당의 혁신과 대통합
을 반드시 이루겠다'라는 각오가 담겨있다.

당시 내가 경험한 에피소드(episode)를 소개한 후 질문을 이어
가겠다. 2019년 11월 18일인가 19일이었다. 20일 단식이 시작됐
으니 바로 직전이다. 나는 국회 본청 대표실을 찾았다. 건의할 것

이 있어서였다. 당시 황 대표의 상황은 그야말로 녹록지 않았다. 민생대장정과 삭발투쟁으로 기세는 올랐으나 당내 저항도 만만치 않았다. 여권의 강공드라이브도 계속됐다. 공수처법, 선거법 등 패스트트랙 법안들에 대한 일방처리가 코앞에 있었다. 외우내환(外憂內患)의 상황이었다. 무언가 돌파구가 필요했다. 그 방법을 제시하기 위해 대표실을 찾은 것이다. 자리에 앉자마자 먼저 물었다. "소문에 단식투쟁 이야기가 있던데 사실인가요?" 대답은 '곧 할 것'이라는 것이었다. 나는 바로 반대했다. "지금은 강고한 리더십이 필요한 때다. 지도부를 비우고 홀로 단식에 들어가는 것도 그렇지만, 회복 기간이 만만치 않을 텐데 그 공백을 어떻게 감당하시려 하는가? 날이 추워지는데 건강도 신경 써야 한다" 등의 말로 설득했다. 하지만 결심은 확고했다. 설득을 포기하고 일어나 나오는데, 대표가 문 앞까지 배웅하며 내 손을 굳게 잡았다. 그리고 당부했다. "성공할 수 있게 함께 기도해 주게." 그 '찰나의 순간' 나는 결심했다. '이분을 잘 도우면 나라의 난국을 극복할 수 있겠다.' 그리고 개인적으로는 지역구 출마를 결심했다. '공천권자가 이 정도 걸기면 승산이 있다'라고 생각했다. 그동안 대표 상근특보로 일하면서도 결단치 못하고 많이 망설였다. 대표와 총선 상황에 대한 확신이 없었기 때문이다. 이후 사무치는 후회의 시간을 보낼 줄 그때는 알지 못했다. 다시 마음을 추스르고 당시 상황을 복기해 보자.

나 : 단식투쟁의 세 가지 요구 중 '지소미아 파기 철회'만 관철됐다. 당시 지소미아가 어떤 의미가 있었는지 설명해 달라.

황 : "지소미아"는 한·일 간 체결한 약속이기도 했지만, '한미동맹'에 있어서도 매우 중요한 의미가 있다. 당시는 사실상 한미동맹의 지표가 됐다. 그 때문에 미국도 굉장히 민감하게 반응한 문제였다. 군사정보 교환이라는 '안보 문제'이기도 하지만, 본질적으로는 한일관계를 넘어 한미동맹의 토대를 이루는 협정이라고 보면 된다. 한·미·일을 연결하는 삼각구도의 핵심축이다.

단식은 지소미아, 선거법, 공수처법 때문에 했다. 하지만 가장 시급한 문제는 지소미아 문제였다. 내가 단식했던 시점은 2019년 12월 20일이었다. 지소미아가 3일 후면 종료되는 시점이었고, 청와대가 '연장하지 않겠다'라고 공표까지 했다. 만약 그대로 진행되면 한일관계는 당연하고 한미관계에까지 부정적인 영향을 미칠 것이 뻔했다. 그래서 나는 서둘러 단식을 할 수밖에 없었다. 결과적으로 '지소미아가 연장되는 결과'를 이끌어낼 수 있어서 다행이라고 생각한다.

나 : 문재인 정부에 구체적인 3가지 요구 조건이 있었지만, 이와 함께 당내나 국민에겐 "'쇄신과 대통합'을 위해 몸 던지겠다"라고 했다. 그때 상황판단에 대한 확신이 아직도 유효한가? 그래도 결국 문재인 정부의 독주를 막지 못했지 않은가?

황 : '통합'에 대해 말하자면, '결국은 문재인 독주를 막지 못했다'와 '선거에서 패배했다'는 측면도 있지만, 또 다른 측면에서 큰 의미가 있다. 역사상 자유민주진영이 승리를 위해 통합한 것은 '3당 합당'을

포함해 세 번째다.

이번 '통합'은 개인적으로도 아쉬움이 많다. '통합이 혁신과 총선 승리에 도움이 되었는가'를 생각할 때 부족한 점이 매우 많았다. 하지만, 장기적인 관점에서 보면, 앞으로의 선거나 정치 풍향에 긍정적인 영향을 미칠 것으로 생각한다. 실제로 우리가 지난 총선 때 받은 표는 1,190만 표로 역대 최고였다. 직전 선거보다 271만 표가량을 더 얻은 것이다. 이건 결국 우리가 통합을 이뤄냈기에 가능한 일이다. '통합의 열매'라 생각한다. '절차적 통합'은 이뤘지만, 결국은 '화학적 통합'이 문제였다. 시간이 지나 '화학적 결합'까지 충족되면 도움이 굉장히 많이 될 거로 생각한다.

나 : 단식에 들어가자 부정적인 여론도 있었다. 민주당은 "뭐라도 해야 할 것 같은 정치 초보의 조바심일 뿐"이라고 평가절하했고, 평론가들도 '보지 못한 초식'이라거나 '뜬금없다'라는 평가가 많았다. 또 범여권에서는 "정치 초등생의 투정", "황제 단식·갑질 단식", "생떼·민폐" 등으로 표현을 썼다. 박지원 대안신당 의원은 "코미디"라고 평한 바도 있다. 이런 평가를 접하며 어떤 심정이 들었나?

황 : 답답했다. 내 단식을 희화화했다면 그것은 국민에 대한 모독이다. 나는 '국민 속으로 들어가 정치를 하겠다'라는 마음으로 (정치를) 시작했고 투쟁했다. 국민의 바람을 모아 단식에 돌입하고 지소미아까지 막아낸 것을 코미디라고 지칭하면 그것은 국민에 대한 예의 아니다. '정치 초보'라는 코멘트도 그렇다. 그런 말을 하기 전에 기성 정치인들이 일을 얼마나 잘했는지에 대해 각성해야 한다고

본다. '뜬금없다' 등의 비판도 무책임하다고 생각한다. 그렇다면 지소미아를 종료시키는 것이 맞았나? 새로운 정치를 하겠다는 나의 진정성을 왜곡하는 잘못된 관점이다.

다시 한 번 분명히 밝힌다. 나는 '구국의 결단'으로 목숨을 걸었다. 2019년 우리 대한민국 대법원이 일제 강제노역 피해보상 판결을 내린 후 7월부터 일본의 경제보복이 시작됐다. 우리나라는 그에 대응해서 8월 22일에 '지소미아 협정 종료하겠다'라고 맞불을 놨다. 자해적 대응이었다. 나는 안보와 한미동맹 등 이유를 들어 이를 막아내려고 최선을 다했으나 정부는 우이독경(牛耳讀經)이었다. 결국, 단식으로 국가적 위기를 정면 돌파하려고 한 것이다. '당내 위기를 극복하기 위해 단식했다'라는 의견은 굉장히 편협하고 편향된 논리다. 국가적 위기가 코앞인데 그런 가벼운 정치공학으로 단식을 평가한다는 것은 동의할 수 없다. 단식은 최후 수단이었다. 지소미아 문제는 성공했어도, 선거법 및 공수처법은 여전히 우리 민주주의에 큰 해악으로 남았다. 죽기를 각오하고 나선 것이고, 정치적으로도 내 본의를 왜곡해서는 안 된다고 생각한다.

나 : 단식 결단은 누구와 상의했나?

황 : 단식 논의는 비서실과 사무총장, 사무부총장들 등과 중점적으로 얘기했다. 하지만, 가장 중요한 비중은 나의 결단이었다. 당과 비서실에서 '목숨 걸고 사지로 가라'는 제안을 하는 것이 쉬운 일은 아니었을 것이다.

나 : 단식 외에 다른 대안은 없었나?

황 : 우리가 별의별 투쟁들 다 해 보지 않았나? 다른 게 있었다면 그걸 했을 것이다. 하지만, 결국은 단식이라는 옵션(선택지)밖에 남지 않았다. 지소미아는 물론 선거법, 공수처법 등은 대한민국 존립을 위협하는 것이란 사실을 지금은 대부분 국민이 알지 않겠나.

나 : 청와대가 영수회담을 수용했다면 단식하지 않았을까?

황 : 다른 방법이 있다면 누가 목숨을 걸고 단식을 하겠나? 대화가 되는 정권이라면, 그것이 영수회담 등으로 충족이 될 경우 단식이라는 극단적 결정으로 가지는 않았을 것이다. 나는 지속해서 회담을 요구했으나, 문재인 대통령은 5당 대표 등이 참석하는 형식적 회담만 내세웠다. '5당 대표 회동'도 해봤지만, 겪어보니 완전 형식적으로만 진행될 뿐이었다. '보여주기식' 회담 이상이 아니었다. 그래서 '만약 단독회담이 부담되면 다른 정당 대표들도 각각 따로 부르면 될 문제'라는 얘기까지 했다. 하지만 받아들여지지 않았다. 결국 단식 말고는 다른 옵션이 없었다.

나 : 청와대 앞에서 단식농성을 했다. 농성장에 찾아온 청와대 정무수석은 뭐라 했는가?

황 : 그냥 단순하게 '단식을 그만해달라'는 요청만 반복적으로 했을 뿐이다. 따로 '대화하자'는 제안은 없었다.

나 : 일각에선 당내 위기상황을 단식으로 돌파하려 한다는 이야기도 있

었다. 그 대표적인 예가 '박찬주 대장 영입' 논란이다. 영입 과정은 매끄럽지 못했고 좋은 결과도 없었다는 주장이 있는데, 이 부분에 대해 어떻게 생각하셨는지?

황 : 박 대장 영입은 본래 2019년 8월 즈음 1차 인재영입으로 추진됐다. 거의 1호로 추천받은 분이다. 안보에 대한 식견이 탁월했던 분이었고 순수했다. 워낙 인적자원이 부족한 상황에서 한국당에 인재를 영입하자는 측면에서 모셔온 것이다. 자꾸 인재영입을 공천과 일 대일로 연결하는 경향이 있었는데, 이런 오해로 인해 2차 인재영입 과정에서 박 대장 영입이 연기됐다. 사람은 누구나 '공과 과'가 있다. 나는 주로 공을 본 것이고, 무조건 공천하겠다고 모셔온 것도 아니다. 그렇게 받아들여서는 안 된다고 생각했다. 지금도 박 대장에 대한 좋은 감정은 여전히 남아있다. 당과 국가를 위해 뛰어난 안보 전문가가 필요했다. 그분이 당시 무고한 공격을 받은 것은 안타까운 일이고 당으로서는 큰 손실이다.

나 : 김세연 의원이 불출마선언을 하면서 지도부에게 '동반 불출마선언'을 압박했다. 이를 계기로 '지도부 용퇴론'까지 거세졌고 리더십의 위기에 봉착하자 이를 돌파하기 위한 단식이었다는 의견 있는데 어떻게 생각하나?

황 : (목소리를 조금 높이며) 말도 안 되는 얘기다. 단식은 구국을 위한 순수한 결단이자 새로운 정치를 위한 의지였다. 이걸 가지고 자꾸 '위기돌파용 단식'으로 생각하는 것은 잘못된 '정치공학적 발상'일 뿐이다. 물론 당 대표는 항상 위기에 처해 있다. 그러나 나는 절대

로 꽃가마 타려고 정치에 입문한 것은 아니었다. 나는 당 대표 취임하고 나서 곧바로 스스로 '농성', '삭발', '단식' 등 고생을 자처했다. 감히 말하겠다. 나의 행동은 국가를 위한 투쟁 의지이자 순수한 애국심의 발로였다. 정치적 수단으로 나의 행보를 해석해서는 곤란하다.

나 : 단식과정 중에 '통합'의 1차 상대로 지목했던 유승민 의원과의 통합 논의를 공개했다. 하지만 반응이 좋지 않았다.

속칭 '유승민계', 즉 바른미래당 비당권파 모임 '변화와 혁신을 위한 비상행동'(변혁)에서는 공식 논평이 나오지 않았다. 다만 김철근 변혁 대변인은 기자와의 통화에서 "뜬금없다는 생각이다. 국민 공감대를 얻을 수 있겠냐"며, "김세연 의원이 '좀비 정당'이라고까지 하며 지도부의 용단을 요구했는데 아무 해결책도 제시하지 않고 있다. '당내 돌파용'일 가능성이 크고, 패스트트랙에 대해 책임 있는 자세로 대응하지는 않고 밖으로 나가 단식을 해 버리는 것은 제1야당으로서의 역할이 아니다"라고 비판적으로 논평했다. 단식이 통합에 도움이 됐다고 생각하나?

황 : 단식과 통합은 구체적인 관련은 없었다. 쇄신과 대통합을 위한 나의 각오라는 측면 이외에는 말이다. 유승민 대표와 특별한 갈등은 없었다. 통합논의과정에서 약간의 오해는 있을지는 몰라도 큰 틀에선 관계가 나쁘지 않았다. 통합을 본격적으로 논의한 것은 8월이었고, 중간에 여러 사람이 끼어서 여러모로 협의했다. 그리고 그때는 내가 '11월 6일 대통합 논의를 본격적으로 하자'고 주장했던 때

였고, '바른미래' 뿐만 아니라 여러 자유민주진영 정당들을 대상으로 천명(闡明)한 것이었다. 대상도 많았고 루트도 다양했다. 그 뒤로 상호조건을 얘기하고 협상하는 과정에서 시행착오를 겪기도 했다. 하지만, 결국은 통합에 성공했다. 단순히 '바른미래'와의 통합만이 아니었다. 이언주 의원의 전진당을 포함 다른 정당들도 합류했다. 참고로 당시 여연원장이었던 김세연 의원에게 통합과정에서 별다른 역할을 부여한 적은 없었다.

나 : 중간에 메신저로 여러 사람 관여했다고 했는데, 정확히 누구인가?

황 : 원유철 의원이 주로 했고, 김상훈 의원, 이양희 의원, 홍철호 의원 등이 활동했다. 이진복 의원, 주호영 의원도 중간에서 노력을 많이 했다.

나 : 다시 단식장으로 돌아가 보자. 당 사무처 요원들이 교대로 '밤샘 보필', '과잉경호'를 하는 등 '황제 단식'이란 비난도 있었다. 이에 대해 해명을 한다면?

황 : 정말 고마운 일이다. 하지만 나는 '내 단식을 도와달라'는 얘기를 한 적이 전혀 없다. 나중에 알고 보니 당직자들이 자발적으로 한 것이었다. 단식 중이던 나는 알지 못했다. 그런데 나중에 정황을 알고 보니, 외부 시민들이 많이 오는 상황에서 질서유지 및 안전 등의 이유로 우리 당 사무처 직원들이 온 것이었다. 이런 자발적인 헌신에 대해 지금도 감사하게 생각한다.

지금 생각해 보니 따뜻한 기억이 있다. 청와대 앞에서 단식하는데 밤이 됐다. 분수대 근처 데크(deck)에 침낭 하나를 쓰고 누워 잠을 청했다. 맨바닥은 냉기가 올라와서 누울 수가 없었다. 그런데 한밤에 잠시 깨어 일어나 보니 비닐들이 나를 덮고 있었다. 내가 청하지도 않았는데 추위를 피하라고 덮어주셨다. 추워도 따뜻했다. 그리고 감사했다.

나 : 단식 전날에 영양제를 맞았다는 얘기가 돌았다. 사실인가? 평소 체력에 자신이 있었나?

황 : 사실이다. 영양제를 맞았다. 내가 다음 날 단식한다는 걸 알고 모의료진이 단식에 들어가기 직전에 단단히 준비하라며 건의를 해서 맞은 것이다. 단식 전날엔 식사도 제한해야 한다고 했다. 장을 비워야 한다는 이야기도 들었다. '하려면 제대로 하라'는 건의를 받아들여서 한 것이었다. 하지만, 단식에 돌입한 이후 단식기간에는 물을 제외한 다른 것은 전혀 섭취치 않고 에프엠(FM)대로 단식했다. 예전에 3일 단식은 몇 번 해봤다. 그때는 준비할 것이 별로 없더라. 그냥 한 다음에 하루 이틀 보식만 잘하면 됐다. 하지만, 이번 단식은 차원이 달랐다. 준비가 많이 부족했다. 그럼에도 불구하고 구국의 결단으로 결행한 거다. 체력은 자신이 있었다. 그러나, 체력이 없어서도 그때 단식은 했을 것이다.

나 : 회복 기간이 되게 짧았는데, 특별한 노하우가 없었나?

황 : 말 그대로 '절박함' 때문에 일찍 나왔다. 병원에서는 좀 더 안정을

취해야 한다고 얘기했지만, 당의 상황이 워낙 엄중했고 현 정권이 악법을 여전히 밀어붙이고 있었기 때문에 일찍 퇴원할 수밖에 없었다. 조기에 복귀한 후 한동안은 건강상태가 좋지 않았다. 이후 이어진 농성 때 다시 무리했더니 호르몬 수치 등 건강이 악화하여서 약도 복용하고 그랬다. 단식할 때 앉아있는 자세로 오래 있으면서 바닥에 닿았던 복숭아뼈 쪽에 욕창 같은 것이 생겼었는데 통증이 매우 심했다. 단식이 끝난 후 나아지는 듯하다가 농성하느라 또 다시 안 좋아졌다. 낫는 데까지 두 달쯤 걸렸다.

나 : 레드카펫도 아니고, 위문 오는 인사들에 대한 기자들의 취재가 대단했다. 유수한 인사들이 많이 단식현장에 찾아왔는데, 온 인물 중 가장 기억에 남는 사람은 누군가?

황 : 단식 중이던 11월 22일 웜비어의 부모께서 단식현장으로 찾아오셨다. 북한에서 인권 운동 중 억류됐다가 혼수상태로 송환된 후 숨진 미국인 대학생 오토 웜비어의 부모 프레드, 신디 웜비어 부부였다. 앞서 청와대 면담을 요청했다가 무산된 가운데 나를 찾은 것이다. 자신도 참으로 어려웠을 텐데, 제1야당 대표의 단식 소식을 듣고 단식장까지 나를 찾아온 것이었다. 아들 웜비어의 희생에 대해 애석하다고 했는데, 이들 부부는 오히려 단식하는 나에게 "당신이 자랑스럽다. 당신은 영웅이다"라며 치켜세워 주셨다. 안타까웠고, 그래서 당신들이 오히려 영웅이라고 답했다. 나의 단식에도, 그의 면담 요청에도 이 정권은 묵묵부답이었다. 나도 힘든 상황이었지만, 웜비어 부모를 생각하면 참 마음 아프고 슬펐다.

의외의 인물은 손학규 대표였다. 유승민 대표도 와주었는데 그때 매우 고마웠다. 특히 기억에 남는 분이 있다. 내가 졸업한 광성중학교의 옛 은사님이 찾아와 주셨다. 정말 오랜만에 뵀는데 그런 자리라 송구했다.

밤새도록 밖을 지키며 함께 응원해주셨던 시민 여러분께 감사를 드린다. 굉장히 큰 힘이 되었다. 단식기간 때 정신이 몽롱한 상태였는데도 다 들렸다. 정확히 누구인지는 자세히는 모르지만 다들 감사할 따름이다.

나 : 특히 심상정 정의당 대표가 방문한 것이 눈길을 끌었다. 그는 황 대표 단식을 두고 '황제 단식'이라고 비판했던 것을 기자들이 상기시키며 묻자, "정치적 비판은 비판이고 (황 대표가) 단식으로 고생하고 계시기 때문에 찾아뵙는 게 도리라고 생각했다"라고 말했다. 김도읍 실장과 박대출 의원 등이 강하게 비판한 것에 대한 반응이었다. 어떻게 생각하나?

황 : 주변 의원들 반응은 정확히 기억이 나질 않는다. 다만 기억나는 것은 심상정 의원이 왔을 때 밖에서 많이 시끄러웠다는 것뿐이다. 20~30분 정도였던 것 같다. 내가 단식하는 데 있어 정의당도 책임이 있었기 때문에 서운한 감정은 있지만, 심상정 의원의 위로 방문은 정파를 넘어 참 고마웠다.

나 : 단식 중에 청와대 앞에 열렸던 광야교회를 찾아 예배를 드렸다.

황 : 그냥 단순히 기도하고 싶었다. 마침 근처에 광야교회가 있었고 다

른 곳은 거리상 갈 수가 없었다. 그러다 보니 거기에 가게 된 것이다. 주변 만류도 있었지만 다른 정치적 의미 없이 예배를 드리러 간 것이다. 정치를 종교적으로 보는 것도 잘못이지만, 종교 행위를 정치적으로 해석하는 것도 바람직하지 않다고 생각한다. 지금도 그런 생각에는 변함이 없다.

나 : 성과가 있었지만, 이면에 부작용으로 거론된 것도 있었다. 대표적으로 최근 출간된 나경원 전 원내대표 자서전이다. (내용을 잘 모르는 것 같아 좀 더 자세히 설명한 후 질문을 했다)
'나경원의 증언'에 "공수처 출범 시기를 놓고 노영민 청와대 비서실장과 비공개 협상을 벌이었지만 황교안 전 대표의 '단식투쟁'으로 물거품이 됐다"라고 썼다. 사실인가? 구체적인 정황을 설명해 달라.

황 : 당시 투쟁을 할 때는, 패스트트랙으로 기소가 된 분들이 있었고, 이분들 문제를 해결해야 했다. 또한, 공수처법과 선거법 개정에 대해서 제대로 논의가 안 된 상황인데 여권이 일방적으로 몰아가고 있었다. 선거법만 해도 비례대표 의석을 47석에서 70석으로 늘리자는 것이 민주당 안(案)이었다. 반면 우리는 의원정수를 10% 줄인 270석으로 역제안한 상태였다. 이런저런 논의과정 속에서 사태가 해결되지 않고 극단적인 상황이 계속되다 보니 애당초 협의가 힘든 상황이었다.
이런 상황에서도 잠정합의서까지는 도출해 낼 수 있었다. 그렇게 어렵게 만든 합의안이 민주당 지도부에 들어가면 계속 거부됐다. 합의를 진행하더라도 막판에 민주당 지도부에서 태클을 걸어서 결

렬되는 경우가 허다했다. 이 때문에 중간에서 협상하는 분들이 고생을 많이 했다. 그 때문에 대화와 투쟁이라는 투트랙 전략을 계속 전개할 수밖에 없었다. 그게 객관적인 실상이었다.

나 : 그런 상황을 알 텐데, 나경원 전 원내대표의 책에는 대표의 단식투쟁에 대해 "아찔했다"라며 "며칠의 시간적 여유만 허락해 준다면 1년 내내 장외집회 등 강경 일변도였던 당의 투쟁 기조에서 조금이나마 벗어날 길을 찾을 수 있을지 몰랐다"라고 쓰여 있다. 또 "특히 이인영 전 원내대표는 제1야당을 테이블로 끌어낼 마지막 기회를 놓쳤다는 아쉬움이 있었을 거라고 나는 지금도 믿는다"라고 강조했다. 지금도 계속되는 공수처법 논란에서 상대에게 실상이 아닌 명분을 줄 수도 있는 발언 아닌가.

황 : 그전에는 협상 과정을 수시로 보고받고 논의했지만, 단식 중에는 내용을 보고받지 않았다. 확실한 것은 내 단식 때문에 협상이 중단된 것은 절대 아니다. 나는 계속 나 대표와 김재원 정책위의장 등 협상 실무책임자에게 말했다. '나는 나가서 싸우지만, 원내에서는 협상을 지속하라'고 당부했다. 그것이 객관적인 사실이다.

황교안은 지나치다 싶을 정도로 전 당직자 이야기가 나오면 조심스러워했다. 객관적인 사실에 대한 확인에도 인색했다. 다 지난 일에 책임소재를 따지는 것이 의미가 없다고 생각했을 수 있고, 한때 함께했던 동지들에 대한 배려일 수도 있다. 나경원 전 원내대표의 발언에 대해서도 마찬가지였다. 그의 증언이 사실과 다른데도 불구하고 구체적으로 따지는 것이 옳지 않다고 생각하는 듯했다. 하지만 나는 사실관계는 확실히 할 필요가 있다고 생각했다. 지난 일이 아니라 지금도 진행 중인 사항이기 때문이다. 그래서 재차 물었던 것이다.

공수처법은 여권이 제1야당을 무시한 채 일방적으로 통과시켰다. 그 과정에서 수많은 야당 의원이 기소됐고 현재도 재판 중이다. 게다가, 최근에 여당은 확실한 자기 사람을 공수처장에 세우기 위해 야당의 비토권을 빼앗는 법률개정을 밀어붙였다. 자가당착(自家撞着)임에도 불구하고 모든 책임을 야당에 돌리고 있다. 여권의 전략은 일 년 전이나 지금이나 다르지 않다. 오히려 절대 의석을 차지한 민주당은 힘을 주체하지 못하고 더욱 폭주하고 있다. '야당 탓'은 더욱 억지가 됐다. 그런데 당시 협상책임자가 야당인 자유한국당에 협상 결렬의 책임이 있다고 말하면, 여당에 책임을 회피하는 명분이 줄 소지가 많다. 그래서 껄끄러운 기억임에도 불구하고 객관적인 상황을 확인하는 것은 중요했다.

나 : 김용태 의원이 '단식으로 당을 사유화했다'라는 발언을 했던데 어떻게 생각했나?

황 : 나에겐 그런 생각 자체가 없다. 결과를 보면 알 일이다. 김용태 의원은 내가 입당할 때 사무총장이었다. 관계가 나쁘지 않다. 지소미아를 지키고, 선거법, 공수처법에 대해 국민이 올바른 인식을 할 수 있도록 함께 싸운 동지라 생각한다.

나 : 삭발 때도 릴레이 삭발이 있었다. 단식 직후 정미경, 신보라 두 분의 최고위원이 릴레이 단식을 했는데 이때 상황을 설명해 달라.

황 : 난 단식을 하면 20일 이상 견딜 수 있을 줄 알았다. 순간적으로 의식을 잃었고 깨보니 병원이더라. 다시 가려고 했는데 아내와 의료진 등 모두가 만류해서 못 나갔다. 정신을 잃고 이미 링거를 맞은 상황이라서 의미가 없겠다 싶었다.

나중에 얘기를 들어보니 두 최고위원이 내가 있던 장소에서 단식한다고 하더라. 그때 정말 애잔한 느낌이 들었다. '나를 이어 단식을 실행해주셨다'라는 생각에 참 고마웠다. 나중에 단식현장에 직접 가서 모시고 나왔다. 그런 장면들을 보며 우리 자유한국당의 변화 가능성을 봤고 희망이 있다는 점을 확인할 수 있었다.

이분들이 단식을 이어간 이유가 있었다. 정부가 '현장의 텐트를 치우겠다'라고 위협을 하니 결단을 내린 것이라 들었다. 그곳은 '저항의 상징' 같은 곳이니 장소를 잃으면 저항도 사라진다는 생각이었을 것이다. 단식 초기에도 청와대에서 '텐트는 쓸 수 없다'라고 얘기하다가, 나중에 보도가 되고 여론이 악화하니까 어쩔 수 없이 허용한 것이었다.

나 : 당무에 복귀했을 때 '특별한 준비'를 하고 나오셨는지? '부여된 칼'을 쓸 준비 등 말이다.

황 : 변화가 필요했다. 나도, 당도 모두 변화하는 모습을 국민에게 보여주어야 한다고 생각했다. 그 변화의 핵심은 당직자들의 변화다. 그래서 당직자들로부터 일괄적으로 사표를 받았다. 단식하는 동안에

는 당 혁신방안 등을 생각할 겨를이 없었는데, 단식이 끝난 이후 몸을 추스르면서 우리 당을 어떻게 이끌어 나갈 것인지에 대해 많은 생각을 했다.

나 : 말씀하신 대로, 복귀 후 첫 조치가 쇄신을 위한 당직자 일괄사표제출이었다. 이에 따라 의원 24명을 포함해 당직자 35명이 사퇴서를 일괄 제출했다. '읍참마속(泣斬馬謖)을 하겠다'라고 했다. 마속이 누구인가?

황 : 누구를 특정할 순 없고 전체적인 인적변화를 두고 한 말이었다. 당시 당직이 있었던 사람은 전원 사표를 냈고, 일단 내 주변과 얼굴이 될 수 있는 자리부터 바꿨다.

나 : '기존의 집을 허물고 새집을 짓자'라는 유승민 의원의 말에 화답한 것인가? '통합'을 위한 사전 정지작업이었나?

황 : 그분과는 통합에 관한 얘기를 한 것이고, 나는 당 혁신을 위해 행동을 했을 뿐이다. 화답은 아니다.

나 : 홍준표 의원은 "김세연 쳐내고 친박 친정체제 만들었다"고 비판했는데, 결국은 일부의 당직자만 교체했다.

황 : 당의 얼굴을 바꾸자는 차원에서 단행한 것이다. 특정인 누구를 쳐내야 한다는 생각으로 결행한 것이 아니다. (약간 격앙된 톤으로) 나는 특정 계파를 강화하고 내 측근을 세우는 그런 정치를 하지 않았다. 오히려 그런 나의 태도와 행동 때문에 역공을 받고 곤경에

처하는 경우가 많았다. 그동안 계파 갈등이 당을 멍들게 했기 때문에 '어떤 희생을 치르더라도 이 문제를 해결해야 한다'라고 생각했다. 계파 개념을 없애고 '원팀(One team)'으로 하나가 되어 나가야 한다는 원칙을 늘 강조했다. 현재 우리 당내에는 친박과 비박 등의 계파는 없어졌다고 본다. (쓸쓸히 웃음 지으며) 사람들은 오히려 '친황'을 못 만든 것이 패착이라는 이야기도 하더라.

나 : 당직 개편 외에 선출직인 나경원 원내대표까지 교체됐다. 인사가 잘되었다고 생각하나?

황 : 난 당직 개편을 두 번 했다. 그때 필요가 있어서 하기도 했고, 상황이 바뀌어서 하기도 했다. 내가 대표로 1년 2개월 있었으니 보통 4~5개월마다 한 번씩 인사를 했다고 봐야 할 거다. 그 당시에는 최선의 인선을 하기 위해 노력했다. 되도록 젊은 분들이 일할 수 있도록 여건을 만들어 주고 싶었다. 선거를 앞두고는 실무적인 인사를 보충하는 데 집중했다. 하지만 모두 성공적이지는 않았다. 아쉬운 결과도 많았다. 그런 인사실패들이 총선패배의 원인이 됐다고 생각하니 국민께 송구스러울 뿐이다. 나경원 원내대표는 내가 그만두게 한 것이 아니고 임기가 끝났기 때문에 절차를 밟은 것이다. 원내대표 경선 출마를 선언한 분이 있었기 때문에 (임기를 연장할) 명분이 없었다.

단식은 진작 끝났지만, 황교안의 투쟁은 이후에도 끝나지 않았다. 투쟁할 수밖에 없었던 상황이 계속되고 있었기 때문이다. 총선 이후 황 대표가 패배의 책임을 지고 대표직을 떠났지만, 당에 남은 사람들의 투쟁은 계속됐다. 왜곡된 선거법 등으로 인해 국회는 기울어지다 못해 절벽 같은 운동장이 됐다. 여당은 압도적인 힘으로 위헌의 소지가 많은 공수처 설립을 밀어붙였고, 성에 차지 않자 다시 개악을 시도했다. 이때 국회의 야당은 장식품일 뿐이었다. 2020년 마지막 달, 공수처법 개정안이 통과됐다. 문재인 대통령이 '새해 벽두 공수철 출범'을 지시했기 때문이다. 그날 황교안은 본인의 SNS에 글을 올렸다. 총선패배 후 8개월간의 침묵을 깬 사건이었다. 1년 전 단식투쟁의 연장선상이었다. 문재인 정권이 그를 다시 국민 앞에 소환한 것이다. 그 글을 소개한다.

"문재인 정권, 나라를 어디까지 망가뜨리려는가?"
– 공수처법 일방처리는 대한민국 민주주의와 국민에 대한 선전포고 –

오늘 오후, 민주당은 기어코 공수처법 개정안을 무도한 방법으로 통과시켰다.

참고 참았다. 송곳으로 허벅지를 찌르는 심정으로 버텼다. 그러나 더 이상 참을 수 없었다. 도저히 묵과할 수 없어 글로 저항의 뜻을 전한다. 지금의 위협은 과거에 경험해 보지 못한 민주주의에 대한 위협이다. 대한민국에 대한 위협이다. 이대로 방관하면 우리 선진과 국민의 노고가 수포가 된다. 후손들의 미래가 암흑이 된다. 지금 가만히 있는 것은 나라와 역사에 죄를 짓는 일이다.

문재인 정권은 대한민국 민주주의에 뺄 수 없는 대못을 박고 있다. 그들의 생각은 온통 '독재'와 '장기집권' 뿐이다. 헌법이 보장하는 민주적 견제장치는 남김없이 무력화시키고 있다. 마지막 한 줌의 저항마저 밟고 지나가는 중이다. 우리는 지금 중세와 같은 '암흑시대'의 입구에 서 있다.

민주국가의 검찰은 1789년 프랑스 대혁명의 열매로 만들어진 역사적 유산이다. 그런데 문재인 정권은 자신들의 비리를 수사하려는 검찰을 무력화시켰다. 그것도 불안했던지, 검찰의 목줄을 잡는 '공수처'라는 괴물을 불법적인 방법을 동원해 만들었다. 오늘 민주당이 통과시킨 공수처법 개정안은 공수처장을 대통령 마음대로 임명하겠다는 것이다. 정권에 맹목적으로 충성하는 '공수처' 하인을 만들어 검찰을 충견으로 부리려는 것이다. '공수처' 하인은 법원도 통제할 수 있다. 헌법을 무력화시키고, '3권분립'과 '법치주의' 전통을 무너뜨리는 독재적 행태다. 수많은 사람의 고귀한 핏값으로 세워진 민주주의제도를 못 쓰게 만들고, 악명 높은 독재 정부의 억압적인 제도를 부끄럼 없이 차용하고 있는 것이다.

지금은 야당이 할 수 있는 것이 거의 없다. 정말 안타깝고 국민께 송구하다. 그러나 '국민의힘' 지도부와 모든 의원과 위원장, 그리고 당원까지 온 힘으로 저항해 주시길 바란다. 지금 당장은 막을 수 없더라도 국민이 정권의 폭주를 막고 민주주의를 회복시켜 주실 것이라 굳게 믿는다.

많은 언론이 온라인으로는 받았지만, 메이저 언론은 황교안 메시지의 부각을 회피하는 모습을 보였다. 페이스북에는 수천 명이 '좋아요'를 눌렀고 수백 명이 댓글을 달았다. 응원하는 글도 있었지만, 야유하는 글도 있었다. 물론 문재인 정부를 비판하는 내용이 더욱 많았다. 언론이나 민심이 어느 지점인지 확인할 수 있는 좋은 사례가 되었다. 황 대표도 그 반응을 보며 향후 개인의 계획을 세울 것이다. 그가 다시 돌아와 정치지도자가 된다면 성공하든 실패하든 '영웅 서사'는 이어질 것이다. 만약 그가 다시 정치권에 들어온다면, 전적으로 문재인 대통령 덕이다. 역사적 인물은 종종 '좋은 적'에 의해 등장하고 성공한다.

하지만 단식투쟁 이후가 문제였다. 지도부의 위치와 인사 문제였는데, 인사 중의 핵심은 선거 전략단위인 여의도연구원 원장 문제였다. 당시 내가 황 대표께 건의한 내용을 소개한다. 전적으로 받아들여지지는 않았지만, 당시의 분위기를 살피는 데 도움이 될 것이다. 물론 지나치게 민감한 전략적 내용을 빼고, 분위기만 가늠할 수 있는 내용을 골라 싣는다.

〈"천막당사" 관련〉

단식투쟁은 끝났지만, 청와대 앞 농성을 계속 이어가시기를 바랍니다. 고래는 물 밖에 나오면 죽습니다. 정치인에게 물은 국민입니다. 세가 없는 원외 정치인은 기댈 곳이 국민 여론밖에 없습니다. 대표께서 계시는 곳이 당사이니, 천막이 당사가 되는 것입니다. 그곳에서 최고위 회의를 주재하고 대국민 메시지도 발표하시기 바랍니다. 목숨을 걸고 확보한 투쟁의 장입니다. 그런데 그리 허무하게 물러설 수는 없는 일입니다. 대표님의 적은 대외적으로는 청와대고 대내적으로는 당내 기득권세력입니다. 전장에서 그들이 두려워하도록 하셔야 합니다.

청와대는 야당 지도자가 종교계조직과 함께 움직이는 것을 가장 두려워한다고 들었습니다. 교회는 보수진영에서 유일하게 조직화되어 있는 주체입니다. 지금 청와대 앞에 있는 그들의 농성장은 청와대의 두려움을 극대화하는 곳일 것입니다. 대표께서도 그 옆에 계시는 동안에 청와대는 밤잠을 이루지 못할 것입니다.

당내 기득권세력은 '국민 속에 녹아있는 카리스마 있는 지도자'를 두려워합니다. 국민의 염원인 '인적 쇄신'의 대상이 될까 두렵기 때문입니다. 대표께서 국민 속에서 힘을 얻으시는 것을 두려워하는 이유입니다. 그래서 어떤 명분을 들어서라도 대표님을 자신들의 홈구장인 국회로 끌어들이려 하는 것입니다. 대표를 국민으로부터 떼어내기 위해서입니다.

게다가 지금은 아직 확실한 성과가 없습니다. 개선장군으로 입성하기 위해서는 패스트트랙 법안처리 과정에서 일정한 성과를 거두는 것이 중요합니다. 앞으로 성과가 생긴다 해도, 대표님이 국회에 들어가시면 공은 인정받지 못하십니다. 일단 가닥이 잡힐 때까지만이라도 천막당사에서 청와대를 압박하는 현재의 스텐스(투쟁)를 유지하셔야 협상 과정에 기여할 수 있습니다. 그렇게 전리품을 가지고 당에 입성하셔서 그 힘으로 혁신을 이루실 수 있습니다.

농성하시는 동안 많은 정치지도자, 원로들이 찾아와 국회 복귀를 권유할 것입니다. 이런 분위기가 형성되면 자연스럽게 대통합에도 도움이 됩니다. '정치공학'도 '지분싸움'도 아닌 진정한 국민 대통합이 추진될 것입니다.

〈당 쇄신과 당직 개편 : "한국당 리셋(reset) 프로젝트"〉

인사 개편은 서두르지 않되 철저히 준비해야 합니다. 특정한 자리만 교체하면 분명히 반발이 있을 것입니다. 패스트트랙 상황이 종료되고 당으로 돌아가시면서, "한국당 리셋 프로젝트"를 선언하시기 바랍니다. 이때 여론을 우리 편으로 만드는 것은 필수조건입니다.

조각(組閣)하듯이 새판을 짜시기 바랍니다. 당직에 굳이 국회의원을 등용할 필요가 없습니다. 당직 개편은 대국민 메시지입니다. 공천에서 인적 쇄신의 바로미터이자 신호탄입니다. 새로운 당직자가 대표 중심의 주력 부대가 되고, 이를 통해 국민이 '지도자 황교안'을 상상하게 하시기 바랍니다. 이번 기회에 확실한 '황교안 표 개혁정당'을 만드시기 바랍니다. 개혁정당으로 국민의 평가를 받아야 이번 선거도 승리할 수 있고, 이후 대선까지 분위기를 이어갈 수 있습니다. 천막당사 농성 중에 철저히 인사에 대해 준비를 하셔야 합니다. 이것은 별도의 작업이 필요한 일이고 담당자가 책임지고 정리해야 합니다.

여의도연구원원장 교체 이야기가 있습니다. 참고로 검토의견을 드리겠습니다. 여연원장은 '윤여준 모델'과 '김종석 모델'이 대표적입니다. 한쪽은 정무전략가고, 다른 한쪽은 경제전문가입니다. 경제의 중요성을 강조하는 면에서 경제전문가를 세우는 것은 의미가 있지만, 선거를 코 앞에

둔 상황에서는 선거전략을 만드는 것이 더욱 중요합니다. 선거전에는 경제문제도 정무적인 감각이 있어야 이슈화할 수 있기 때문입니다. 그래서 현재는 '윤여준 모델'이 바람직하다고 생각합니다. 경제 이슈도 매우 중요하므로, 당과 선대위에서 별도의 위원회를 두고 대안을 만드는 동시에 여론전을 벌이시길 바랍니다.

Part. 07

'미완'의 통합

Part. 07

'미완'의 통합

황 대표는 입당 초부터 '혁신'과 함께 '통합'을 무던히도 강조했다. '혁신'은 내부의 과제고, '통합'은 파이를 키우는 보다 큰 그림이다. 결국, 총선 승리와 문재인 정부 폭정 저지라는 차원에서 '통합'은 그에게 맡겨진 시대적 소명이었다. 그 때문에 대표로서의 모든 행보는 '야권통합'을 위한 자기희생과 내려놓음의 여정이었다. 어느 정도 결실도 있었지만, 최종결과는 뜻밖으로 참담했다.

이 책을 '기(起)−승(承)−전(轉)−결(結)'로 구분할 때 이장은 '전'에 해당한다. 가장 흥미로운 부분이란 뜻이다. 이전 장들이 초보 정치인 황교안의 개인기와 성장기를 그렸다면, 이번 장의 주인공은 협주 또는 오케스트라 지휘자로서의 황교안 캐릭터다. 조율되지 않은 오케스트라의 지휘를 맡은 신임 지휘자 황교안이 어떤 노력을 했으며, 왜 좌절했느냐를 밝히는 과정이다. 통합과정에는 등장인물들도 많고 선율과 화음도 다양해졌다. 하지만 오케스트라는 오합지졸이고, 선율은 중구난방이기에 더 흥미진진하고 드라마틱하다. 스포일러가 되어 미리 말하자면 결과는 '새드 앤딩(sad ending), 비극(悲劇)'이다. 다음 장인 '공천'은 '전'일 수도 있고 '결'일 수도 있다. 공천은 통합과정의 결과인 동시에, 총선 승패에 직접적인 원인이 되기 때문이다. 이런 이유로 나는 이 장 집필에 가장 흥분된 마음으로 임하고 있다.

기억을 떠올리기 위해 당시 기사를 찾아봤다. 상징적인 사진이 있었다. 미래통합당 창당대회 사진이었다. "2020년 2월 17일 오후 국회서 미래통합당 출범식 열어… 1,000여 명 몰리며 '인산인해'"라는 제목의 기사에 나온 사진이었다. 행사를 마치고 대표 인물들이 손을 함께 들고 환하게 웃는 사진이었다. 황교안 자유한국당 대표와 심재철 원내대표, 정병국 새로운보수당 대표, 이언주 전진당 대표 등이 있었다. 또 다른 사진도 있었다. 내빈으로 앉아있는 사진이었다. 중간에 황교안 대표와 심재철 원내대표가 앉아있었고, 황 대표를 중심으로 심재철 원내대표 반대편엔 이언주 전 의원이, 그 옆에는 원희룡 제주지사가 앉아있었다. 심재철 대표 옆에는 유의동 전 의원이 앉아있었다. 뒷자리엔 오세훈 전 서울시장, 정진석 의원 등이 있었다. 총선이 참패로 끝나고 결과적으로 지금 한국당 지도부만 책임을 지고 사라진 모양새다. 이 사진들은 각 정치 주체의 손익을 극명하게 보여준다.

황 대표에게도 그렇지만 당시 '통합'은 보수진영 전체에 가장 중요한 가치였다. 분열로 인해 전국 선거에서 3연속 패배를 했기 때문에, 통합을 통해 위기를 극복해야 한다는 절박함이 있었다. 능숙한 정치인이 아니었던 황교안을 당 대표에 앉힌 것도 그런 절박함의 발로였다. 황교안이 입당의 명분으로 '통합'을 이야기하고, 고비 때마다 '통합'을 강조한 것은 우연이 아니다. 하지만, 목표와 별개로 방법이 옳았는지는 따져볼 문제다.

대표특보였던 필자가
황 대표께 보고 드린 글에 나타난 당시 분위기

그래서 당시의 자료를 찾아봤다. 마침 필자가 11월 4일 언론에 기고한 칼럼을 통해 당시 분위기를 읽을 수 있기에 소개한다. 이 글을 통해 당시 현장감이 느껴질 수 있을 것이다. 제목은 〈자유한국당 '영입'과 보수 '대통합'〉이다.

야권이 '조국 사퇴'로 일정한 성과를 거두기는 했지만, 아직도 정권을 국민 앞에 무릎 꿇리는 것은 요원하기만 하다. 한동안도 그랬듯이, 현재 자유한국당의 능력만으로는 어림도 없는 일이다. 한숨 돌린 현 정권은 흘어진 힘을 모으려 할 것이고, 반격의 기회를 노릴 것이다. '공수처'로 자파 진영을 다시 결집하고 있다. '준연동형 비례대표제' 선거법으로 위성정당과 뒷거래를 꾀하고 있다. 민주당 당내에서는 '불출마선언' 등 '당 혁신 쇼'를 보여주며, 국민 불만을 희석하는 속임수를 꾀하고 있다. 야권이 약점을 보이면 바로 반격에 나설 태세다.

거듭 말하지만, '문재인 정권'이라는 철옹성에 맞서기에 지금의 자유한국당은 힘에 많이 부친다. 따라서 현 정권의 '국정대전환'을 유도하고 늪에 빠진 대한민국을 구하기 위해, 보수진영의 힘을 모으고 중도층까지 끌어안아야 한다. 이를 위한 구체적인 전략이 필요한 때다.

〈군주론〉의 저자 마키아벨리는 전쟁에 임하는 군대를 △ 용병, △ 지원군, △ 자국군으로 구분했다. 그는 또 설명하길, 이들 중 "'용병'은 무익하고, '지원군'은 위험하다"라고 설파했다. '자국군'이 아군에게 창끝을 돌린 지원군을 자력으로 물리칠 수 있어야 지원군을 요청할 수 있다는 주장도 했다. 결국, 지원군을 부르려 해도 자국군의 힘을 키워야 한다는 의미다. 한국당은 부족한 자국군의 힘을 키우기 위해 '영입'에 나섰다. 민병대를 모집하는 것이다. 지금의 인적자원으로는 국민의 신뢰를 얻을 수 없다. 그래서 '새로운 피'를 수혈해야 했다. 총선이라는 전투에 임하기에 앞서 피할 수 없는 선제조치다. 이제 영입의 물꼬가 트였으니, 많은 저항에도 불구하고 흔들림 없이 밀고 나가야 한다. 인적변화의 시도가 순탄할 수는 없다. 혼란과 저항은 예상된 일이다. 영입대상자는 정무적으로 서툴 수밖에 없고, 한국당 기득권세력은 새로운 도전자를 '무혈입성'시킬 위인들이 아니다. 기득권세력은 국민의 지탄에도 불구하고 산전수전 다 겪으며 살아남은 백전노장들이다. 성벽 위에서 성문에 들어서는 경쟁자를 향해 활을 쏘아붙이는 것은 당연한 일이다. 명분이 부족한 사람은 숨어서 쏘고, 작은 명분이라도 가진 사람은 나서서 대놓고 쏜다. 입성 과정에 피를 흘리고 전우가 쓰러질 수도 있다. 그럼에도 불구하고 포기해서는 안 된다. 개혁세력이 꾸준히 민병대의 공성전을 돕고 밀고 들어와서 성을 구원토록 해야 한다.

다음은 '지원군'을 모을 차례다. 그것이 '통합'이다.

'통합'은 보수진영의 제도권 맏형인 자유한국당이 주도하는 것이 가장 자연스럽다. 그래야 통합과정에서 구심력을 유지하고 안정적인 통합이 가능하다. 바른당을 탈당한 무소속 원희룡 제주지사도 '맏형인 한국당이 중심이 되어야 한다'라고 주장했다. 한국당이 주도하지 못하면 '꼬리가 몸통을 흔드는 상황'이 되므로, 총선 때까지 보수진영은 분열과 반목을 거듭할 것이다. 지난 2년여 동안 그랬듯이 말이다. 당연히 총선에서 민주당은 진수성찬 독상을 받게 될 것이다. 그렇게 민주당이 승리하면 '국정 대전환'은 고사하고, 더욱 그릇된 정책을 가열하게 밀어붙일 것이다. 경제·민생은 더욱 나락으로 떨어지고, 안보도 회복 불능의 상태가 될 것이다.

그럼 자유한국당이 주도하는 통합의 대상은 누구인가? 이를 위해서 현재 한국 정치의 지형도를 점검해 볼 필요가 있다.

현재 우리나라 좌·우의 정당 지형은 다음과 같다. 한국정치지도에서 정당의 '맏형'격으로 좌측에 민주당과 우측에 한국당이 있다. 이들은 중도를 포함하는 수권정당을 표방한다. 그 좌측 극단에 정의당이 있고, 우측 극단에 우리공화당이 있다. 이들은 선명성을 추구하며, 이를 통해 '세(勢)의 강고화(强固化)'를 노리고 있다. 지형의 협소함 같은 현실적 한계는 '준연동형 비례대표제' 같은 해괴한 선거제도로 극복하려 한다. 좌우의 기존 정당들이 극단화되며 중원에 빈 공간이 커지고 있다. '중도층' 국민이 주를 이루는 공간이다. 총선에서 이 구간의 표를 챙기기 위해 '제3당', '제3세력'이 시도되고 있다. 이들은 '호남 보수'와 '영남 진보' 세력이다. 전자의 핵심은 박지원 의원과 구 동교동계 인사들이다. 후자는 유승민 의원으로 대표되는 바른정당 계열이다.

한국당의 통합대상은 분명하다. 전체 판도에서 우측의 두 세력을 품는 것이다. 한국당보다 더 우측으로는 우리공화당이고, 더 중도로는 유승민계이다. 만약 여기서 한쪽에 치우치면 당내 반발을 견디기 힘들어진다. 당내 '친박 · 비박' 갈등의 도화선이 될 것이기 때문이다. 전쟁에 나서기도 전에 아군이 자멸(自滅)하고 말 것이다.

이제 애국보수는 '조국'을 넘어 문재인 대통령에 대한 공세를 펼쳐야 한다. 이를 위해서 '통합된 제도권 정당'은 필수다. 총선은 전쟁이기 때문이다. 당분간 광화문광장은 애국보수세력이 지켜줄 것이다. 그동안 총선에서의 일대격전을 위해 한국당은 당내 정비와 보수통합에 매진해야 한다. 그 첫 결실이 '공천'이다. 공천에서 '새롭고 유능한 인재들'을 등단시키지 못하면 게임은 하나 마나다. 패스트트랙 정국에서 선거제도를 지켜낸다 해도 결과는 마찬가지다. '영입과 통합'에 당의 모든 역량을 쏟아야 한다. 실패는 한국당의 패망이고, 보수진영의 괴멸인 동시에, 국가적 불행이다.

　자유민주진영의 바람을 오롯이 받들어 제1야당 대표가 '통합'을 강조했고, 스스로 모든 것을 내려놓으며 추진했다. 그러나 미완에 그쳤고 결국 총선에서 참패했다. 왜일까? 나는 리더십에서 원인을 찾을 수밖에 없다. 리더십이 강화되는 방향으로 통합을 해야 바라던 목표를 달성할 수 있다. 하지만 힘은 반대로 작용했고 기대한 효과도 거두지 못했다. 그 구체적인 양태를 쫓아가며 교훈을 찾아보겠다.

객관적인 자료를 다시 찾아봤다. 11월 6일 기사가 눈에 들어왔다. 통합선언과 관련된 기사였는데, 내용은 다음과 같다.

(단식 보름 전인) 11월 6일, 황 대표는 "한국당 간판 내리는 문제도 논의할 수 있다"라며 다시 업그레이드된 '대통합'을 제안을 했다. 구체적으로 ▲제3지대 대통합 ▲탄핵 불문 ▲자유민주진영 비전 재정립 등 통합 3원칙을 제시했다. 그는 '자유민주진영 빅텐트'를 언급하며 "자유민주진영이 모일 수 있는 빅텐트는 우리 자유대한민국을 살려내는 것이지만 헌법가치에 충실하게 살려내야 한다는 것"이라며 "이런 생각을 같이하는 정파가 한국당과 바른미래당, 우리공화당, 시민사회가 있다"라고 했다. 유승민 의원이 주장하는 탄핵 인정, 제3 신당 등에 대해서는 "탄핵에서 자유로운 분들은 없고 과거를 넘어서 미래로 가야 한다"라며 "그 안에 답이 있다고 생각한다"라고 했다.

본격적으로 통합절차를 구체화한, 공식적인 제안이다. 이를 보고 당시 내가 황 대표에게 건의했던 보고서들을 찾아봤다. 남아있는 보고서가 몇 개 있고, 나름대로 의미가 있을 것 같아 그 일부를 게시해 보겠다.

<<건의문 1>>

(전략) 지속적으로 통합에 대해 노력하는 모습을 보이시되, 서두르지는 마십시오. 선거법 결론이 난 이후에야 본격적인 협상이 가능합니다. 우선 당 쇄신으로 이목을 돌리고, 물밑에서 통합을 추진하는 방법이 바람직합니다.

(중략) 유승민 의원이 병문안 왔을 때 ○○○의원을 대동한 것은 나름대로 의미를 찾을 수 있습니다. 내밀히 대화할 수 있는 메신저가 필요하다고 생각했을 수 있습니다. 통합과정에 대한 '통추안'은 일단 물 건너갔습니다. 역시 진정한 통합은 물밑에서 충분한 논의가 있고 난 뒤에 성사가 가능합니다. 통합의 형식도 그렇습니다. △ 개별입당과 흡수통합 △ 창당 후 당 대 당 합당 등 다양한 안이 거론될 수 있습니다. 이 또한 신뢰감 있는 메신저들 통해 조율되어야 합니다.

<<건의문 2>>

대표님의 통합제안은 'YS의 3당 합당'보다 더 큰 위험을 감수하는 결단입니다. YS는 호랑이 굴에 들어가 그 굴을 차지했지만, 대표님은 굴을 열어 호랑이와 늑대들을 모두 아우르겠다는 선언입니다. 상대가 명확지 않기에 매우 위험한 모험입니다. 자칫 그들의 횡포로 굴이 무너질 수도 있고 통째로 빼앗길 수도 있습니다. 저는 방송 출연 할 때마다 대표님의 '결단'을 강조하고 '자신감의 표현'이라고 했지만, 과정 관리에 불안감을 지울 수 없습니다. 정말 잘 관리하셔야 합니다. 지금 통합은 '양날의 칼'입니다. 잘 활용하면 최고의 기회가 되겠지만, 자칫 실수

하면 치명적인 상처를 입을 수 있습니다.

마음이 앞서 '통합'을 서두르면 창피를 당하십니다. 완급조절은 필수입니다. 당내 정지작업과 기구설치 이후 차분히 접근하셔도 늦지 않습니다. 본격적인 작업에도 사전조율이 필요합니다.

오늘 (총선기획단) 회의에서 대표께서 기자간담회를 통해 밝히신 '통합제안'에 대한 논의가 있었습니다. 저는 대표께서 당내 협의기구를 설치하겠다고 한 말씀을 우선 실행해야 한다고 주장했습니다. 저는 "① 일단 당내기구를 구성하고 ② '우리의 통합대상이 △ 유승민 대표를 비롯한 바른당 계열, △ 우리공화당, △ 원희룡 지사 그룹, △ 정의화 의장·박형준 의원 그룹, △ 우파 시민단체 등이 포괄되어야 한다'라고 선언한 후, ③ '제안에 바로 반응을 보인 유승민 의원 측에 대한 예우로 우선 그분들과 실무적인 접촉에 들어가겠다'고 발표해야 한다"고 주장했습니다. 그래야 우파 대통합의 주도권과 대표님 리더십을 지킬 수 있기 때문입니다.

그러나, 다른 참석자들은 당내 기구설치보다는, 당장 바른미래당 유승민 의원 측의 반응에 대해 대응을 해야 한다는 의견이 많았습니다. 절충안으로 기구를 설치하는데 1~2일 걸리고 시간이 급하므로, 우선 유승민 의원 측과 협상에 나설 담당자를 천거하자고 했습니다. 총선기획단 브리핑을 통해 ① 유승민 의원 측과의 협상담당자를 발표하고, ② 대표께서 내일 아침 직접 유 의원과 통화를 하시면 좋겠다는 의견이 나왔고 많은 분이 동의했습니다. 첫 번째 내용은 양보할 수 있지만, 두 번째는 인정할 수 없었습니다. 그리고 동시에 상대 당 내부의 분위기를 살펴야 한다는 주장이 있었습니다. '당장 내일 손학규 대표의 반응을 보아야 한다'는 이야기도 있었습니다. 저는 이 주장이 이율배반적인 분석이고 주장이라고 생각했습니다. 상대방에게 위험이 있으면 시간을 갖고 조심스럽게 접근해야지 덥석 잡으면 곤란을 겪는 것은 우리 당이기 때문입니다.

대표께서 사전정지작업 없이 바로 유승민 의원과 통화하는 것은 위험한 일입니다. 총장이나 메신저가 미리 유 의원 또는 유 의원의 핵심 측근과 대화를 해서 서로 조율한 후 직접 통화하시는 것이 위험부담을 줄이고 성과를 낼 수 있는 방향입니다. 트럼프와 김정은의 '탑다운 방식'이 문제해결에 큰 도움이 되지 않고 있고, 트럼프를 위기로 몰고 있다는 점을 고려해 주시기 바랍니다.

회의 마치고 오면서 언론을 보니 '유 의원 측의 반응이 시큰둥하다'라는 보도가 나오더군요. 만약 직접 통화하셨는데, 전화를 받지를 않거나 당내 사정이나 (탄핵 등) 다른 이유를 들어 거부 의사를 보였을지 모릅니다. 그렇게 되면 대표님은 리더십에 큰 상처를 입을 수밖에 없습니다. 통화내용을 어떻게 와전될지도 모르는 일이고요. 그런 일이 벌어지면 언론은 '영입논란에 대한 면피용으로 통합을 이야기했다가 창피만 당했다'라고 보도할 가능성이 큽니다. 언론발표를 하거나 통화를 하실 때는 반드시 사전조율이 필요합니다. 사무총장이 직접 유 의원과 통화해 양해를 구하고 대화를 조율하는 것이 바람직하지만, 최소한 그동안 양측을 연결했던 메신저가 조율토록 하시기 바랍니다.

그리고 더 큰 문제는 이런 상태에서 바른미래 계열과의 통합논의만 급물살을 타면, 대표께 등을 돌릴 우파진영이 많을 것이라는 사실입니다. 지난 주말 '펜 앤드 마이크'에 가서 논평을 하는데, 제가 "우리공화당과 바른미래당 유승민계와 함께 통합을 추진해야 한다"라고 했더니, 바로 자신들은 '찬성할 수 없다'라고 반응하더군요. 유승민 대표계에 대한 일부의 거부감이 그만큼 큰 것입니다. 최소한 형식적으로라도 양측과 대화를 함께 추진하는 모습을 보여야 합니다. 그렇지 않으면 진영통합을 하려다가 당이 깨질 수도 있습니다.

《〈건의문 3〉》 12월 01일

우선 내일 농성에서 복귀하시며 〈기자회견〉을 하시기 바랍니다.

역시 대표께서 강조하셔야 할 주제는 △ '2대 악법' 저지와 △ '3대 게이트'에 대한 규탄일 것입니다. 국민을 대신해 청와대를 향해 선포하시기 바랍니다. 이를 통해 국민께 대표가 스스로 지도자임을 증명하는 것입니다. 언론을 통해 공개적으로 결연한 의지를 보이시는 것은 '단식의 여운'을 극대화하는 것이고, 향후 농성이 그 연장선에 있음을 확실히 보이는 것입니다. 이런 메시지는 청와대를 압박하고, 당내 구성원들에게 대표님의 확고한 리더십을 각인시켜 줄 것입니다.

대국민 메시지가 '대여투쟁'만이어서는 안됩니다. 진정성을 보이기 위해 〈자유민주진영과 야당 재건〉을 선언하시기 바랍니다. △ '확실한 당쇄신'과 △ '미래지향적 통합'입니다.

① '당 쇄신'은 대표께서 말씀하신 대로 '당직자 일괄사표'와 '상징적인 당직자의 교체'로 보일 수 있습니다. 일괄사표를 발표하시고 웅성거릴 때 바로 인사를 단행하시기 바랍니다. '오전 선언, 오후 인사 단행' 정

도로 몰아붙이는 것이 좋겠습니다. (단식의) 여운이 남아 있을 때 인사를 통해 영을 세우시기 바랍니다.

② '미래지향의 통합'은 통합의 새로운 가치를 부여하는 것입니다.

'그때 그 사람들'이 다시 뭉치는 것은 통합이 아님을 분명히 하시기를 바랍니다. '도로 새누리당'이 되지 않겠다는 의지를 분명히 밝히십시오. 최선을 다해 상대방에게 '미래지향의 가치'를 설득하고 있음을 밝히십시오. 통합형식 논의는 그다음의 문제입니다. 통합은 크게 세 가지 형식이 있습니다. △ 물밑논의를 통해 리더 간의 결단으로 합당하는 경우 △ 외부에 '통추'를 만들어 추진하는 경우, △ '통합신당'을 제안해 창당에 참여하는 경우 등입니다.

이미 통합의 두 가지 방식이 논의되고 있지만 지지부진한 것은 '가치'가 분명하지 않았기 때문일 것입니다. '미래지향의 가치'를 선포하시고, 대표께서 제시하신 "국민 중심", "국민 눈높이"를 미래지향의 가치라 설명하시기 바랍니다. 기득권자 개인이나 당파가 아닌 주권자인 국민이 진짜 주인이 되는 것이 통합정당이 가져야 할 미래지향의 종국적인 가치입니다. 나라의 주권을 국민에게 돌려주는 일입니다. 대표님의 가치가 분명하고 국민이 인정하면 어떤 방식이 됐든 대표님이 중심이 될 수밖에 없습니다.

이제 더 확실한 의지를 보이기 위해서라도 '통합신당' 제안을 검토해 보시는 것도 좋을 것 같습니다. 통합신당의 구체적인 창당 과정에서 각 진영의 대표자들이 참여해 협상을 벌이도록 하고 여기에 나오지 않으면 '反통합파', '분열주의자'로 역사의 죄인이 됨을 보이십시오. 그 구성에는 변혁, 우리공화당, 원희룡, 박형준, 이언주, 이정연 등이 망라

되면 좋을 것 같습니다.

《〈건의문 4〉》1월 13일

오늘 제 출판기념회에 참석해 주셔서 감사합니다.

통합 관련 오늘 들은 말을 중심으로 제언을 드리겠습니다. 오늘 저녁에 출입기자 다수가 저에게 전화했습니다. '설 연휴 전에 유승민 대표와 단독회담을 할 계획이 있느냐?', '비밀대화를 하고 있느냐?' 등이었습니다.

조금 있다 새보수당 A 의원과 통화를 했습니다. A 의원이 저에게 물었습니다. 새보수당 B 의원이 우리 당 메신저인 C 의원의 전언이라고 하면서, "어제까지 황 대표님이 유승민 대표의 '통합 3원칙'을 수용하는 공식 발언을 할 수도 있다"라고 해 왔는데, 어젯밤에는 돌연 "우려할 일이 생길 수도 있다"라며 말을 바꿨다는 것입니다. (※참고로, 나중에 황 대표에게 확인해 보니 '그런 일은 없었다'라고 했다) 지난번에도 '대표님 기자회견' 보도가 나와 혼선이 벌어진 일이 있어, 새보수당에서는 의구심이 들고 있다고 합니다. 그래서 A 의원은 '그것이 황 대표님의 뜻이냐'고 거듭 물었답니다. A 의원은 '대표님이 그렇게 허언을 반복할 분이 아니다'라고 생각했기 때문이라고 했습니다.

새보수당에서도 우리 측 메신저인 C 의원의 행태에 대한 의구심이 많다고 합니다. "책임은 메신저가 지고, 결실은 대표에게 돌려야 하는 것"이 보통 조직의 상식인데, C 의원은 "결실은 자기가 받고 책임은 대표에게 떠넘긴다"라는 의견이 많았다고 합니다.

지난번 대화혼선 사건의 내상이 가시지 않는 상황에서, 다시 똑같은 일이 반복되고 있습니다. 지금 새보수당도 우리 측 메신저에 대한 피로에 시달이고 있다는 전언입니다. 메신저인 그분이 아무리 선의로 했다고 해도, 이번에는 결코 그냥 넘기면 앞으로 협상도 순탄치 않을 것입니다. 진상을 밝혀 바로잡으셔야 향후에도 리스크를 줄이고 효과를 배가할 수 있습니다. 협상창구를 바로잡은 후, "통추가 구성됐고 우리도 여기에 참여했으니, 개별적인 협상은 자제하고 '통추를 통해 통합을 이루는 것'을 원칙으로 한다"라고 분명히 밝힐 필요가 있습니다.

전체적인 분위기에 대한 감을 잡을 수 있도록, 당시 작성한 몇몇 자료를 소개했다. 그러나 이런 자료가 통합과정 전체를 조망하며 설명하지는 못할 것이다. 그래서 다시 진상을 확인해 보기 위해 최종 책임자였던 황 대표에게 질문을 이어갔다.

최고 결정권자를 통해 확인한 '통합과정의 전개'

나 : 입당 때부터, 중요한 일이 있을 때마다 '혁신과 통합'을 강조했다. "미스터 통합"이라 불릴 만하다. 왜 그리 '통합'이 중요했나?

황 : 입당을 고민할 때부터, 이 정권의 실정을 막아내고 대한민국을 살리는 데 필요한 가장 중요한 것이 '통합'이라고 봤다. 총리 재직 시절 새누리당이 참패하는 것을 봤는데, 특히 서울에서는 '삼 분의 일'밖에 수성 못 했고, 대구·경북 지역마저 일부 지역구를 뺏기기까지 했다. 이후 대선과 지방선거에서도 모두 졌다. 나는 '내부분열'을 핵심 원인이라 보았다. 가령 지난 대선 때만 해도 그랬다. 홍준표 후보가 24%, 안철수 후보는 21%, 유승민 후보도 6%를 얻었는데, 이 표를 모두 합쳤으면 과반이 넘는다. 표로만 보면 이길 수 있는 선거였다. 다음을 기약하기 위해서라도 그만큼 통합이 중요하다고 생각했다. 그래서 입당 후 첫 메시지로 '통합'을 언급했던 것이다. 1단계는 '당내 통합'이라 생각했다. 이는 곧 당내 계파나 파벌을 청산하는 것이다. 내가 입당한 이후 3~4개월이 지나면서 친박과 비박으로 나뉜 싸움은 잠잠해졌다. 2단계가 '자유민주진영통합'이었다. 역사상 자유진영통합은 작게는 3번, 크게는 4번 있었다. 첫 번째가 '삼당합당'이었고, 두 번째는 1997년도 (꼬마)민주당과 합당한 한나라당의 탄생이었다. 이후 2012년에 한나라당과 자유선진당이 합하여 새누리당이 되었다. 그 뒤를 이어야 한다고 생각했다. 통합을 통해 정체성을 회복하고, 그 정체성으로 국민에게 제대로 된 심판을 받아야 한다고 믿었다.

나 : 본격적으로 통합작업이 시작된 시기는 언제인가?

황 : 5월 말쯤이었다. 출발부터가 녹록지 않았다. 궁극적인 목표는 자유민주진영의 대통합이었다. 바른미래당, 우리공화당, 전진당, '자유

와 공정', 서경석 목사가 주도한 단체와 여러 주체로 구성된 시민단
체, 박형준 위원장이 주축이 되는 세력 등이 구체적인 대상이었다.
'민생투쟁 대장정'이 끝나가는 2019년 5월 31일쯤부터 구체적인 통
합논의가 시작되었다. 민생투쟁 대장정 과정 중 박형준 위원장을
만나 논의를 시작했다. 통합논의를 위해 조찬을 했는데, 그때부터
본격적으로 준비했다. 문제는 우리 당이 직접 나서면 '지분싸움' 등
이 불거질 수 있어 통합이 쉽지 않다는 것이었다. 그래서 우리 당
이 주도하기보다는, '제3지대'가 주도하고 우리가 합류하는 모습을
보이는 것이 좋을 것 같다는 대화를 나눴다. 이후 매달 만나 논의
를 지속했다. 거의 정기적으로 만나면서 과정을 체크했는데 변수
가 너무 많았다. 그때 통합팀은 유승민 대표와 대리인들을 모두 만
났고, 안철수 대표의 대리인들도 접촉했다. 그 외에도 내가 사람들
도움을 받아 우리공화당과도 협력 논의를 했고, 이언주 전진당 대
표도 직접 만났다. 원희룡 지사도 적극적인 지지 의사를 표명해 줬
다. 이렇게 6월에서 8월 정도까지 3개월간 비공개 물밑대화를 죽
이어 진행했다.

한국당이 제1야당이기는 하지만, '제3지대를 중심으로 준비하자'라
는 제안을 받아들여 '통합추진위(통추위)'를 만들어서 이견을 조율
했다. 통추위 출범이 어려웠던 만큼 이후는 상대적으로 수월했다.
내가 직접 나서서 만나야 할 사람들은 당 대표급 인물들이었다. 유
승민 대표는 통합준비과정에서 계속 전화 통화로 논의를 진행했다.
직접 만나 지속적으로 논의한 분들은 박형준 위원장과 원희룡 지
사 같은 분들이었다. 유승민 대표 대리인은 지상욱 의원이었고, 안

철수 대표 입장은 정병국 대표가 대신 전했다. 또 안 대표의 비서실장 역할을 이태규 의원이 하고 있었다고 들었다. 우리 측 입장은 박형준 위원장을 통해 전달했다.

11월 6일에 공식적으로 '대통합'을 제안했고 화답을 받았다. 이때는 권영세 의원이 유승민 대표와 대화가 되어서 일을 많이 했고, 원희룡 지사도 대화 채널을 유지하며 거들었다. 참고로 원유철 의원이 원희룡 지사 측과 대화창구가 되기로 했다. 김선동 의원도 물밑 역할을 했고, 주호영 원내대표, 홍철호 의원, 이양수 의원 등도 통합 과정에 도움을 많이 주었다. 할 수 있는 모든 자원을 활용하고 가동할 수 있는 모든 채널을 동원했다.

나 : 대통합 공식제안과 통추위 출범 이후 상황은 어떠했는가?

황 : 물밑 대화할 때에는 잡음이 없었는데, 공식적으로 오픈한 이후 난관이 본격화되었다. 문제는 각 단위의 대표들은 뜻을 모았는데, 참모들은 생각이 달랐던 것이다. 각각의 이해관계가 본격적으로 터져 나왔다. 가령 11월 6일 이후 공개대화를 하자고 해서 유승민 대표와 통화를 시작했고, 이견 없이 얘기가 잘 진행됐다. 첫째 대화는 유승민 대표가 보안 유지를 요청했고, 두 번째는 그런 요청이 없었다. 그래서 내가 다시 물어보니 그렇게 해 달라고 하더라. 그래서 나는 협상 채널에 있었던 당 대화 책임자에게 '보안을 유지하라'고 지시까지 했다. 그런데 오전 회의의 내용이 오후에 보도된 것이다. 깜짝 놀라서 유승민 대표에게 전화했는데, 통화가 되지 않았고 서운해 하는 문자가 왔다. 그 이후 한 달가량 시간이 흘러갔다.

이후 원희룡 지사가 중재 역할을 해 오해를 풀 수 있었다. 이것이 대통합과정에서 벌어졌던 첫 번째 오해다.

이후 두 번째 난관은 유승민 대표 측이 통합한다고 해놓고, 급작스레 〈새로운 보수당〉을 만든 사건이었다. 경위를 알려달라고 하니 명확한 대답을 안 해줬다. 새로운 당을 만든다는 것은 '통합보다는 나름의 새 길을 가겠다'라는 것 아닌가? 진위를 물어봤음에도 명확한 답변을 주지 않았기에, 우리는 우리대로 다른 그룹들과 통합을 계속 진행했다. 그런데 나중에 보니 이게 또 문제가 되더라. 새보수당이 전체 일정에 발맞추지 않고 독자노선을 걸으니까, 우리는 우리공화당을 포함한 다른 대상들을 고려해 개문발차할 수밖에 없었다. 그럼에도 불구하고 양측을 향해 계속적인 노력을 하니 이후에는 잘 마무리되었다. 다른 그룹들의 우려와 달리 새보수당이 따로 '지분요구'를 하지 않았기 때문이다.

나 : 과연 많은 우여곡절이 있었던 것 같다. 이후 과정은 어떠했나?

황 : 다음 세 번째 어려움은 시민단체와의 통합이었다. 600여 개 단체가 대상이었는데, 범위와 규모가 커지다 보니 사실상 '지분요구'를 한다는 이야기가 들렸다. 시민단체와는 주로 박형준 위원장이 접촉했다. 우리는 여기서 협상 대상인 다른 정당들과 마찬가지로 '통합과정에서 지분을 요구하는 것은 바람직하지 않다'라고 명확히 선을 그었다. 시민단체 중 가장 적극적이었던 '자유와 공정'에도 확실하게 '지분보장을 못 한다'라고 얘기해 줬다. 지분 관련해서, 자유민주진영 내 강경파 측에도 논란이 있었다. 우리에게 '왜 유승민 측

과만 이야기를 나누냐'고 불만을 토로했다. 나는 딱히 유승민 대표 측과만 접촉한 것이 아닌데, 어떤 이유에서인지 많은 분이 그런 인식을 갖고 있더라. 결국은 '투 트랙(새로운 보수당과 그 밖의 자유민주 진영)'으로 논의를 진행하면서 이런 오해를 불식시킬 수 있었다.

어려움이 있을 때마다 나는 원래의 모토였던 "우리부터 내려놓자"라는 마음가짐을 유지하려 노력했다. '과거의 우리는 각자, 오늘의 우리는 하나'라는 생각으로 통합을 추진한 것이다. 진통과 인내 과정을 통해 1월 14일 통합준비위원회(통준위)가 출범했다. 통합추진체로 정리하자면 '혁신통합추진위원회(통추위)'가 2019년 6월에서 12월까지 운영됐고, 그 결실로 2020년 1월 통합준비위원회(통준위)가 출범한 것이다.

나 : 결국 미래통합당이라는 결실을 봤다.

황 : 그렇다. '헌법가치 아래 우리 모두가 함께해야 한다'라는 대의로 하나가 되었다고 생각한다. 결국 2020년 2월 17일 미래통합당이 출범했다. 직접 참여하지 않았던 안철수 대표까지 지역구에 자당 후보를 내지 않았다. 사실상 통합 또는 연대였다. 이후 유보적인 태도를 보였던 유승민 대표까지 선거운동에 합류해 4월 12일 청계천에서 합동유세를 했다. 일단 총선 이전 대통합에 성공한 것이다.

나 : 돌이켜 볼 때 가장 어려운 점이 무엇이었나?

황 : 각양각색의 난관이 있었지만, '당내 설득'이 가장 어려웠다. 대통합에 대해서는 처음부터 당내에서는 우려가 들끓었다. 특히 '누구와

는 절대 통합할 수 없다'는 얘기와 꼭 함께해야 한다는 구체적 대상에 관한 주장들도 다양하게 있었다. 대상뿐 아니라 통합방식과 조건에 대한 여러 지적들도 많았다. 이어서 통합과정이 구체화하자, 통합정당의 당명과 당 색깔 등이 이슈가 되어 말들이 많았고, 내부 갈등이 연속됐다. 총선을 앞두고 가장 민감했던 것은 '탈당 인사 복당 후, 내부인사가 불이익을 당할 수 있다는 우려'였던 것 같다. 공천을 앞두고 '이런 우려가 곧 현실화할 것'이라는 이야기도 있었다. 이런 논란들을 정리하기 위해, 1월 30일 내가 직접 의원총회에 참석해서 통합과정에 대해 의원들에게 종합적으로 설명하며 동의를 구했다. 그때 의원들 대부분이 동의하는 입장을 보여줬다. 마뜩잖은 부분이 있었겠지만, '변화가 있어야 한다'라는 큰 흐름에는 공감해 동의를 표해주셨던 것 같다.

나 : '국민을 섬기는 낮은 자세'를 주장하셨는데, 총선, 공천을 앞두고 당과 진영 내 우려가 컸다. 특정 '지난 선거에서 국민의 심판이 끝나 잊힌 정치인들을 되살려내 섬긴다'라는 말이 돌았다. 국민이 아니라 사라져야 할 계파수장들을 섬긴다는 비판이었다. 제1야당 당수로서의 통합과정에서 주도권을 잃었다는 비판도 있었다. 이에 대해선 어떻게 생각?

황 : 대표인 내가 전적으로 책임을 지면서 대통합을 추진했다. 유승민 대표 측이 계속 '3대 원칙'을 제시하고 주장했다. 그 첫 번째가 박근혜 전 대통령 탄핵을 인정하자는 것이었다. 그러나 탄핵을 인정한다면 통합은 사실상 불가능한 것으로 판단되었다. 그 부분은 내

가 설득해서 '탄핵의 강을 넘어 미래로 가자' 정도로 정리하기로 합의했다.

그리고 통합과정에서 더 가진 쪽이 내려놓는 것은 매우 중요한 원동력이 된다. '지난 선거에서 국민의 심판이 끝나 잊힌 정치인들을 되살려내 섬긴다'라는 말이 돌았다고 하는데, 우리의 통합은 '사람'이 아니라 '세력'을 모으려는 것이었고, 실제로 그렇게 진행되었다. 그런 지적은 판단의 관점 자체가 잘못된 것이다. 또 "제1야당 당수로서의 통합과정에서 주도권을 잃었다"라는 지적도 온당하지 않다. 오히려 주도권이 강화된 측면이 있다. 결국, 유승민 대표도 자유한국당으로 들어왔고, 안철수 대표도 지역구 후보를 내지 않기로 하지 않았나? '통합'이라는 대의명분을 위해 시행착오를 겪는 것은 어쩔 수 없는 일이었다. 물론 그 과정에서 당을 위해 노력을 많이 하셨음에도 공천을 받지 못한 분들에 대해서는 내가 진심으로 송구하게 생각한다.

나 : 약간의 뉘앙스 차이가 있는 것 같다. 대표께서 말씀하신 "'탄핵의 강'을 건너야 한다"라는 말은 무슨 뜻인가?

황 : '탄핵의 강'이라는 표현 자체는 유승민 대표 측에서 한 표현이다. 탄핵은 자유민주진영에겐 늪이다. 거론하면 할수록 진창에 빠져든다. 일단은 빨리 늪에서 나와야 한다. 그곳에서 이전투구를 해서는 답이 없다. 같은 말을 해도 의미가 다른 경우가 많았다. 나는 '지금은 급박한 상황이니 일단 늪을 나와야 한다'라는 생각이었다. 반면 어떤 분들은 '이 문제를 해결해야만 앞으로 나갈 수 있다'라고 했

다. 그런 분들에겐 '지난 수년 동안 노력해도 실마리를 찾지 못했지 않은가'라고 반문했다. 언제까지 그런 상황에 머물러 있을 것인가? 우리가 늪에서 뒹구는 사이에, 문재인 정권은 웃으며 국정을 농단했다. 더 이상 내부의 문제로 국정 난맥을 방치할 수는 없었다. 곧 선거도 닥쳐오는데, 한 발도 나가지 못할 이슈를 무턱대고 붙들고 있을 수는 없었다.

나 : 보통 정치인은 앞으로 명분을 이야기하며 뒤로 실리를 취한다. 정치인의 말은 행간을 읽어야 대응을 할 수 있다. 대표께서는 '명분에 집착하다가 실리를 놓쳤고 결국 엉뚱한 사람들이 실리를 챙겨갔다'라는 지적을 받는다. "모처럼 구축한 '야권의 리더십'과 '미완의 통합'을 맞바꿔 결국 선거에서 참패했다"라는 지적도 있었다. 이런 비판에 대해서는 어떻게 생각하나?

황 : 그렇게 얘기하는 사람도 있겠지. 하지만 내 생각은 다르다. 이 문제는 명분이나 실리의 문제가 아니기 때문이다. 나에게는 국민이 먼저였다. 명분도 국민이고 실리도 국민이다.

나 : 통합은 아직 미완이다. 과정이 지속되어 완성을 이루어야 할 텐데, 통합이 앞으로는 어떻게 되어야 할지에 대한 생각이 있다면?

황 : 통합에 대해서는 여러 가지 생각이 있다. 근래 '우파는 분열 때문에 계속 망했다'라고 하는데, 그나마 미완이라도 대통합을 시도해서 결실을 이뤘다는 것은 의미가 있다고 생각한다. 총선 결과가 의원 수로 좋지는 않았지만, 역대 최다득표인 1,190만 표를 확보했

다. 결정적인 원인이 바로 '통합의 시너지 효과' 때문이라고 볼 수 있다. 문제는 '화학적 통합', 이른바 '질적 통합'이다, 이 부분은 앞으로 시간이 지나면 나아질 것으로 본다. 그나마 보람을 느끼는 지점이다. 당에 남아 계신 분들이 그 취지를 살려 더욱 전진해 주셨으면 하는 것이 바람이다.

거듭 분명히 말씀드리지만, 이런 통합노력에도 불구하고 총선을 이기지 못했다는 점은 국민과 당원들께 너무나 송구하고 죄스럽다. 더 빨리 진척시키고 안착시켰어야 했다. 예기치 않은 변수들이 연이어 돌출하면서 너무 촉박하게 통합이 진행됐고, 그 결과 공천과정의 잡음도 컸다. 가장 안타깝게 생각하는 것은 그 혼돈의 과정에 능력과 공을 인정받지 못하고 공천을 받지 못한 분들이다. 특히 내가 마땅히 챙겼어야 했는데 챙겨주지 못한 분들에 대해 죄송스럽고 가슴 아프다. 다시 되돌릴 수 있다면 나 스스로는 희생해도 주위의 희생을 방치하지는 않았을 텐데⋯ 안타깝다.

대화를 통해 알게 됐거나 확인된 사실이 적지 않았다. 5월 말부터라니, 생각보다 물밑접촉은 빨랐다. 언론에 전혀 잡히지 않았던 새로운 뉴스였다. 그리고 초기부터 박형준 위원장이 핵심적인 역할을 했음을 확인했다. 전개 과정도 대체로 알 수 있었다. 대화 전후로 언론확인을 통해 통합과정을 차분히 복기해 봤다.

언론과 직접 체험을 통해 본 통합의 전개

통합이 언론에 본격적으로 공식화된 것은 11월 4일 '한국당 총선기획단 출범' 때부터였다. 그전에도 단편적인 내용은 나왔지만, 황 대표의 입으로 절차가 공식화한 것은 이것이 처음 같았다. 황 대표는 이 자리에서 신임 위원들에게 "혁신과 통합에 속도를 내달라"고 주문했다. 그는 "우리 당에 대한 국민의 기대는 혁신과 통합에 집약돼 있다. 혁신은 공천으로, 통합은 자유 우파 대결집으로 귀결된다.", 그리고 총선기획단에 "통합의 과제도 큰 진전을 이룰 수 있도록, 자유민주진영 대통합을 견인할 방안도 검토해 달라"고 요청했다. 이어지는 행사에서 통합 관련 발언이 이어졌다.

이틀 후 11월 6일에는 황 대표가 긴급 기자간담회를 열어 '보수통합기구 구성'을 제안한다. 이와 함께 통합의 구체적인 진척으로 "유승민·우리공화당과도 논의 중"이라고 공개했다. 또 "탄핵에 자유로운 분은 없다. 자유민주진영 모두의 책임"이라고 말해 '탄핵을 넘어 미래로 가야 함'을 강조했다. 동시에 대여투쟁 메시지도 잊지 않았다. "300명인 국회의원 수를 270명으로 줄이겠다"라며 여권의 연동형 비례대표제에 맞불을 놓은 것이다.

다음 날인 11월 7일에도 통합을 압박하는 발언을 이어간다. 황 대표가 "통합이 정의, 분열은 불의"라고 단정한 것이다. 그는 "지금은 모든 것을 통합의 대의에 걸어야 할 때"라며 "저부터 낮은 자세로 최선을 다하겠다"라고 말했고, "우리 당에서도 대통합 제안의 구체적 실행 방안을 수립해서 반드시 대통합이 이뤄질 수 있도록 세심하게 준비할 것을 당부드린다"라며 당 내외에 통합에 대한 강한 의지를 재차 강조했다.

11월 10일 유승민 측 모임인 〈변혁〉에서 입장이 나온다. "한국당과의 통합은 없다"라는 것이었다. 이어 변혁은 독자노선을 위해 신당추진기획단을 띄우고 단장에 권은희·유의동 의원을 임명한다. 안철수계인 권은희 의원은 공개적으로 '신당 창당'을 강조했고 "보수 재건 노력은 신당 중심으로" 하겠다고 선언했다. 이와 대조적으로 유승민계 유의동 의원은 신중한 답변을 보인다. "원칙 공감 땐 논의할 수 있다"라며 통합논의 가능성을 열어놓은 것이다. 그러나 이러한 과정들은 전략적 셈법에 의한 것이라는 분석도 있다. 일종의 '좋은 형사 나쁜 형사 역할 분담 게임' 말이다. 통합협상 과정에서 유리한 고지를 점하기 위해 전략적인 접근이란 것이다. 그러나 이는 알 수가 없다. 결과적으로 합당 때 양측이 함께 움직이지 않았기 때문이다.

이런 분위기에서 한국당은 통합추진단장에 원유철 의원을 내정했다. 당시 바른미래당은 손학규 대표를 중심으로 한 당권파, 변혁 내 두 계파(유승민계, 안철수계)로 분열되어 있었다. 새보수당 전신인 '신당추진기획단엔 유승민계가 많았지만, 안철수계의 발언권도 만만치 않았다. 안철수계는 자신들의 입지를 지키기 위해 변혁의 독자노선을 고집했다. 해외에 나가 있던 안철수 대표의 의중과 무관치 않았을 것이다. 파이를 최대화하며 합당을 해야 하는 유승민계가 소수의 안철수계에게 발목을 잡혀있는 모양새였다.

'변혁' 내에서는 다양한 혼선과 갈등이 있었다. 기존에 각 주체 간에 입장 차이가 있었는데, 통합과정을 통해 의견이 나뉘고 흩어지는 양상이었다. '안철수계'와 '유승민계'의 차이뿐 아니라 '유승민계' 내에서도 이견이 있었다. 예를 들어 정병국 의원은 유승민 대표와 다른 행보를 자주 보였다. 그 와중에 유승민계는 주변을 압박을 피할 수 없어 통합논의에 들어온 것이다.

통합논의 과정 중인 11월 20일 황 대표는 청와대 앞에서 '단식투쟁'에 들어간다. 대외적으로 반정부 투쟁을 선언했고, 대내적으로 '혁신과 통합'을 외치며 '부여된 칼을 사용하겠다'고 장담했다. 11월 26일 유승민 대표가 황 대표의 단식현장에 위로 방문을 했다. 3분간의 방문 후 기자들에겐 "통합 얘기가 전혀 없었다"라고 했다. 당시 황교안의 기력이 급격히 나빠졌고 시간도 짧았기 때문에 특정 사안에 대한 구체적인 대화는 불가능했다. 이때 유승민 대표는 '패스트트랙 법안' 공조를 약속했다.

그렇게 황 대표의 단식투쟁, 한국당의 패스트트랙 법안 저지 농성과 범여권의 강행통과를 거치며 연말 한 달이 지나갔다. 그렇게 총선의 해인 2020년 새해가 밝았다. 1월 1일 새해 벽두부터 보수 대통합이 야권의 최대화두로 등장했다. 황교안·유승민 모두 "시간이 없다"는 메시지를 교환했다. 급물살을 타기 시작했다. '보수통합추진위 구성, 설 전(前) 통합원칙 합의, 2월 초 통합 마무리' 시나리오가 거론됐다. 그 와중에도 황 대표와 유승민계 측의 신경전은 계속됐다.

한국당의 한 의원은 "황 대표와 유 위원장 모두 초반에는 강경

한 입장에서 협상에 임할 것"이라며, "두 사람의 이런 전략 때문에 협상 초반 난항을 겪을 가능성도 있다"라고 말하기도 했다.

'지분'과 '노선'의 합의가 관건이었다. 그러나 그 중 핵심은 역시 지분문제였다. 처음에는 공천에 대해 여러 형태의 논의가 있었다. 예를 들면, 한국당과 새보수당이 모두 총선에 후보를 내되, 수도권 등 접전지에서 연합공천을 하는 '느슨한 연대'도 거론됐다. 하지만 현실성이 없다는 이유로 곧 폐기됐다. 새보수당은 통합협상 과정에서 공식적으로 지분요구를 하지는 않았다. 하지만 공천 등에서 충분한 실속을 챙겼다는 평가가 많았다.

이후, 황 대표는 "자유시장경제를 인정하는 민주주의 세력의 대통합을 실현하기 위해 통합추진위원회를 조속히 출범시키겠다"고 선포했다. 실현되지는 않았지만, 한국당 3인, 새보수당 3인, 외부 3인 등 '9인 통추위 구성 방안'도 거론됐다. 통추위 구성안이 나왔을 때, 한국당은 '의석수에 비해 너무 많은 양보를 했다'는 비판에 직면했다. 그러나 급물살을 탄 통합논의과정은 거침없이 계속됐다. 한국당이 영남과 60대 이상 보수층, 새보수당이 수도권, 20~40대, 중도층을 중심으로 득표력이 있는 만큼, '양측이 대원칙에만 동의하면 협상이 의외로 급진전할 가능성이 있다'는 시각이 지배적이었기 때문이다. 논의과정에, '한국당이 통합 예상 인사들과 한국당 기존 지역구 후보가 겹치지 않도록 하는 공천지도 작성에 들어갔다'는 기사도 나왔다. 황 대표는 "저는 (통합과정에서) 어떤 기득권도 주장하지 않을 것"이라 말했다. 그리고 그 약속은 지켜졌다.

1월 7일 황교안 자유한국당 대표가 물밑 조정을 통해 '유승민 통합 3원칙' 수용을 선언하며 '보수 대통합'은 더욱 급물살을 탄다. 그는 언론에 최근 원희룡 등과 직접 통화했다며 "보수 통합에 직접 나서겠다"고 선언했다. 한국당 관계자는 "황(黃), 새보수당과의 통합에 최우선순위"라고 분위기를 띄웠고, 황 대표는 다음 날 새보수당 하태경 대표와 회동을 하기도 했다. 황 대표는 이날 '보수통합추진위를 구성하겠다'고 선언하면서, 통합대상으로 무소속 이정현·이언주 의원, 이재오 전 의원 등이 주도하는 국민통합연대 등을 언급했다. 1월 8일 황 대표의 친구이자 시사평론가인 고성국은 "우리공화당은 황교안 밑으로 통합하라"며 친구를 지원했다. 원희룡 지사가 새보수당에 했던 역할을 고성국 평론가가 우리공화당에 한 것이다.

며칠 동안 힘든 협상 과정이 있은 후, 1월 14일 황 대표는 "통합 6원칙에 '유승민 요구 3원칙'을 포함한다"는 발표를 하고, △ 통추위 △ 한국당-새보수당 라인의 '투 트랙'으로 통합논의를 진행하겠다고 선포한다. 그러나 새보수당의 불참으로 통추위는 13일 갖기로 했던 출범식을 14일로 연기했고, 유승민 의원이 "한국당에 팔아먹거나 통합하려고 (새보수)당을 만든 게 아니다"라며 '원칙 없는 통합'에 선을 그었으며, 새보수당 하태경 책임대표가 "통추위는 구속력 없는 자문기구이며 통추위 참여 주체 중 통합 대상은 한국당뿐"이라고 선언했기 때문이다.

그 이후에도 한국당 당내 분란은 사그라지지 않았다. 김무성 의원은 페이스북에 "'닥치고 통합'만이 살길이다. 전폭적으로 밀어줄

때"라고 했다. 반면 친박계 좌장 서청원 의원은 황 대표가 참석한 (필자의) 출판기념회 축사에서 "탄핵과 보수분열 책임이 있는 사람들의 진정 어린 사과와 정치적 책임이 우선"이라며 새보수당 유승민 의원을 겨냥했다. 1월 21일, "황교안 자유한국당 대표와 유승민 새로운보수당 의원이 보수통합 논의를 위해 이미 접촉한 것으로 확인됐다"라는 기사가 나왔다. 한국당이 새보수당의 양자협의체 구성을 수용한 직후다. 하태경 책임대표는 이때 "오늘 '당 대 당 통합 협의체'가 정식 출범한다. 혁신통합추진위원회를 배려하는 차원에서 당분간 비공개로 진행한다"라고 발표했다. 당시 한국당이 통합과정에 고전하고 있었지만, 유승민 의원도 새보수당 안에서도 '사실상 외톨이가 되어 가고 있다'는 관측이 돌기도 했다.

'황교안–유승민 담판' 소식은 이후에도 상당 기간 들려오지 않는다. 이런 상황은 총선 본선 막바지까지 이어진다. 2월 6일, '늦어지는 황교안·유승민 담판'이란 제목의 기사가 나오며, '통합신당 준비위'는 '개문발차(開門發車)'를 선언한다. 일단 통합기차는 출발할 테니 정리되는 대로 올라타라는 압박이었다.

2월 6일, 박형준 위원장 주도로 혁신통합추진위원회(통추위)가 통합신당준비위원회(통준위)를 출범시키고 본격적인 통합신당 창당작업에 들어갔다. 황 대표가 제시한 일정에 따라 진행한 것이었다. 통준위 공동위원장은 '자유한국당' 심재철 원내대표, '새로운보수당' 정병국 의원, '미래를 향한 전진 4.0' 이언주 대표, '국민소리당' 장기표 창당준비위원장, 박형준 통추위원장" 등 5명이 맡았다. 이때 정병국 의원은 '당 대 당 통합 논의'가 일단락된 후 참여하기로 했다. 새보수당 측 소식통에 의하면 공동위원장으로 참여한 정병국 의원과 유승민 대표 간에 아직 전략 합의가 이루어지지 않는 상황이란 이야기가 들려왔다.

그리고 드디어 2월 17일, 3년 만에 보수가 재결집한 118석의 '미래통합당'이 출범했다. 지도부는 황교안 대표가 중심이 된 한국당의 단일지도체제를 유지하기로 했다. 원희룡 제주지사와 이준석 새보수당 젊은정당비전위원장, 김영환 전 의원, 김원성 전진당 최고위원 등 4명은 신임 최고위원으로 통합당 지도부에 합류했다. 그러나 이때, 선거를 앞둔 시점에 가장 중요한 의사결정을 하는 공관위는 김형오 위원장과 공관위원의 자율권이 최대한 존중되는 구조로 유지됐다. 이후에 새로 지도부에 합류한 이준석 최고위원은 유승민 새보수당 보수재건위원장이 미래통합당 출범식에 불참한 것에 대해서, "유 의원의 개인 성향상 정치적 결단을 할 때 칩거의 기간을 가졌다"라며 방어했고, "유 의원이 이런 형태의 통합에 대해 다소 부정적 견해를 갖고 있었던 것은 맞다. 참여를 보류함으로써 정개 개편의 임박한 퍼즐인 TK 지역 인적 쇄신 등에 대해 무언의 압박을 가하고 있는 지점도 있다고 본다"라고 말하는 등 본인의 정체성을 분명히 했다. 진정한 고수들에게는 공천이 "끝날 때까지 끝난 것이 아니었다."

그래도 아직 잔불은 남아 있었다. 미래통합당 출범과 동시에 박근혜 전 대통령 측근인 유영하 변호사가 탈당을 결행했고, 이 사실이 2월 18일인 언론에 실렸다. 기사는 '유승민에 반감을 드러내며'라고 썼다. 그러나 이렇다 할 반격은 지속되지 못한다. 소위 '태극기세력'의 거듭되는 요구에도 불구하고 3월 5일 황교안 대표는 "'자유민주진영 통합'에 지분 협상은 없다"며 선을 그었고, 박근혜 전 대통령이 이에 호응해 '거대 야당 중심으로 뭉치라'고 옥중에서 주문했기 때문이다. 이로써 실질적인 게임은 종료됐다. 이제 절차만 남았을 뿐이다.

결과가 좋았다면 모두에게 좋았다. 그러나 그렇지 못했다. 공천 과정은 파행을 거듭했고 결과는 국민에게 희망을 주지 못했다. 통합의 유리(有利)를 살리지 못했다.

통합의 일반원칙

정치권의 '통합'은 규모의 차이만 있을 뿐 국가의 '통일'과 같은 속성을 갖는다. 어떤 지역의 세부적 속성을 알려면 지도를 확대해 보면 된다. '통합'의 본질을 알려면 확대된 지도인 '통일'을 보면 된다. 세계의 어떤 통일도 '힘없는 선의'만으로 달성되지 않았다. 선의는 여론과 민심을 공진시키지만 그게 다는 아니다. 힘이 있어야 하는 것이다. 조직의 힘은 리더십에서 나온다. 조직은 리더십에 의해 결집되고 국가의 역량도 리더십에서 나온다. 물리적으로 아무리 큰 나라도 힘이 없을 수 있고, 작은 나라도 큰 힘을 발휘할 수 있다. 이는 리더십의 무게와 크기 때문이다. 거의 유일한 예외가 독일의 통일이다. 하지만 이 또한 '힘의 논리'로 설명할 수 있다. 동독이 기대던 소련이 구심력을 잃고 스스로 붕괴했다. 이런 공백 상태에서 힘 있는 서독이 무너지는 동독을 받아냈다. 무력을 쓰진 않았지만, 정확히 힘의 논리가 작용한 것이다.

이탈리아는 서로마제국 멸망 후 1,400년을 분열되어 있었다. 프랑스혁명과 나폴레옹전쟁을 겪으며 수많은 통일운동이 있었지만 모두 실패했다. 이때 가리발디가 등장한다. 그는 1,000명의 결사대로 시작해 연전연승했고 결국 통일을 달성했다. 군대는 소수였지만 확실한 리더십이 있었기에 1,400년 동안의 불가능이 가능하게 된 것이다. 중국 국민당이 군벌들에 의한 사분오열을 극복하고 중국을 다시 통일한 것도 그렇다. 물밀듯 밀려오는 열강으로부터 경각심을 얻은 인민의 요구와 국민당 지도자 장개석의 리더십이 있었기 때문에 통일이 가능했다. 여기서 리더십은 막강한 무력으로 발현된다. 어떤 군벌도 말로 하는 설득으로 굴복하지는 않는다. 힘을 계량해 보고 승산이 없으면 무릎을 꿇는 것이다. 그렇게 복속을 하지 않으면 무력으로 토벌이 되기 때문이다.

통합도 마찬가지다. '힘과 선의'를 모두 입증해야 진정한 통합이 가능하다. 리더십이 살아있는 확실한 힘이 존재치 않고, 여론과 민심이 인정한 선의가 없으면 진정한 통합은 불가능하다. 여론의 압박에 의해 형식적으로 뭉쳤다 해도, 진정한 통합을 이룰 수는 없다. 이런 형식적 통합은 '찐(眞) 통합'이 아니라 '가(假) 통합'

일 뿐이다.

황 대표는 '선의'는 입증했지만 '힘'을 인정받기에는 한계가 있었다. 통합을 통해 당의 덩치가 커진 만큼 리더십도 같이 커졌어야 했는데 그러기엔 시간이 너무 부족했다. 이 때문에 '미완의 통합'이 된 것이다.

많은 사람들이 통합당 총선패배의 핑계를 '코로나19'에서 찾는다. 그러나 대부분 외부적인 요건은 가치중립적이다. 활용하기에 따라 전혀 다르게 유불리가 결정되는 것이다. 당시 리더십이 약해진 통합당은 힘을 제도로 모으지 못했다. 이에 따라 선거 이슈 등에서 전략적 실패도 나왔다. 재난지원금 액수 경쟁에만 매몰되어 자신만의 아젠다를 만들어 부각하지 못했다. 재난지원금은 근본적으로 여당의 아젠다. 여당이 유리할 수밖에 없는 프레임에서 경쟁을 했으니 '승산 없는 싸움'에 올인한 것이다. 그것이 '코로나19의 진실'이다.

미완의 통합은 공천에도 큰 영향을 끼쳤다. 정치지도자의 메시지 중에 공천만큼 분명한 메시지는 없다. 통합당 공천에는 '새로운 인물'도 없었고, 따라서 어떤 '새로운 메시지'도 없었다. 그 상황은 다음 장에서 확인해 보자.

Part. 08

공천권까지 내려놓다

Part.
08

공천권까지 내려놓다

2019년 2월 17일 우여곡절 끝에 미래통합당이 출범한다. 그 과정에도 공천 작업은 계속되고 있었다. 하지만 안타깝게도 과정이 매끄럽지 않았고 결과도 그리 좋은 평가를 받지 못했다. 통합과정에서 리더십이 약해진 만큼, 공천 과정에 잡음이 많아졌고 감동 없이 진행됐다.

"A=C일 때, 다음 문제를 풀어라"라는 수학 문제가 있다고 치자. 흔한 유형의 문제다. 학생이 수업 시간에 '왜 A=C냐'고 질문하면, 보통 선생님의 질책과 학생들의 야유를 사게 된다. 수업방해자가 되기 때문이다. 이것이 우리 사회의 총체적 문제다. 핵심적인 전제에 대한 질문이 사라진 것이다. 대부분 문제에는 "A=B이고 B=C이기 때문에 A=C"라는 전제가 있다. 그런데 우리는 그 과정을 생략한 채 'A=C'라는 전제를 외우면서 공부를 시작한다. 그렇게 우리는 B를 상실한 채, B를 그리워하고, B를 찾아 헤매며 평생 산다. 그러니 사회, 개인 모두 허점이 너무 많고 역량의 낭비도 심하다. 그렇게 모든 문제를 외우며 시작하니, 논리적 사고가 사라지고 번번이 우격다짐이 된다. 질문을 받은 선생님의 질책과 유사하게 사회는 폭력적으로 된다. 과정이 비이성적이다 보니 그 결과도 비합리적인 것으로 귀결된다.

우리 정치가 항상 '다람쥐 쳇바퀴'인 이유 중 상당 부분이 이 때문이다. 어떤 상황이 터졌을 때 논리를 적용하지 않고 외운 대로 해법을 찾으려는데 변수는 항상 변한다. 그러니 번번이 오답이 되고, 같은 실수를 반복하느라 실기하기 일쑤다.

그렇다고 '정치가 항상 논리적이기만 해야 한다'라는 뜻은 아니다. '정치는 과학'이라는 말을 나는 매우 싫어한다. 나는 '정치는 예술'이라고 생각한다. 그러나 예술이 비과학적이어야 할 필요는 없다. 예술도 요체를 찾아 논리적으로 접근해야 한다. 미술을 예로 들어보자. 어떤 미술가가 아무리 정교한 실사 기술을 가지고 있어도 사진에 비견될 수는 없다. '사진 같은 그림'이란 표현은 현대미술가에겐 칭찬이 아니다. 그러니 미술이 사진과 뭔가 차이가 있어야 한다. 그것이 바로 피사체의 요체를 찾는 미술가의 눈과 두뇌다. 일반적으로 어떤 사람의 크로키(croquis), 데생(dessin)을 보면, 그 사람의 미술적 능력을 알 수 있다. 사물의 요체를 찾아내 핵심을 표현하는 기본적인 능력을 알 수 있기 때문이다. 그림값이 가장 높다는 피카소 같은 인물도 이런 능력을 기반으로 매우 독특한 형태의 미술작품을 만들어 냈다. 정치를 예술이라고 볼 때, 정치는 상황의 요체를 찾아내 상수와 변수로 구분하고, 논리적으로 계산해 해답을 찾아내는 기술이다. 결국, 변수를 찾아내고 알고리즘을 적용해 문제를 풀어내는 것이다. 이런 연습이 잘 된 사람은 어느 분야, 영역에 있든 천재로 추앙받는다.

결론적으로 말하자면, 그 사회의 정치 수준은 △ 전제에 대한 논리적 이해, △ 변수를 알아채는 직관 능력, △ 해법인 알고리즘을 만들어 내는 논리적 능력의 조화로 결정된다. 논리와 직관이 어우러져야 하기 때문에 정치가 예술인 것이다. 르네상스적 인간의 대명사인 레오나르도 다빈치는 최고의 예술가인 동시에 최고의 과학자였다. 이는 당연히 고대 그리스의 전형적 인간상, 즉 '철인(哲人)'이다. 이런 자질은 자연스럽게 정치에도 적용된다. 플라톤이 '철인정치(哲人政治)'를 주장한 이유다. 정치는 전형적으로 제너럴리스트(generalist 모든 분야에 대하여 상당한 지식과 경험을 가진 사람)의 영역이라고 한다. 특정 분야에 정통한 스페셜리스트(specialist)와 대비되는 인간형이다. 모범적인 정치인은 직관력과 논리력을 겸비하고 다양한 분야에 적용할 수 있는 사람이다.

정치의 꽃은 선거고, 선거의 꽃은 공천이다. 좋은 공천은 어려운 수학 문제를 푸는 것 같은 고통을 주지만, 그 결과는 예술작품과 같이 아름답다. 공천이 아름답지 않으면 4년을 암흑에서 살아야 하고 다음 공천에도 치명적인 악영향을 준다. 양화(良貨)를 구축한 악화(惡貨)가 또다시 공천과정에 깊숙이 관여해 그들에게 위협이 되는 양화를 구축(驅逐)하기 때문이다. 이번에도 같은 악순환이 반복됐다. 명분으로는 '물갈이'를 강조하고 '혁신공천'을 지향한다고 했지만, 실제 결과는 다시 '그 나물에 그 밥'이 됐다.

　공천은 무엇보다 더욱 '처절한 자아반성'이 필요하다. 그래야 이후 진정한 통합과 새로운 출발이 가능하기 때문이다. 이런 취지로 대담을 이어갔다.

나 : 공천 작업은 언제부터 준비했나?

황 : 2019년 6월 5일 '총선전략회의'를 처음 열었다. 전략회의의 멤버인 사무총장과 부총장 2인 등이 사전준비해서 6월 30일에 '총선준비단'을 만들었다. 이게 나중에 총선기획단으로 발전하게 된다. 준비단은 거의 매주 1회씩 회의를 열었다.

나 : 총선준비단은 공천 얘기를 많이 했나?

황 : 그렇다. 공천이 총선 준비의 핵심이기 때문이다. 반 이상이 공천과 관련된 얘기였다. '혁신공천'과 '컷오프' 등이 논의됐다. 논의의 토대가 되었던 것은 '신정치혁신위원회(위원장 신상진 의원)'에서 제시한 공천 관련 내용들이었다.

나 : 그때 '인재'는 충분했나?

황 : 민생대장정 한 다음에, 우리가 해야 할 일들이 무엇인지를 생각했다. 결론은 대안을 만들고 인재를 확보해야 한다는 것이었다. 자연스럽게 인재 영입작업을 위해 인재영입위원회를 구성하게 되었다. 2019년 6월부터 인재 영입을 본격화시켜 '투 트랙'으로 진행했다.

기존의 당협위원장들 추천과 인재영입위원회의 인재 발굴 등이다. 당협위원장 추천의 경우, 본인 지역구 인사 외 10인씩을 추천받는 형식으로 접수하였다. "지역구 인사 외의 인재를 추천하게 한 것은 같은 지역구 안의 인재를 추천하면 그가 나중에 경쟁자가 될 수 있다"라는 우려 때문에 좋은 인재를 추천하기 어렵다는 지적에 따른 것이었다. 인재영입위원회 회의는 일찍 시작했는데, 구체적인 영입 시기가 늦어지다 보니 실제 인재 영입을 가동하는 것이 마음같이 빨리 진척되지 않았다. 원래는 7~8월까지 당 기구에 배치하고 개별적인 역할을 통해 역량을 검증한 후, 그 결과에 따라 공천 기회를 부여하려고 했다. 그런데, 애당초 계획보다 계속 늦어졌다.

나 : 당내 배치를 위한 영입이라고 하셨다. 공천을 염두에 두고 인재 영입을 한 것이 아니었나?

황 : 그렇다. 당내 인재 부족을 해결하기 위한 영입이었다. 이를 바탕으로 당을 정상화하고 통합까지 완성한 다음에 공천 기회를 부여하는 것이 기본구상이었다. 문제는 내 생각처럼 진행되지 않았다는 것이다. 늦어지고 서로 뒤섞여 버렸다.

나 : 대표 생각과는 달리, 사람들은 총선을 전제로 한 인재 영입으로 받아들였다.

황 : 내실을 기하자는 차원에서 진행된 것이 2019년 6월부터의 제1차 인재 영입이었다. 선거가 가까워지면서 인재영입위원회도 제2기 체제로 바꾸고, 기능을 강화해 영입을 진행했다.

나 : 처음 합류한 사람들에게 어떤 인센티브를 부여했나?

황 : 당내에서 역할을 부여해주고, 그 역할을 통한 검증과정을 거쳐, 공천의 기회를 주겠다는 것이 기본구상이었다. 1차 영입과정에서는 최종적으로 170명이 추려졌다. 이분들을 당내에 맞는 역할을 정해 나눠서 배치했다. 그때 영입하려고 했던 분들이 태영호 의원과 조수진 의원, 대구의 양금희 의원 등이다. 문제는 본래의 취지대로 현실화하지 않았다는 것이다. 시행착오가 많았다. 특히 영입 시기가 많이 늦어졌다. 실전을 통해 정말 많이 배웠다.

나 : 조수진 의원은 한참 다음 아닌가?

황 : 2019년 여름부터 대화는 계속했지만, 결정은 2020년 초 공천과정이 마무리될 즈음이었다. 시기는 차이가 있지만 이런 식으로 영입된 인재들이 적지 않았다. 대표적으로는 신원식, 전주혜, 김병민, 지성호 같은 분들이 떠오른다.

나 : 김형오 공관위원장과의 첫 접촉은 어떠했고, 어떤 약속을 했는가?

황 : 대표가 된 이후 계속 '총선 승리의 핵심'은 공천이라는 생각에 변함이 없었다. 그런 만큼 좋은 공관위원장과 공관위원을 모셔야 한다는 생각을 갖고 노력을 많이 했다. 이전의 총선준비단과 인재영입위 활동 등으로 그림이 갖춰진 10월 즈음부터 공관위원장 인선을 위해 여러 사람과 두루 만났다. 총선 승리를 위해 '공천 혁신'이 중요하다고 생각했기에, 내 개인적인 인연과 상관없이 다양하게 접촉했다.

초기에는 좋은 분들이라고 생각했던 분들이 많이들 고사하셨다. 고사한 분 중 여당에 가시거나 선거 방송에 출연하시기도 하더라. 12월 4일에는 공개적으로 '공천관리위원장 국민추천'을 받았고, 그 결과 공관위원장 추천을 수합했다. 그때 내가 '비움을 통해 새롭게 출발하는 계기가 되길 바란다.' 같은 발언을 했던 것으로 기억한다. 당시는 공천 혁신을 통해 총선 승리를 이뤄내는 것이 내게 가장 중요한 목표였고, 거기에 맞는 공관위원장을 영입해야 한다는 생각이 강했다.

많은 추천과 논의 끝에 결국 '우리 당 출신 국회의장 중 한 분을 모시자'라는 의견으로 수렴되었다. 당내 논의를 통해 김형오 전 국회의장을 공관위원장으로 모시자는 쪽으로 논의가 이루어졌다. 개인적으로는 얼마 전인 9월 15일에 김형오 위원장을 뵈었는데, 소장품 기증자로 국회 특별전시회를 여셨을 때였다. 전반적으로 이미지나 평판이 좋았다. 2020년 1월 초 공관위원장을 맡아달라는 부탁을 드리려 처음 연락을 드렸는데, 그때는 베트남에 계셨다. 처음 들었을 때는 고사하셨는데, 지속적으로 권유했고 고민 끝에 수락하셨다. 그분이 제시한 조건은 공관위원회 구성을 자신에게 맡겨 달라는 것이었다. 그래서 그분 재량으로 만들 수 있도록 허용해 드렸다. 다만, 내가 생각하는 공천의 취지나 원칙에 대해서는 상세히 설명해 드렸다.

나 : 공관위원 구성은 누구와 논의했는지 혹시 아는가?

황 : 재량을 드렸기 때문에 나는 구성에 관여치 않았다. 김형오 위원장

께서 단독으로 구성했다.

나 : 원래 김형오 위원장과는 잘 아는 사이였나?

황 : 원래는 박관용 의장님과 제일 잘 알고 지내던 사이였다. 박관용, 정의화, 김형오 세 분의 전직 의장 중에서 어쩌면 김형오 의장과의 인연이 가장 적었다. 사천(私薦)을 막아야 하고 이를 위해 솔선수 범해야 한다는 생각이 강했던 것 같다. (멋쩍게 웃으며) 다른 분들 도 모두 훌륭한 분들이라 생각했지만, 역차별을 당하신 측면이 있 었던 것 같다. 물론 하실 생각이 있으셨는지는 모르겠지만 말이다.

나 : 혹시 모를 상황에 대한 안전장치는 있었나?

황 : 안전장치는 당헌·당규에 있었다. 그중 하나가 '국민공천배심원단' 이었다. 공관위에서 결정된 후보를 '배심원단 3분의 2' 이상 동의를 통해 제청하면 최고위가 거부할 수 있도록 한 장치였다. 지난 20대 총선 '막장 공천'을 교훈 삼아 뒤늦게 만들어 놓은 안전장치였다. 다만 그 배심원단 구성을 공관위가 요구하도록 되어있기는 하더 라. 정작 공관위는 줄기차게 '배심원단' 조항을 당헌·당규에서 삭 제해달라고 요청했는데, 그때그때 상황에 따라 당헌·당규를 바꾸 는 것은 법치주의가 아니라고 생각해 허용하지 않았다.

그리고 최종적으로 최고위가 의결하는 절차를 밟기 때문에 따로 안전장치가 필요하다고 생각지 않았다. 한국당의 당헌·당규는 공 천에 문제가 있어 바로잡으려면 최고위에서 하면 되는 구조였다. 당헌·당규에 의한 정당한 정정이 나중에 '뒤집기, 사천' 논란이 될 줄은 상상도 못 했다.

나 : 보통 내부논의의 안전장치 역할을 사무총장이 한다. 당시 박완수 사무총장은 초선이고 당 경험이 많지 않아 전혀 힘을 쓰지 못했다는 이야기가 있는데 알고 있었나?

황 : 박 총장이 총선준비단부터 함께했고 공관위까지 합류했었다. 그래서 믿었다. 하지만 '인해전술'에 밀려 결국 힘을 못 쓴 것 같다. 실력 발휘를 할 상황이 안됐다. 당의 일에는 다른 분야에서의 경력보다 국회의원 선수와 당무 경험이 중요하다는 사실을 그때 실감했다.

나 : 김형오 위원장은 취임 초부터 대폭적인 '물갈이' 선언을 했는데, 사전에 그 폭과 대상에 대한 공감은 있었나?

황 : 총선준비단을 운영하면서 여러 기준이 논의됐다. 내가 제시한 기준은 △ '이기는 공천', △ '공정한 공천', △ '경제 살리는 공천, △ '혁신 공천'이 큰 틀이었다. 물론 그에 따른 세세한 기준들에 대해서도 논의했다.

뻔한 이야기 같이 들릴지 모르지만 나름의 의미가 있다. '혁신 공천'은 무난히 이길 수 있는 지역을 중심으로 시행하자는 것이 주된 의견이었다. 가령 TK, PK 같은 지역이 자연스럽게 그 대상이 되었다. 수도권 등 박빙 지역의 경우, '이길 수 있는 공천'을 기준으로 진행해야 한다는 공감이 있었다. 이 모두 공정해야 하는 것은 물론이었다.

그 원칙에 따라 결과적으로 피해 보신 모든 분에 대해서는 거듭 송구스럽게 생각한다.

사실 이 기준은 당시 공공연히 제시되고 공유됐다. 그래서 영남권 의원들은 한껏 몸을 숙이며 조심하고 있었다. 그 와중에 부산과 경남으로부터 불출마 선언이 이어졌다. 김무성, 김정훈, 김세연, 여상규, 김도읍, 김성찬, 윤상직 의원 등이다. 하지만 TK는 분위기가 좀 달랐다. 중진의원이 많지 않았던 것도 주요 이유였다. 다시 질문을 이어갔다.

나 : 2월부터 TK, PK 공천에 들어가면서 '물갈이'가 본격화됐다. 이를 '낙동강 벨트 전략'이라고 했다. '낙동강 벨트 전략'이 무엇이었나?

황 : '낙동강 벨트'는 전통적으로 우리 당 지지기반이 강한 지역이라 '혁신공천'이 원칙이었다. 하지만 부·울·경의 경우 양상이 좀 달랐다. 상대적으로 불리한 지역으로 분류되는 곳이 많았다. 따라서 '이기는 공천'을 병행하는 컨셉으로 진행했다. 그 결과 53개 선거구에서 20대 총선 때는 40곳이 승리한 것에 비해 21대는 45곳에서 승리했다.

나 : 김형오 위원장과 김세연 위원이 부산 출신이다. PK 지역 잘 아는 분들임에도 그 지역 공천과정이 굉장히 요란스러웠다. 이들에 의한 사천(私薦)이라는 이야기도 있었다. 당시 김형오 위원장은 '혁신공천'과 '이기는 공천'에 대해 어떻게 말했는가?

황 : 나와 당에서 정한 기준에 전반적으로 동의했다. '혁신공천'은 어느 정도 되었는데, '이기는 공천'이 잘 되었는지에 대해서는 긍정적으로 보기 어렵다. 가령 특정 지역에서 컷오프된 인물들을 급작스레 다른 지역으로 출마시키는 방식은 전혀 동의할 수 없었다. 물론 재배치 관련 논의도 있었고 내가 우려도 표명했지만, 정작 실행은 김형오 위원장 중심으로 진행되었다.

나 : 우려를 표했음에도 왜 그때 바로 정정하지 않았나?

황 : 권한을 주기로 했기 때문에 기회를 준 것이었다. 내가 바로 정정해버리면 사실상 공관위원회 독립성을 나 스스로 없애버리는 것이 아닌가. 그래서 결국 제어가 되지 않을 때까지 개입하지 않은 것이다. 민감한 지역 대부분은 뒤로 밀려있었고, 거의 끝에 한꺼번에 쏟아져 나왔다. 막판에 진통을 겪은 이유다.

나 : 김형오 위원장 사퇴 후 공관위의 누구와 소통했나?

황 : 이전 김형오 위원장 때는 위원장님과 내가 직접 소통했다. 하지만, 이석연 대행으로 갔을 때는 사무총장이 중심이 되어 소통했다. 그런데, 그때의 공관위원회는 이미 당 기구와 소통이 전혀 되지 않았다. 시간은 시간대로 없는 상황에서 결국 막판에 그런 불통 요소들이 터져 나왔다. 답답하고 안타까웠다.

나 : 부산의 경우 권력투쟁의 양상이 있었다. 이언주 의원의 경우 부산 영도(영도는 김형오 의원이 5선을 한 이후 김무성 의원이 이어받은

지역이다)를 희망했는데, 처음엔 김형오 위원장이 전략공천을 약속했다는 이야기가 있었다. 나중에 김무성 의원의 반발로 '통합 잉크도 마르기 전에' 문제가 생겼다. 통합의 책임자로서 조율을 하지 않았나?

황 : 공천 갈등은 늘 있었다, 초창기에는 언론 보도와 달리 '그렇게 심각한 현안이 아니라'고 판단했고 추후 과정을 봐도 실상이 그랬다. 실제로 갈등이 표면화되기는 했지만, 당사자(이언주 후보)는 다른 지역으로 자연스럽게 재배치되었다. 이것을 상징적으로 드러내 볼 수도 있겠지만, 이런 유형의 갈등과 시행착오는 모든 지역에 있을 수밖에 없었던 것 같다.

나 : PK는 불출마·선언이 굉장히 많았던 반면, TK는 상대적으로 불출마 선언이 거의 없었다. 경북 안동 출신 김광림 최고위원이 불출마 선언을 하며 분위기를 선도했는데 배경이 있었나?

황 : 보통 PK는 불출마가 많고 TK는 적다고 했는데, 일단 '다선의원'들이 용퇴를 하는 분위기가 되다 보니 그 과정에서 다선의원이 많은 PK에 불출마 선언이 쏠려있었던 것뿐이다. 실제로 TK는 3선 이상 의원이 별로 없었다. 그나마 희소했던 TK 다선의원 중 김광림 의원과 강석호 의원이 자진해서 빠지겠다고 한 거다.

김광림 의원의 경우, 일에 대한 의욕이 상당히 많으신 분이기에 인상적이었다. 김형오 위원장의 권유를 받고 선선히 의원직을 내려놓으셨다. 공천과정에서 그분이 '불이익을 받았다'고 생각할 만했음에도 불구하고 담담히 받아들이시더라. 실제로 불출마 선언 이후에도 당의 여러 가지 역할들을 요청드렸는데, 하나도 빠짐없이 수락해주셨다. 이분께 정말로 감사했고, 나중에 꼭 다시 중요한 일을 하셨으면 좋겠다 싶었다. 예를 들면, 우리 정부 통계청에서 고용 관련 지표를 발표한 적이 있었다. 다른 분들은 몰라도 김광림 최고위원 한 사람만이 해당 통계의 맹점을 딱 뽑아내서 예리하게 문제를 제기하시더라. 경험과 연륜에서 나온 그 분석 능력이 아주 예리하다고 생각할 수밖에 없었다. 그분은 정말 변함없이 노력하시는 분이다. 지금 계신 퇴계 연구원도 지원 없이 봉사하는 자리라고 들었다.

나 : 당시 기사를 보니, 공천 분위기도 새보수당 계에서 리드한 것으로 나오더라. 예를 들면, 이준석 최고위원이 '분홍 옷만 입으면 뭐하냐'면서 '중진들 영남 불출마 후 수도권 출마'를 강권했던데, 이런 압박은 새보수당 출신이 조직적으로 움직인 것이란 분석이 많았다. 최고위의 이준석 최고위원, 공관위의 김세연 위원, 외곽지원 유승민과 정병국 의원 등의 활약이 컸다. 이때 대표는 어디 계셨는가?

황 : 그런 언론 보도는 전혀 사실과 다른 것이다. 예를 들어 이준석 최고위원 발언만으로 특정 의원이 불출마 선언을 한 것은 전혀 아니다. 불출마 권유 작업은 다각도로 이뤄졌다. 그 과정에서 일부의 목소리가 새보수당 출신들을 통해 (언론에) 표출되면서 그렇게 보였을 뿐이다.

개인적인 아픔에도 불구하고 불출마 선언에 동참해 주신 분이 많다. 실제 불출마 선언을 한 한 분 한 분을 생각해 보면 안타깝다.

'결과가 더 좋았어야 그분들의 희생이 빛을 발했을 텐데' 하는 생각도 있는 것이 사실이다. 생각나는 분들이 많다. 정갑윤 의원은 예리한 통찰력으로 많은 정무적 조언을 해 주셨다. 이주영 의원은 공직생활 선후배 인연으로 많이 의지했고, 유기준 의원은 같은 국무위원 출신으로 정치적 조언자를 마다치 않으셨다. 여상규 의원은 마지막까지 법사위원장 역할 등 궂은일을 도맡아 해 주셨기에 아직도 강하게 기억에 남는다. 김성찬 의원도 선언은 나중에 했지만, 일찍이 불출마 결심을 해 주셨다. 중앙위 위원장이던 정종섭 의원도 당원 교육 아이디어 등을 제시하고 실행하신 능력자셨다. 최교일 의원은 법률지원단을 대폭 늘려 30여 명에서 200명까지 확충해 야당으로서 법률 수요를 맞춰주셨다. 변호사뿐 아니라 회계사, 변리사, 세무사 등을 모집하여 광범위한 기여를 해 주셨다. 이분들 한 분 한 분은 불출마 이후에도 미래통합당을 위해 정말 많은 노력을 해 주셨다. 지금도 생각해 보면, 그 희생이 안타깝고 고맙다.

나 : 좋아할 질문이 아닐 수도 있어 조심스럽게 묻겠다. '불출마 릴레이' 속에서도 그 빈자리를 채운 분들이 틀림없이 있다. 그중 가장 많은 자리를 차지한 분들이 공교롭게도 '지분을 주장하지 않았다'는 새보수당 출신이란 이야기가 많다. 지금도 불출마 선언을 한 분들이 이런 불만을 갖고 있다는 소문도 들었다. 그래서 언론에 확인해 보니, 당시에도 '유승민계는 본인 계파 챙기기에 혈안 돼 있다'는 불만의 소리가 있었더라. 지금도 당내 요직 중 상당수를 그분들이 차지하고 있다. 어떻게 생각하나?

황 : 얘기는 들었다. 특히 통합과정에서 새롭게 들어오신 분들에 대해서 너무 많은 기회를 부여해 준 것이 아니냐는 피드백에 대해서는 그런 심정을 겸허하게 수용한다. 그러나 당시는 통합이 반드시 필요했고, 이를 위해서는 대승적인 선택을 할 수밖에 없었다. 다시 말씀드린다. 그 과정에서 상처받으신 많은 분들께 진심으로 사과드린다.

나 : 김형오 위원장과 세력 안배에 관해 대화하지 않았나?

황 : 공정한 공천에 관해 얘기했고, 편중되지 않도록 당부도 했다. 이후 중간중간에도 불균형 이슈가 나올 때마다 지속적으로 피드백 보냈다. 나는 원칙적으로 계파와 상관없이 두루두루 사람을 챙기려고 노력했다. '친박만 챙긴다'는 말들을 굉장히 많이 들었는데, 나는 그렇게 생각하지 않고 그렇게 되지도 않았다. 나 스스로 먼저 내려놓는다고 선언했고, 그 약속을 지키려 부단히 노력했다. 내가 어떤 세력을 특별히 챙겼다면 지금의 상황이 되지는 않았을 것이다.

나 : 공천 전략엔 지역마다 포석이 될 키맨(Key man)들이 있다. 그 중한 분이 김병준 위원장이었다. 세종을 공천은 좀 '뜬금없다'라는 평가가 많았다. 세종시 내에서도 공무원들이 많은 청사 쪽이 아니라 원주민이 많이 사는 지역에 공천을 받았다. 대구를 말렸으면 수도권의 상징적인 지역을 주면 좋지 않나?

황 : 특별히 누구를 어디에 배치하느냐의 문제는 '사후보고'를 중심으로 얘기를 나눴다. 김병준 위원장의 경우 서울 쪽으로 구상하고 뜻을

전했는데, 정작 나중에 알고 보니 세종에 배치되었더라. 난 애초에 서울에 출마하셔서 바람을 일으키는 역할을 기대했었는데, 본래 의도와는 다르게 전개되어서 여러모로 아쉬웠다. 김태호 의원에 관하여서는 나 역시 (다른 지역) 출마를 권유했는데, 생각대로 잘 진척되지 않았다. 홍준표 의원의 경우 당내에 강한 거부감을 가진 분들이 많아 놀랐다.

나 : 홍준표 의원은 낙천한 이후 "협잡 공천"이라며, "황교안 대표가 바로잡아야 한다"라고 공개적으로 말했다. 혹시 대표께 직접 연락하지 않았나?

황 : 따로 연락은 없었다. 우리 당의 대표급 정치인들이 험지 출마로 바람을 일으켜주길 바랐을 뿐이다.

나 : 공천 막바지에 '막말'이 공천기준이 되어 논란이 됐다. 그 논란이 결국 대표께 집중되었는데, 이런 것이 정상이라고 생각하나? '상대 당의 프레임에서 우리 당 동지를 공격하며 자해극을 벌인다'라는 평가도 있었다.

황 : 전제로 묻고 싶은 것은 '막말이 무엇인가'다. 과연 민주당이 지적하는 막말이 우리에게 해당하는지에 대해서는 명확하게 따져 봐야 한다. 나의 경우 '국민들에게 실망을 드린 발언'이 없도록 해야 한다고 여러 차례 강조했고 거기에 대해서 엄중 조치 취하겠다고 얘기했다. 한편 '일률적인 기준을 넘었다'는 이유만으로 항상 징계해야 한다는 논리에 대해서는 항상 찬성할 수는 없다. 완급조절이 필

요하다는 것이 나의 기본 생각이었다.

'나부터 일단 조심해야 한다'는 생각이 들었다. '막말'이 공천에 반영되는 부분은 상대 당과 극성지지자들의 평가가 아니라 국민의 시각에 근거해서 접근해야 한다고 생각했다. 그런데 한편으로는 '국민적 신뢰'를 얻는 것에 있어서는 우리부터 지혜로워야 한다는 생각도 했다. 나중에 따져보니까, 우리 당이 '막말 논란'에 크게 휩싸일 때마다 지지율이 실제로 떨어지더라. 시각에 따라 달라지겠지만, 분명한 것은 그런 논란이 영향을 미쳤다는 것이다. 이 부분을 목도하면서 나 역시 국민적 시각을 기준으로 정치인의 언행은 더욱 엄격하게 바라봐야 한다는 생각이 들었다.

나 : 그러면 본질적인 질문을 하나 하겠다. 정치인의 언어는 어때해야 한다고 생각하는가?

황 : 우선 정치인은 다른 사람들과 다른 점이 있다. 대리자로서의 역할이다. 정치인에게 '국민 마음의 응어리'를 풀어주는 말이 중요하다는 생각을 했다. 그리고 국민과 정부가 미처 생각지 못한 부분에 대해서도 정치권이 과감하게 도전하고 이슈를 던질 수 있어야 한다. 옳다고 생각하는 일, 꼭 해야 할 일에 대해서는 국민을, 또 정부를 설득할 수 있어야 할 것이다.

나 : 기대와 달리, 너무 논리적인 대답이다.

황 : 맞다. 그게 내 문제다. 하하하. (웃고는 있지만 민망한 표정)

정치는 말로 한다. 그래서 정치는 인간의 전유물이고 동물과 구분되는 영역이다. 말을 하지 못하면 싸우게 된다. 그것은 짐승의 영역이다. 그래서 정치인의 말은 그 사회의 수준을 보여준다. 이 때문에 로고스(logos)가 중요하다.

윤여준 전 환경부 장관이 쓴 〈대통령의 자격〉의 한 대목이 무척 인상적이었다. '대통령에게 요구되는 언행의 자질 네 가지'라는 항목에 나온 내용이다. 인용하겠다.

첫째는 언어 구사의 문제다. 하이데거는 "언어는 존재의 집"이라고 말한 바도 있지만. 언어는 단순한 수단이 아니라 바로 인간 자체인 것이다. 하물며 국가 지도자 특히 대통령의 경우. 국가의 최고 행위자다운 언어를 구사해야 한다는 것은 말할 것도 없다.

그렇다고 능변일 필요는 없으며. 특히 현학적인 전문용어나 생경한 관념어를 남발하거나. 아니면 감성을 자극하는 현란한 어법으로 대중을 선동하려는 것은 오히려 경계의 대상이라고 하지 않을 수 없다. 중요한 것은 인류가 쌓아온 지혜의 결정체인 인문학에 대한 천착을 바탕으로. 자신의 삶 속에서 녹여낸 절제되고 기품있는 언어를 구사할 수 있는 능력이다.

말 또는 소통은 민주정치의 핵심이다. 자기의 생각이 합리적이고 타당하다는 점을 부각하여 상대방을 설복하는 행위다. 말은 논리적이어야 하지만 더욱 중요한 것은 타인의 마음을 움직일 수 있는 높은 품격과 설득력을 갖고 있어야 한다.

역시 품격과 설득력을 강조했다. 고대 아테네 민주정치와 로마의 공화정에서는 웅변술과 수사학을 중시했다. 이들은 변사라고도 한다. 요즘 변호사의 조상 격이다. 그리스 광장에서는 두 가지 경우에 수사학이 활용됐다. '정치적 역설'과 '개인 간 송사에서의 변론'이다. 대상은 다르지만 청중들을 설득시킨다는 의미에서 일맥상통한다. 미국의 변호사는 우리나라와 달리 배심원과 판사를 논리와 증거로 설득하는 직업이다. 불문법 기반이기도 하지만, 우리처럼 위의 눈치를 보는 문화가 아닌 측면도 크다. 그래서 미국은 변호사 출신 정치인의 활약이 크다. 우리나라 율사들은 젊은 나이에 '영감' 소리를 듣는 특권계층이다. 당연히 강한 특권의식을 갖는다. 인문학적 공부는 소홀히 하고, 법 기술을 익혀 교묘한 꼼수 내기를 즐겨한다. 설득하기보다는 위압적 강요에 능하다. 그래서 우리 정치가 비정상으로 권위적으로 되는 경우가 많은 것이다. 하지만 황 대표는 여느 율사들과는 좀 차이가 있다. 정치적 내공은 모르겠지만, 자세만은 권위적이지 않다. 경청하고 배우려 노력하는 모습도 보인다. 그게 좀 부족한 내공을 채울 수 있는 필수 전제 조건이라 생각했다. 잠시 상념에 잠겼다가 다시 질문을 이어갔다.

나 : 계속 침묵하다가 왜 막판에 급하게 공관위 결정에 관여했나? 결국, 실리를 잃고 명분까지 날려버린 것 아닌가? 그런 위험을 감수할 만큼 심각했나? 결과적으로 마지막 관여가 도움이 됐다고 생각하나?
황 : 실리와 명분 측면에서 보면, 분란을 일으키지 않은 것이 더 이익일

수 있었다. 그러나 나는 원칙이 중요하다고 생각했다. 나 역시 최대한 공관위의 결정을 존중하려고 노력했지만, 갈수록 문제 사안이 심각하게 전개된다는 사실이 감지됐다.

3월 12일 공관위 결정에는 관여할 수밖에 없게 되었다. 선거가 한달도 남지 않은 시점에서 대표가 직접 관여하는 것은 공관위 결정에 심각한 오류가 있었기 때문이었다. 특히 당헌·당규에 위배되는 공천이 있다는 부분이 그랬다. 세간과 언론에 거론되는 '사천' 부분은 공정성 문제와 직결되는 본질적인 문제였다. 그래서 최고위에 올라온 지역 중에서 문제가 있는 지역 6곳을 공관위에 재의 요청을 했다. 공관위는 그중 2곳만 수용하고, 나머지 4곳을 그대로 처리하려고 했다. 그런데 그 4곳 중 2곳은 절대로 받아들일 수 없었다. 그래서 당헌·당규에 따라 비상공천을 하게 된 것이다.

나 : 공천 이후 언론에 의하면 '황교안 대표는 미래통합당 공천이 "계파, 외압, 사천"이 없는 3무 공천이었음을 긍정적으로 평가한다'라고 했다. 지금도 그렇게 평가하는가?

황 : 완전치는 않았지만, 그렇게 하려고 노력했다. 다른 분들이 어떻게 영향력을 행사했는지는 의견이 분분하다. 하지만 내가 지금 그 부분을 거론하며 평가하는 것은 적절치 않은 것 같다. 문제가 있다면 모두 온전히 내 책임이다. 그 부분은 변함없다.

나 : 공천에 문제가 있었다면, 특별히 책임을 물어야 할 인사가 있나? 공관위원 누구라든가.

황 : 개별 공관위원에 대해 내가 비판하거나 반응하는 것은 맞지 않는다. 무책임한 언사다.

나 : 만약 되돌릴 수 있다면 어떻게 하시겠나?

황 : 공천에 문제는 확실히 있었다. 그걸 인정하는 데도 시간이 좀 걸렸다. 결론은 다 내 책임이란 사실이다. 다시 돌이킬 수 있다면, 그 책임을 지기 위해 부여된 권한까지 놓지는 않았을 것이다. 권한을 행사하면서도 국민 앞에 진정성을 보이면 국민께서 그 부분을 알아주시지 않을까?

나 : 공천에 대한 마지막 소회가 있다면?

황 : 거듭 말하지만 모두 다 내 책임이다. 다른 사람에 대해 시시비비할 일이 아니다. 지금 의석수가 부족한 것도 내 책임이다. 역대 최대 득표인 1,190만 표 득표는 후보들과 당원들의 공이다. 잘 된 공천을 했었다면 좋았겠다는 아쉬움은 늘 있다. 그때는 스스로 욕심 내지 않으려 노력했고, 그것이 혁신의 한 방법이라고 생각했다. 결국은 국민도 알아주실 것으로 생각했다. 문제는 이상과 현실이 달랐다는 것이다. 제대로 된 성과로 연결 짓지 못한 부분에 대해서는 안타깝고 죄스럽게 생각한다.

대담을 마치고 깊은 생각에 잠겼다. 이전 인터뷰와 달리 깊은 회한의 말이 거듭됐다. 공천은 선거결과에 직접적인 원인을 제공한다. 그러니 당연히 선거에서 패배한 지도자 황교안은 공천에 대한 후회가 많을 수밖에 없다. 나에 대해서도 기회 있을 때마다 '그 때 챙기지 못해서 미안하다'고 했다. 민망할 정도였다. 그러다 보니 나도 감정을 최대한 자제하고 인터뷰를 진행하려 노력할 수밖에 없었다.

하지만 개인적 문제 이상의 본질적인 문제의식이 있었다. 인간과 천도(天道)는 어느 지점에서 만나는가? 나는 결국 천도는 '사람과 사람이 만나는 지점에서 결정된다'는 결론을 얻었다. 많은 사람이 '인사(人事)가 만사(萬事)'라고 한다. 인사가 망가지면 조직이나 지도자 개인 모두 망한다. 정당도 마찬가지다. 공천은 대표적인 인사다. 공천을 잘못하면 선거에서 패하고 총선의 경우 4년 내내 인력난과 자금난(국고보조금)에 허덕이게 된다. 그것도 당을 유지할 수 있다면 말이다.

과거 새누리당은 현재 권력과 미래 권력 간 내부갈등으로 인해, 20대 총선 공천을 망치고 선거에 패배했다. 이로써 여당이지만 원내 2당이 되었고, 이후 탄핵사태가 이어졌다. 탄핵의 상처를 부여잡은 채 대선을 치렀고 예상대로 패배한다. 이어진 지방선거는 당연히 참패했다. 그 후유증은 21대 총선에서도 이어졌다. 새누리당의 후신 자유한국당은 어떤 방법을 써서라도 '보수대통합'을 이루고 재기를 노려야 했다. 그 사명을 신인 정치인 황교안이 짊어졌다. 과거 당내 분란으로부터 자유로웠기 때문이다. 이번 21대 총선에서도 패배의 직접적 원인이 공천실패였다는 분석이 많다. 후보자라는 상품이 좋지 않았으니 소비자에게 어필할 수 없었고, 판매량이 많을 수 없었다. 팔리지 않고 남은 상품은 자리만 차지한

재고상품으로 지속적인 골칫거리가 된다. 총선이 임박한 시간에 통합을 이루려다 보니 디테일을 제대로 챙기지 못해 생긴 일이다. 정말 안타깝고 허망한 일이었다.

이쯤 해서 본론으로 돌아가 '공천실패'를 리더십과 관련해 분석해 보자.

많은 사람이 '대통령이 되려면 "권력의지"를 가져야 한다'고 강조한다. '대권을 쟁취하려면 권력의지를 보이라'는 주문이다. 이런 이야기를 들으면 아마추어 정치인은 원색적인 표현으로 의사를 표현한다. 그 결과 '대권욕'이라는 욕심만 내비치게 된다. 사람들은 이런 사람을 '대통령병' 걸린 사람이라고 치부한다. 그들은 그러면 다시 더 강한 욕심을 노골적으로 표한다. 이렇게 악순환이 계속된다. 진정한 정치인은 다르게 접근한다. '인사'를 통해 권력의지를 보인다. 본인과 자기주장을 최대한 복제하며 '생각 유전자인 밈(meme)을 확산시키는 전략'을 펴 권력의지를 보이는 것이다. 보통은 이를 '공범 만들기'라 표현한다. 그 정치인과 동일시되는 사람이 많으면 많을수록 권력에 더욱 가까워진다. 그러나 이를 잘 아는 사람도 끝까지 제대로 인사를 하지 못할 때가 많다. 산 넘어 산이다. 사례를 들어보겠다.

사마천의 〈사기(史記)〉 중 〈노중련추양열전(魯仲連鄒陽列傳)〉에 추양이란 현사(賢士)가 나온다. 그는 전한시대 제(齊)나라 사람으로, 간신배들의 모함으로 죽을 처지가 되자 그가 모시던 양나라 효왕에게 편지를 보낸다. 많은 고사를 들어 설명하지만, 핵심적 내용을 요약하자면 다음과 같다.

충선된 신하도 군주로부터 의심을 받곤 한다. 이는 군주가 신하를 잘 모르기 때문이다(知不知의 문제). 하지만 아무리 군주가 지혜롭고 선비가 어질다 해도 주변 질투를 피하기는 힘들다. 이럴 때 군주는 인자(仁者)가 되어 선비에게 덕을 베풀어야 한다. 그럼에도 불구하고 갑자기 나타난 보물(인재)은 진가를 알기 힘들다. 하지만 성왕은 주변의 말에 휘둘리지 않고 간신의 아첨과 애첩의 말을 듣지 않는다. 이로써 선비를 모욕하지 않는다. 여기서 강조되는 것은 사람에 대한 지(知)와 인(仁)이다. 공자는 논어에서 '지(知)'를 '지인(知人)'이라고 단언했다. 사회 속에서 인간이 가져야 할 핵심지식이 사람에 대한 지혜란 말이다. 인사가 만사인 이유다. 그래도 질투와 의심을 피해가지 못한다. 그래서 지도자는 휘하를 잘 알아야 할 뿐 아니라, 인(仁)을 가지고 덕(德)을 베풀어야 한다고 말한다. 여기서 인(仁)과 덕(德)은 지(知)가 있어야 빛을 발한다. 결국, 지도자는 사람을 잘 판단하고, 제대로 판단했다면 그 가치를 높게 사 덕을 베풀어야 한다는 이야기다.

공천에도 이 원칙이 철저히 적용된다. 리더 자신과 코드가 맞는 지인(知人)을 의심하지 말고 끝까지 챙기는 것이 성왕이 되는 지름길이다. 그런 성왕에게는 충성스러운 현자들이 몰려오기 마련이다. 그러면 국민도 그들을 통해 리더를 더욱 신뢰하고 따르게 된다. 물론 남다른 '공적 사명감'은 리더가 갖추어야 할 필수요건이다. 내 질문에 황 대표는 권력의지를 '사명감'이라고 표현했다. 그 사명감에 지인(知人)까지 함께했다면 공천에 실패하지 않고 더 탄탄한 길을 걸었을 텐데 하는 아쉬움이 남는다.

Part. 09

총선 지휘봉을
내려놓고 종로로

Part. 09

총선 지휘봉을 내려놓고 종로로

이 책의 일관된 주제는 '리더십'이다. 그동안 본 황교안의 리더십은 내려놓음의 리더십이었다. 통합과 공천 등 주요 국면마다 자기의 권한을 내려놓았다.

공천관리위원회(이하 공관위)에서는 황 대표의 출마 지역이 핫이슈였다. 일부 공관위 위원은 먼저 '황 대표 종로 출마'를 주장하며 황교안의 아킬레스건을 잡으려 했다. 그리고 지도부를 배제한 채 공천 방향과 대상을 독점하려 했다. 공관위 부위원장의 첫 일성이 "황교안은 공천에서 손을 떼라"였을 정도로 분명하고 노골적이었다.

선대위 구성의 난맥은 그 결과였다. 황 대표는 종로 출마로 인해 총선 전체 지휘에 한계를 느꼈기 때문에 지휘봉을 이어받을 대타가 필요했다. 결국 삼고초려 끝에 김종인 위원장을 모셔왔지만,

입당 전후의 과정 또한 마음 같지 않았다. 당내인사와 계속 충돌했다. 황교안은 종로에 '올인(all in)'하는 와중에도 조율 역할을 피할 수가 없었다. 그리고 그 외에도 여러 요인이 겹쳐지면서 선거는 패배했다. 전체도 그랬고, 종로도 그랬다. 황교안 대표 입장에서는 실로 처절한 참패였다.

패배 후 두 총괄선거대책위원장의 운명은 극명하게 갈렸다. 김종인 위원장은 비상대책위원장으로 명실공히 원톱이 되었고, 황교안은 진짜 모든 것을 내려놓고 은거에 들어갔다. 황교안 입장에서는 전형적인 비극 드라마다. 그 과정에 대해 소명을 들어봤다.

종로 출마

나 : 가장 이해가 되지 않는 대목이 종로 출마 과정이다. 통합, 공천은 혼자 하는 것이 아니기 때문에 시행착오가 없을 수 없었을 것이다. 하지만 단식과 종로 출마는 개인의 결단만으로도 가능했다. 그런데 왜 단식과 달리 본인 출마 결정은 그리 오래 걸리고, 타이밍을 놓쳐 '장고 끝 악수'라는 이야기를 들었나?

황 : 먼저 전체적인 이야기를 해 주겠다. 나는 지역구 또는 비례대표 출

마를 놓고 고민을 많이 했다. △ 불출마 후 전국 지원 유세, △ 비례대표 출마 후 전국 지원 유세, △ 지역구 출마 등 세 가지 옵션이 있었다.

불출마는 처음부터 고려하지 않았다. 일단 어려운 당에 1석이라도 더 보태야 한다는 생각으로 접근했다. 작년 12월 27일 개정 선거법이 국회에서 통과되었다. 새 선거법이 적용되면 100석 이상 정당은 비례대표 의석을 갖지 못하는 것으로 나왔다. 결국, 비례대표를 확보하기 위해 비례정당을 설립하는 수밖에 없었고, 그 결과 '미래한국당'이 만들어졌다. 이런 배경에서 당 대표였던 내가 비례대표가 되려면 미래한국당으로 가야만 했는데, 내가 미래통합당을 떠날 수도 없는 상황이었다. 결과적으로 당적을 옮겨 비례로 나갈 수 없었다. 결국, 선거법 개정 직후인 1월 3일 광화문 장외집회 중 '수도권 험지에 출마하겠다'고 공식 선언하게 된 것이다. 그 과정에는 대통합에 따른 몇몇 변수가 있었는데, 자칫하다가는 '대표가 자기 자리를 보전하려고 한다'는 오해를 살 수도 있었다. 그런 오해 자체가 통합에 도움이 되지 않는다고 판단했다. 그래서 서둘러 험지 출마를 발표한 측면이 있었다. 통합추진위원회가 만들어진 이후 출마 지역을 정하려고 본격적인 검토를 했다. 공관위에서는 내가 '종로에 출마해야 판을 이끌 수 있다'고 권고했다.

나 역시도 당이 승리하기 위해서는 뭐든지 하는 것이 필요하다고 판단했고, 이미 험지로 출마하겠다는 말을 한 적이 있어서 종로로 정하게 된 것이다. 2020년 1월 9일 통합추진위원회 구성 후, 1월 말까지 통합을 위한 세부적인 논의들이 진행됐다. 2월 초에 박형준 통추위원장으로부터 최종보고를 받은 후, 2월 6일에 통합신당준비위원회(통준위)를 공식 발족시켰다. 통준위 발표 직후 종로 출마 결심을 하게 되었고, 2월 7일에 대외적으로 선언한 것이다.

종로에 출마해서 본격적으로 선거운동을 하면서 가장 안타까웠던 것은 내 몸이 자유롭지 못해 다른 지역 후보자들을 충분히 지원하지 못했던 것이다. 너무너무 안타까웠다. 종로의 경우, 출마 선언 당시 상대 이낙연 후보 대비 지지율이 절반 정도였다. 그럼에도 불구하고 올인하면 가능성이 있다고 판단했고 이후 전념했다.

나 : 전체적으로 여러 일이 있었다는 사실은 이해한다. 하지만 우선순위 문제는 남는다. 출마 선언 타이밍이 너무 늦어지지 않았나?

황 : 처음 험지 출마 이야기가 나왔을 당시, 나는 당 대표급 또는 대선주자급 정치인들은 어려운 곳으로 나가달라고 권유한 바 있다. 그리고 통합에 집중하느라 지연된 것은 사실이다. 그런 상황 속에서도 여러모로 검토했고 결국 종로로 결정한 것이다.

나 : 험지 선언 이전 종로에 대한 생각 없었나?

황 : 나는 '수도권 험지'를 얘기를 했고, 자연스레 '종로'도 그 범주에 속해 있었다. 언론에는 종로 보도가 많이 나왔지만, 꼭 종로에 집착하지는 않았었다.

나 : 종로 출마 선언할 때 자신 있었나?

황 : 지지율로만 보면 무조건 지는 지역이었다. 그러나 종로주민의 마

음을 파고들면 가능성이 있다고 생각해서 도전하게 된 것이다. 단순히 종로가 아니라도 다른 지역이었더라도 동일한 마음가짐이었을 거로 생각한다. 승산보다, 당시 내가 각오한 제일 중요한 것은 지도자로서 가져야 할 책임과 진정성이다.

나 : 언론 보도에 의하면, 3일 발언 며칠 후 "황 대표가 실·국장 회의에서 종로 이외에도 수도권 험지 후보군을 검토하라고 지시한 얘기가 나온 것으로 안다"며, "상징성이 있으면서 승산이 높은 지역을 찾기 위한 의견들이 나오고 있다"라고 했다. 처음부터 종로는 아니었던 건가?

황 : 종로를 배제한 것이 아니라 수도권 험지 중 종로를 포함한 다른 지역들을 통합적으로 파악해 보라는 차원에서 당부한 것이다. 이미 종로는 여러 분석이 있었다. 그래서 다른 지역에 대한 파악이 부각됐을지 모르겠다. 종합적이고 전략적인 검토를 주문한 것이었다.

나 : 맞춤형 험지라는 얘기가 나오면서 용산, 강남(을), 마포, 구로(을) 등 검토했는데, 그 지역도 상기 지시에 따른 것이었나?

황 : 아마 그 당부에 따라서 같이 살펴봤을 거다. 그리고 나를 보좌하는 차원에서 여의도연구원이 주도적으로 준비했다. (보통은 선거 때 사무총장이 여연 여론조사를 관리하지만, 그때는 원장이 주도했었다). 당시 스텝들이 모든 가능성을 놓고 다양한 검토를 해왔고, 그 내용이 언론에 보도된 것으로 보인다. '구로 출마'의 경우, 연세중앙교회 방문은 순수하게 같은 교단이라 예배를 드리고 목사님을

뵙기 위해 방문한 것일 뿐인데, 당시엔 모든 행보가 출마와 관련된 행보로 해석되었다.

나 : '종로 김병준 대타설'이 있었는데 꺼린다는 소문이 돌았다. 참신한 인재를 내보내야 한다는 말도 있었지만, 측근들 사이에 속내는 '경쟁자를 키워줘서는 안 된다'는 주장이 있었다고도 했다. 이런 내용을 당시 알고 있었나?

황 : 그 측근이 누구였는지 모르겠다. 정말 내 측근이라면 내 생각을 잘 알았을 것이고 따라서 그런 생각을 하지 않았을 것이다. 일단 언론 보도 내용에 동의하기 힘들다. 김병준 위원장의 '서울 지역구 출마 시나리오에 대한 검토'는 여러 전략적 옵션 중 하나로 보고 받았다. 당시 명확히 당사자와 따로 무엇을 공유하지는 않았다. 큰 방향을 제시했지만 공관위의 권한을 침해하지는 않았다.

나 : 구체적으로 공관위와 대선주자 또는 대표급 인사를 어느 지역으로 보낸다는 전략을 사전에 의논하지 않았나? 구체적인 사례를 설명해 달라.

황 : 나는 "전략적 요충지"로 대선주자 또는 대표급을 보내야 한다고 얘기를 했고, 일부는 나와 공관위의 권유에 호응해 주셨다. 하지만 나머지 분들은 그렇지 않았다. 내가 말한 요충지는 수도권 험지를 의미했다. 일부 의원들에게는 내가 직접 구체적으로 출마 지역 요청을 하기도 했다. 가령 김태호 의원과 김병준 위원장 등에게 권유했다. 다른 대표급 인사들은 공관위가 권유했다. 홍준표 의원은 직

접적으로 하진 않았다.

나 : 시간이 지나면서 여론조사는 더욱 악화하였다. 실제 SBS가 여론조
사 전문기관 입소스에 의뢰해 1월 28~30일 종로구 유권자 500명
을 대상으로 실시해 2월 2일 발표한 여론조사 결과에 따르면 더불
어민주당 후보인 이낙연 전 총리는 53.2%의 지지율을 기록했고 황
대표는 26.0%에 그쳤다. 지지율 격차가 커지고 있는 상황 속에서
불출마를 고려하지는 않았나?

황 : 지지율 격차가 커진 것이 아니라 본래 그랬다. (웃음) 그런 상황에
서 종로 출마를 결심한 것이다. 종로는 누군가는 나가서 싸워야 하
는 지역이었고, 내가 최선을 다해서 민심에 파고들면 나름의 성과
가 있을 것으로 생각했다. 선거 초기에는 대표로, 총괄선대위원장
으로 다른 지역들도 방문해 지원하기도 했지만, 나중에 지역구 여
론조사가 크게 좋아지지 않으면서 종로에 집중하는 방향으로 선거
운동을 조정하게 되었다. 사실, 개인적으로 여론조사에 따라서 일
희일비하지는 않는다. 나는 뜻을 한 번 정하면 따로 흔들리지 않는
스타일이기에 종로에 집중할 수 있었다.

나 : 주변 인사 중 만류가 더 많았다고 들었는데?

황 : 사실이다. 주변에 걱정이 더 많았다. 하지만, 공관위에서 내가 희
생하지 않으면 선거판이 흔들린다고 했고, 나 역시 내게 주어진 책
임을 저버릴 생각이 없었다. 그 때문에 내가 희생하면 된다는 마음
으로 들어갔다.

나에게 직접 희생을 요청한 분은 김형오 공관위원장이었다. 이석연 부위원장의 '황교안 종로 출마설'은 언론을 통해 알았다. 김형오 위원장이 여러 가지 어려움을 얘기하시면서 '선거판을 흔들어 달라'고 해서 총대를 메고 '선당후사'로 결심한 것이었다.

나 : 황 대표의 종로 출마를 적극적으로 권유하던 이석연 부위원장에게 공개 경고를 하기도 했다. 그렇게 불편했나?

황 : 공천은 아주 예민한 문제고, 공천을 신청한 분들의 이해관계가 첨예하게 충돌하기 때문에 공관위의 내부논의는 일정한 절차를 통해 전해져야 한다. 그게 정상임에도 불구하고 여론전 양상이 되면서 오해를 사는 경우가 있었다. 언론이 여과 없이 이를 보도하고 해서 그 부분에 대해서 지적한 것이다. 공관위의 독립적 기능과 자율성은 보장되어야 하지만, 공식적인 논의에 의해 합의되지 않은 내용에 대해 개별 위원들이 언론플레이하는 것은 잘못된 일이라고 봤다. 그런 부분에 대한 우려를 표한 것이다.

나 : 그런 논란에도 불구하고 김형오 위원장 사퇴 이후, 이석연 부위원장을 대행으로 허용한 이유는 무엇인가?

황 : 당헌·당규상 절차대로 했을 뿐이다. 가급적 내가 관여하는 일을 만들지 않기 위해서다. 공관위원장이 궐위되었을 때에는 부위원장이 승계해야 한다는 것이 기본 원칙이었다. 이석연 개인의 지나친 행동에 대해서는 내가 사전에 경고를 충분히 주었었다. 공관위 자체를 뒤집어엎는 것은 전혀 별개의 문제로 나는 그런 조치를 하고

싶지 않았고 원칙을 지켰다.

나 : 결국 종로 출마를 선언했다. 언론에는 "다른 지역에 출마하면 '거기
　　가 험지냐'는 논란에 시달릴 게 뻔한 데다, 대표도 나가지 않는 험
　　지에 다른 중진을 보내기도 어렵다는 판단에서다. 더구나 구로을
　　등에서 이낙연 총리가 아닌 다른 후보에게 진다면, 황 대표로서는
　　회복하기 어려운 치명상을 입을 수 있다. 당내에서는 여당이 만들
　　어 놓은 판에 휘말릴 필요가 없다는 우려도 있지만, 대다수는 '불출
　　마'가 아닌 이상 종로를 피해 갈 방법을 찾는 게 더 어렵다고 보는
　　분위기다"라고 설명했다. 하지만 그런 상태에서 굳이 종로에 출마
　　했어야 했나?

황 : 세상에 어렵지 않은 선거가 어디 있겠나. 또 대표가 그걸 회피해서
　　는 안 된다고 생각했다. 일각에서는 불출마를 선언하는 옵션에 대
　　해서 권했는데, 문재인 정권을 제대로 견제하기 위해서는 원내에
　　서 정치를 지속해야 한다는 의견이 있었다. 참모 내부에서 의견이
　　분분했지만, 결과적으로는 내가 선택할 수밖에 없었다. 이 또한 '정
　　치인 황교안'으로, 나만의 몫이라고 생각했다.

나 : 결국 종로 부담으로 인해 중앙 선대위 리더십에 공백이 생기고, 김
　　종인 위원장까지 모셔와야 하는 상황이 되었다. 당시 상황을 설명
　　해 달라?

황 : 선대위 출범까지는 총선을 지휘하는 데 공백이 생기지 않았다고
　　생각한다. 김종인 위원장을 모셔온 배경은 한 표라도 더 끌어올 수

있는 중도층 인물을 섭외해야 한다는 생각으로 접근한 것이다. 리더십 공백을 김 위원장으로 보충하기 위해서 그분을 모셔온 것은 아니다.

한편, 일부 언론에서 김종인 위원장을 모시기 위해 김형오 공관위원장을 팽했다는 주장이 있었다. 이런 주장은 전혀 잘못된 것이다. 김형오 위원장은 공관위원장 재직 당시 '컷오프 성과'는 어느 정도 있었는데, 정작 후보를 채우는 과정에 있어서 처리가 아쉬워서 결국 사퇴하고 대행체제로 가게 된 것이다. 물론 그 대행체제마저 제대로 작동하지 않아 부득이 비상공천을 할 수밖에 없었지만 말이다.

나 : 김종인 위원장이 공천 등 이견으로 두어 번 정도 입당 의사를 번복하셨는데, 당시 상황을 개괄적으로 설명해 주시기 바란다.

황 : 내가 2월 6일 종로 출마 선언 후 20일에 지역구 공천심사 면접에 참석했다. 그리고 23일에 공천이 확정되었다. 그때쯤 코로나가 본격화되면서 선거운동 자체가 어려워지기 시작했다. 의협이 7차례씩이나 중국으로부터의 입국을 금지해야 한다고 권고했는데, 청와대는 듣지 않았다. 이후 상황이 더욱 악화하자 총리가 위원장인 중앙대책본부를 꾸렸고, 대구를 봉쇄하기 시작했다. 당시 대표 자격으로 대구를 방문했는데 현지 상황은 참담하기 그지없었다. 그런 상황 속에서도 문재인 대통령은 여전히 중국인 입국 금지에 대해서 묵묵부답이더라.

삼일절에 이르러서는 내가 종로와 전국 선거를 병행할 수 없다고 판단했고, 그때 김종인 위원장을 모시기로 결심했다. 통합과정에서 공동선대위를 구성해야 한다는 얘기가 있어 그렇게 구성했는데, 그것으로는 부족하다고 판단하여 나와 김종인 위원장의 투톱 체제로 가기로 결정했다. 김 위원장을 처음 면담한 것은 3월 15일이었다. 첫 모임에서 선대위 구성에 관한 견해 차이가 있었다. 첫째, 김 위원장 본인이 일을 제대로 하기 위해서는 '공동선대위원장 체제는 부적절하다'고 보기 때문에 '2인 총괄선대위원장 체제를 하자'고 제안했다. 둘째로는 지역구 공천 문제였다. 강남(갑)과 강남(을) 후보를 교체해달라는 것이었다. 강남(갑)은 이미 내가 영입하고 공관위에서 공천을 준 태영호 후보였기 때문에 사실상 번복할 수 없다고 말씀드렸다. 그리고 '태영호 후보 정도면 강남지역 정서에 부합한다고 판단했기 때문에 투입에 공을 들였던 것'이라고 말씀드렸다.

첫 번째 요구는 내 권한 안에 있었기 때문에 흔쾌히 수용했고, 두 번째 부분은 공관위의 결정이 연루되어 있기 때문에 곤란하다는 취지였다. 그러자 '일할 여건이 안 된다'며 본인이 고사하더라. 이후에도 몇 차례 대화를 주고받았고, 결국 '아무런 조건 없이' 수락하며 총괄선대위원장으로 선대위에 들어오게 된 것이다.

사실 그 전인 3월 20일에 내가 단독 총괄선대위원장으로 하는 선대위 체제가 구성됐었다. 이후 협상 끝에 3월 26일 김종인 위원장께서 참여 의사를 밝혔고, 30일부터 선거전에 참여하셨다. 이후 나는 종로에 집중하고 김종인 위원장이 전국투어를 도셨다. 결론적으로는 김종인 위원장이 요구한 두 가지 조건 중 첫째는 내가 수용한 셈이다.

나 : 언론에 의하면 회담이 처음 결렬됐고, 김종인 위원장이 '합류 가능성 1%'라고 까지 말했다는 보도도 있었다. 당시 기분 어땠나?

황 : 모시는 과정은 수월치 않고 어려웠다. 말 그대로 '삼고초려(三顧草廬)' 후, 네 번째 만났을 때야 모실 수 있었다. 그 이전에 김 위원장의 '태영호 나라 망신' 등 발언으로 당내 홍역을 치른 상태였다. 전체적으로 꾸준히 협상이 진행됐고, 시간은 걸렸지만 나름 확신이 있었다. 이런 배경에서, 그런 언론 보도는 그리 신경 쓸 것이 아니었다. 김종인 위원장 구기동 자택을 두 번 정도 찾아갔다. 어떤 분들은 '과공(過恭)'이라 했지만 난 선당후사를 위해서는 스무 번도 갈 수 있다고 생각했다. 대의를 위해서라면 내 체면이 그리 중요한 것은 아니었다.

나 : 김종인 위원장 영입 과정에서 태영호 후보가 큰 상처를 받았다. 어떻게 위로해주었나?

황 : 이후 내가 태영호 후보를 따로 보자고 했다. 나를 만나러 나오는데 지역이 크게 술렁였다고 했다. '내가 포기하라는 최후통첩을 할 것'이라는 이야기가 돌았다고 했다. 예상 밖으로 내가 '흔들리지 말고 꼭 이기라'고 당부하고 적극적으로 격려하니 예상 밖이었다고 했다. 본인도 나오면서 '자신을 지역에서 빼고 비례대표로 대체 투입하는 줄 알았다'라고 했다. 내 이야기를 듣고 태 후보는 '확신과 자신감을 가지고 죽기 살기로 뛰었다'고 했다. 그 뒤 태영호 후보 지역 지원 유세를 하기도 했다.

나 : 다시 김종인 위원장 이야기로 돌아가겠다. 명실상부 투톱 간 역할 부담이 있었나?

황 : 전체적인 선거관리는 김종인 위원장이 맡고, 나는 종로에서 선전해 전체 구도에서 당에 도움이 되는 방향으로 움직이겠다고 말했다. 물론 나도 당 대표로서 역할을 다했다. 김종인 위원장께 당 관련된 업무 등을 통해 적극적으로 선대위 활동을 지원하겠다고 말씀드렸다. 사실 김종인 위원장은 당내 분위기를 잘 모르시고 전체 팀워크에 녹아들 시간이 부족했기 때문이었다. 또 선대위도 임시기구라 전반적인 당무를 감당하는 조직이 아니었기 때문이다. 내가 종로에 전념한다 해도 총선에서 완전히 지휘봉을 내려놓을 수는 없었다. 그렇기에 전체 총선 결과에 온전히 책임지고 물러난 것이다.

나 : 급조되고 대표가 빠진 상황에서 선대위 의사결정에 공백이 컸다. 김종인 총괄선대위원장과 이진복 선대본부장과의 갈등 등에 관한 사항 알았나?

황 : 나는 나중에 알게 되었다. 오해에서 비롯된 과잉갈등이었다. 나중에 알게 되었을 때는 내가 개입해야 할 정도의 갈등상황은 아니었다.

나 : 그렇게 총선에서 패배하고 모든 당직을 내려놓으셨다. 그러나 총선 후 당 관리에 대해서는 일정한 관심을 가질 수밖에 없었을 텐데… 이후 김종인 위원장이 비대위원장으로 추대됐다. 그때 어떤 역할을 하셨나?

황 : 4월 15일 밤 11시 지날 즈음 '완패' 확정이 난 이후 사퇴를 결심했다. 이미 이전에 '과반 확보를 못 하면 사퇴하겠다'라고 말한 적도 있었기 때문에 자연스럽게 그렇게 한 것이다. 그러나 그 이후가 걱정됐다. 어렵게 통합을 성사시켰는데 다시 와해하면 어떻게 하나 하는 생각이 들었다. 그것만은 막아야 한다는 생각을 했다. 이를 위해서는 과거의 당내갈등에서 일정한 거리를 둔 분이 총선 실패 후 흔들리는 당을 관리해야 한다고 생각했다. 이런 생각에서 최소한의 정지작업은 해놓고 그만두어야 한다고 생각했다. 최소한의 책임이었다. 그래서 사퇴 기자회견 직전에 당시 나와 함께 공동총괄선대위원장이었던 김종인 위원장에게 전화하면서 우리 당 수습과 총선 정국 마무리를 위해 애써달라고 부탁드렸다. 그때 그분 반응이 '어느 정도의 역할을 해 주실 것' 같은 뉘앙스였다. 그런 이야기가 오고 간 후, 나는 국회 상황실로 돌아와 사죄의 뜻을 밝히고 대표직사퇴를 공식 발표했다. 심재철 당시 원내대표에게도 뒷마무리를 부탁했다.

공식적인 질의응답은 끝났다. 그러나 아쉬움에 대화는 계속 이어졌다. 황교안은 계속 통합에 관해 이야기했다. '우리 본연의 가치를 훼손하지 않은 선에서 외연을 확장하는 데 최대한 유연성을 발휘할 필요 있다'고 했다. 김종인 위원장 영입도 같은 맥락이었다고 했다. "김종인 위원장 외의 대안도 있었지만 결국은 '외연 확장'이라는 역량 베이스로 그분을 선택하게 된 것"이라고 했다.

그러면서 선거전에 대해 아쉬움도 토로했다. "총선 과정에서 재난지원금 경쟁에만 매몰되어 우리만의 아젠다를 내세우지 못한 점에 대해 가장 뼈아프게 생각한다"고 했다. 정확하게 맞는 말이다. 우리는 우리만의 선거전, 다시 말해 플레이그라운드를 만들지 못했다. 코로나 국면에서 우리만의 아젠다와 선거이슈를 만들지 못했다. 어찌 보면 개표 결과 참패는 예상된 결론이었을지 모르겠다.

Part. 10

총선 패배와 성찰,
그리고…

Part.
10

총선 패배와 성찰, 그리고…

총선은 참패였다. 종로에서도 패배했다. 상대 당인 민주당은 사상 유례없는 대승을 거두었고, 미래통합당은 겨우 개헌저지선을 지켰을 뿐이다. 차기 대선주자의 맞대결로 관심을 끌었던 종로의 빅매치도 예상외로 싱겁게 끝났다. 모두 황교안의 참패인 것이다. '내려놓기' 전문가였던 황교안은 결국 다시 모든 것을 내려놓고 칩거에 들어갔다. 그리고 한참 후에야 입을 열었다. 내가 책을 쓰겠다면서 인터뷰를 제안했을 때 이에 응해 준 것이다. 여권이 공수처법을 재개악(再改惡)하자 8개월여 만에 SNS를 통해 메시지를 냈지만, 그때는 나와 인터뷰를 시작한 직후였다. 많은 인터뷰가 있었지만 이제 정식인터뷰는 마지막이다.

나 : 1년여 정도 정치 경험을 하셨는데, 소감은 어떠셨는지? 가장 기억에 남는 장면은?

황 : 먼저 내 심정을 이야기해 보겠다. 지금 정치와 (민주화) 운동을 구분하지 못하는 설익은 운동권 출신들이 나라를 뒤흔들고 있다. 이제는 제발, 더 망가지기 전에 그만뒀으면 좋겠다. 그때도 이런 심정으로 당에 들어갔다. '나라를 살리기 위해, 정치를 살리고자 입당한 것'이 벌써 2년 전 일이다. 처음 가는 길이었고 함께해 온 정치인이 거의 없었기 때문에 인적, 물적 자원이 충분치 못했다. 그러나 당원, 위원장, 의원, 국민의 관심 속에서 지금까지 왔다. 당원과 국민께 이 기회를 통해 진심으로 감사드린다. 뜻을 이루진 못했지만, 국민의 기대에 어긋나지 않도록 최선을 다해 노력했다는 사실을 꼭 말씀드리고 싶다.

가장 기억에 남는 장면은 2019년 10월 '국민항쟁'이다. 광화문 광장 한 곳에 국민의 뜻이 모두 모였다. 나도 집회 시위 많이 보아왔지만 그만큼 많이 모인 건 이전에 경험해 보지 못했다. 조직과 돈으로 동원해서가 아니다. 사실 동원에는 한계가 있다. 최대한 많아야 10만 정도다. 당시 300만 정도가 모였던 것은 비판적 언론을 비롯해 대부분이 동의하는 것 같다. 내가 사진을 보니 광화문에서 서울역까지 눈에 보이는 모든 공간을 다 채웠더라. 좌우로도 마찬가지다. 종로 양옆으로도 종로3가, 서소문으로까지 퍼져 나가 자리를 메웠다. 이분들 모두가 그때는 한마음 한뜻이었다. 보수단체도 여러 계열로 나뉘었지만, 그때 그 현장에서는 모두 다 하나가 됐다. 그런 점이 정말 감동적이었다. 더 중요한 것은 그 행사에 그렇게 많은 인파가 모였으나, 질서정연한 모범적인 집회가 됐다는 점이다. 내 기억으로는 사건·사고가 없었다. 지하철은 인파로 넘쳐났고 1시간 넘게 역 안에서 기다리는 사람들도 있었다. 그런데도 불만과 사고가 없었고 질서정연했다. 이런 점이 정말 감사하고 뿌듯했다. 누가 통제하고 관리해서가 아니었다. 국민 스스로가 모범을 보여 정권의 잘못과 불공정, 거짓말을 꾸짖고자 했기 때문이다. 이것이 평생 내가 잊지 못할 가슴 벅찬 장면이다.

나 : 좀 더 사소하더라도 구체적인 에피소드를 소개해 주신다면?

황 : 집회 초기에는 직원들의 안내를 받아 순서에 맞춰 현장에 들어갔다. 그런데 8, 9월에는 1시간 전 현장에 나가 먼저 오신 분들과 스킨십과 이야기를 나누었고, 자연스럽게 그분들과 함께 본 집회로 들어갔다. 그때 여러 사람과 대화한 경험이 기억난다. 단상에 올라갔을 때와 달리, 구석구석 현장에서 시민들의 진솔한 바람과 요구사항을 들을 수 있었다. 이 당시의 일관된 목소리는 '(야당이) 더 세게 싸워 달라'는 것이었다. 당에 힘을 모아 최대한 강력한 투쟁을 하고 있는데, 이분들은 이 정권의 실정에 비하면 여전히 모자란다고 생각하는 것 같았다. 내가 농담 반 진담 반으로 '어떻게 세게 할까요'라고 물어보면 '세게 해 주세요'라며, 다시 '세게 해달라'는 말만 반복하셨다. 겉으로는 웃었지만 마음은 더욱 무거워졌다. 얼마나 간절했으면 이런 말만 계속하실까 싶었다.

나 : 대표 시절 가장 아쉬웠던 점과 그 순간을 말씀해 달라.

황 : 가장 아쉬운 것은 역시 총선 패배다. 많은 준비를 했었다. 우선은 전국을 다니며 국민 목소리를 듣는 '민생대장정'부터 시작했다. 그 것을 토대로 해 '경제 대안', '안보 대안', '교육 대안' 등을 만들어 국 민 앞에 해법으로 제시했다. 또한 당을 살리고 총선이나 향후 대선 을 위해 인적 자원을 확보하는 차원에서 인재영입에 노력을 기울 였다. 이 모두가 1차 목표인 '총선 승리'를 위한 것으로 모아졌다. 그런데, 패배를 넘어 '참패'를 했기에 아쉬움을 넘어서 가슴이 찢어 지는 아픔을 겪었다.

그 과정에서 정말 안타까운 것은 어렵게 이룬 '통합'의 성과를 제대 로 만들어내지 못한 것이다. 통합이 총선 승리로 이어지지 못한 게 아쉽다. 통합을 위해 애썼던 많은 분에게 죄송한 마음이 크다. 통 합은 그냥 우연이 아니다. 물론 각자 이해관계가 있었을 것이고 그 에 따라 협상에 임했겠지만, 결론적으로는 대승적 결단으로 하나가 되었다고 생각한다. 단기적으로는 분명히 실패했다. 그러나 이것은 아직도 우리에게 중요한 자산이라고 생각한다. 앞으로 장기적 승리 를 위해, 그동안의 통합과정을 참고해서 잘 계승해야 한다고 생각 한다.

나 : 아쉬운 장면을 다시 되돌릴 수 있다면 어떻게 할 것인가?

황 : 많은 노력에도 불구하고 결국 진 이유가 분명히 있고, 이를 분석하 는 분들도 많았다. 이제 이유를 알았으니 그 반대로 하면 되지 않 겠는가. 이를 교훈 삼아 전혀 다른 각오로 임한다면 결국은 정의가 이길 수 있을 것이다. 국민께서 여전히 당에 마음과 관심을 덜 기

울이시는 것 같다. 지난번 총선 실패를 반면교사 삼아, 국민 마음 속에 들어가 우리 뜻을 정말 진솔하고 진실하게 전하는 것이 가장 정확한 해법일 것이다. '국민의 마음을 얻는 것'이 곧 해답이라는 것이다.

나 : '총선 실패를 반면교사로 삼아야 한다'고 하셨다. 생각하고 계시는 총선 패배 원인을 말씀해 달라.

황 : 겉으로 나타난 제일 큰 것은 '코로나19'와 돈 즉, '재난지원금'이다. 하지만, 이 부분은 우리 당이 좌우할 수 있는 영역이 아니다. 당시 내 생각은 우리 당의 '혁신' 즉 변화된 모습을 보여드리는 게 핵심 과제였는데, 역설적으로 '변화된 모습 보여주기'에만 치중한 것이 문제였던 것 같다. 공급자 위주였다. 국민의 요구에 부합한 변화가 꼭 필요했는데 그렇지 못했다.

예를 들어 보자. 코로나는 실상 야당이 관리할 수 없어 대응하기 어려운 과제이다. 하지만, 사실 거꾸로 코로나는 야당이 국민의 마음을 얻을 수 있는 기회도 제공했다고 본다. 위기를 기회로 만드는 지혜와 노력이 필요했다. 예를 들면, '재난지원금을 드리겠다'고 하는 것이 맞긴 맞다. 그런데 우리는 국민채(國民債)를 만들어 그것으로 재난지원금을 만들겠다고 했다. 그건 너무 복잡했다. 말은 맞지만, 국민에게 어필하지 못한 부분이 있었다. 그러니까, 국민의 마음에 바로 들어갈 수 있는 메시지를 던졌어야 했다. '예산을 조정해서 재난지원금을 만들겠다'는 것도 그렇다. 앞에 조건이 붙으니 국민에게 다가가는 데 거리감이 있는 것이다. 우리가 선제적으로 국민 마음에 부합하는 메시지를 보낼 수 있었는데, 부족했던 것이 아쉽다. 재난지원금 책정과 관련해서도 그렇다. 실상 야당은 예산 집행권이 없지만, 예산이 집행되도록 하는 역할은 할 수 있다. 그런 지혜가 필요했다. 이번 정기국회에서 우리 당이 재난지원금을 편성하자며 선제적으로 요구해 예산안이 통과되지 않았다. 그러니 아무 문제가 없었고, 민심을 잃을 위험성에서 벗어난 것이다. 거기서 한 발 더 나가면 좋겠다는 생각도 해 본다. 야당은 대부분 수세적인 환경에 놓여있다. 위기를 통제할 수는 없다. 그러기에 '위기를 기회로 만드는 것' 만이 살길이다.

나 : 총선 패배 원인을 조금 구체적으로 말씀해 달라. 외부적인 것, 당내 문제, 대표님 본인에 대한 것 등이다. 먼저 외생적인 요인은?

황 : 상대는 철저히 준비했는데, 우리는 부족했다. 준비도 부족했고, 역량도 충분했다고 말할 수 없다. 이런 상황에서 갑자기 '코로나19 변수'가 등장했다. 여권이 국민에게 소위 '돈 나눠줄 기회'가 생긴 셈이다. 이 정권은 이 기회를 잘 활용했다. 우리에게는 그럴 힘이 없었다. 강한 상대와 불리한 환경이 총선에서 패배한 외생적인 변수라고 생각한다.

나 : 당내 변수는?

황 : 기본적으로, 이전 몇 번의 선거에서 패하면서, '패배의식'에서 벗어나지 못하고 있었다. 패배의식으로 야기된 부작용 중 하나가 '내부총질'이다. 우리가 앞을 보며 전진했다면 내부총질은 없었을 것이

다. 내부총질이 1년 넘게 계속됐다. 적을 내부로부터 무너지게 해야 하는데, 거꾸로 우리가 안에서부터 무너졌다. 내부총질을 통해 스스로 무너진 측면도 있는 것이다. 국민께 단합하지 못하는 모습을 보인 것이 매우 큰 변수 중 하나였다.

연관된 것인데, 기회 요인으로 기대했는데 결과적으로 활용되지 못한 것이 '대통합'이다. 패배주의와 내부총질 과정에서, 앞에서 말했듯 어려운 통합을 이루어냈다. 그러나 화학적 통합을 이루기 전 총선을 치러야 했다. 즉 대통합의 '시기와 타이밍'에 아쉬움이 남는다. 좀 더 시간적 여유가 있었으면 좋았을 걸 하는 생각이 든다. 급하게 하려다 보니, 득보다 손해가 커져 버리고 말았다. 이런 것들이 당내 변수라고 생각한다.

나 : 대표님의 '지도자 리스크'가 있었다면?

황 : 우선 정치 생리를 잘 모르고, 원칙에만 충실했다. 진정성을 가지고 나아간다면 알아봐 주실 것으로 생각했다. 그러나 그것으로는 부족했다. 그게 아주 중요한 원인이었다. 장기적으로 보면 정치개혁에 반드시 필요한 요소지만, 아직은 우리가 미치지 못한 것 같았다. 좀 더 융통성을 발휘했어야 하지 않나 생각을 한다. 열 가지도 이야기할 수 있지만 이 정도 하자. (하하)

나 : 타인의 이야기는 어려우시겠지만… 그럼에도 불구하고, 책임을 나눠질 몇 분이 있다면?

황 : 다른 분들의 책임을 생각하지는 않는다. 최종적인 책임은 모두 내

게 있다. 몇 명을 얘기한다는 것 그 자체가 맞지 않는 얘기다. 다 내 책임이다, 책임을 떠넘기기만 한다면 미래를 볼 수 없다.

나 : 그럼 조금 훈훈한 이야기를 해 보자. 제1야당의 수장을 하시며 제일 큰 보람은?

황 : 역시 '통합'이다. 당장 성과를 내지는 못했지만 앞으로 기회 요인이 될 수 있는 값진 성과라고 생각한다. 미래지향적으로 생각해 보면 그렇다. 우선 1단계 통합은 '당내통합'인데, 이 부분은 거의 다 이뤄 졌다고 본다. 지금은 '계파' 얘기가 거의 없다. '과거 얘기'가 된 것 이다. 이제 '친박계'니, '친이계'니 하는 얘기는 당내에서 사라졌다. 큰 보람이다. 더 나아가 '자유민주진영'의 대통합이 이루어졌다. 이 와 같은 정당 간 통합은 내가 기억하기로는 우리 역사상 3번 정도 있었다. 지금이 4번째인데, 그만큼 진화한 것이다.

이런 '당내통합', '자유민주진영 대통합'을 바탕으로, 더 나아가 '국민 통합'을 이룰 때라고 생각한다. 크게 보면 지금 우리나라는 남북으로 나뉘어 있다. 남북통일은 거시적인 전략이 필요하고 시간이 소요된 다. 가까운 것부터 해결해야 한다. 예를 들자면 우리 사회에 '세대 간 갈등'이 심해졌고, '지역 간 갈등'은 더욱 심화했다. '노사 간 갈등'은 말할 것도 없다. 이러한 갈등을 치유하고 통합해 명실공히 국민이 하 나 된 '국민통합'을 이뤄야 한다. 문재인 정부가 갈가리 찢어놓은 국 민의 마음을 하나로 회복시키는 노력이 꼭 필요하다.

나 : 수권정당 대표로서 리더십과 관련해 얻은 교훈이 있다면? 어떻게

구심력을 가진 리더십을 강화해야 하는가?

황 : 집토끼를 잘 지켜야 산토끼도 데리고 올 수 있다. 나는 집토끼, 산토끼 다 잡고 싶었다. 돌아보면 욕심이었다. 선거결과로 본 전체적인 평가는 '집토끼는 대체로 지켰는데, 산토끼는 집으로 데리고 왔으나 집토끼로 만들지 못했다'라는 것이다. 산토끼에게 집토끼가될 동기부여를 못 했기 때문이다. 일단 함께 모였으나 원심력을 제어치 못한 상황에서 선거를 치를 수밖에 없었다. 그럼에도 불구하고 나는 지금도 집토끼, 산토끼를 다 함께 아우르는 '역량 있는 리더십'이 꼭 필요하다고 생각한다. 나는 정치를 오래 하지 않았기에, 부족함을 숨길 수 없었다. 이런 것이 정말 아쉬운 점이다.

두 번째로 '리더십은 사람을 챙김에서 나온다'라는 사실이다. 정치권 들어오기 전에는 그렇게 생각하지 않았다. 나라를 위해서 일하는 정치, 공무원들은 '나랏일이 우선이다'라는 생각을 했다. 민주당이 속임수로 쓰고 있는 '사람이 먼저다'라는 말에 적극적으로 반응하는 국민의 심정을 알게 됐다. 그냥 흘려들었던 것이 아쉽다. 우선 집토끼 지키고, 산토끼 챙겨야 했다. 우선순위는 "'사람'을 잘 챙기는 것"에서 시작한다. 앞으로는 무슨 일을 하더라도 결국 사람을 잘 챙기는 것이 필요하다는 교훈을 깨달았다. 일보다 사람이 먼저다. 동지와 함께하는 '동행의 리더십'이 필요하다고 생각하게 됐다.

나 : 중앙의 큰 전쟁은 그렇다 치고, 개인 전투도 중요하다. 종로에서 패배해 미래를 기약하지 못하게 됐다. 종로 패배의 원인은 무엇인가? 먼저 외생적 원인은 무엇이었나?

황 : 우선 상대 후보가 잘 준비했다. 이는 부인할 수 없는 팩트다. 상대
　　방 후보 본인도 일찍 (총리를 그만두고 종로에) 나와 준비했고, 그
　　직전 종로선거구 국회의원이었던 정세균 총리도 8년간 바닥 민심
　　을 철저히 파고들어 주민 마음을 얻었다는 것을 종로선거운동하면
　　서 확인할 수 있었다. 그리고 10년 동안 구청장이 민주당 소속이었
　　다. 민주당 국회의원과 구청장이 함께 오랫동안 준비했고, 경우에
　　따라서는 '해서는 안 되는 일'도 하며 표심 얻기 위해 노력했던 것
　　같다. 종로지역에 있어서도 민주당이 굉장히 선심성 '퍼주기'를 많
　　이 한 것으로 알고 있다. 이런 것들도 집권 여당의 프리미엄이라고
　　할 수 있다. 정치도 법의 테두리 내에서 해야 하고 바른 정치를 해
　　야 하는데, 그런 면에서 반칙도 있었던 것 같다. 이런 것들이 하나
　　의 원인이다.

　　반면 우리 당은 종로 지역구가 오랫동안 공석이었다. 이런 점도 원
　　인이라면 원인일 수 있다. 방금 이야기한 외부요인과 결합하는 내
　　부의 빈자리가 크게 영향을 미쳤다고 생각한다. 그러나 이런 것들
　　을 결정적인 원인이라 생각지는 않는다. 결국, 가장 큰 책임은 나
　　에게 있다.

나 : 그런 외부적 원인은 이해할 수 있다. 하지만 말씀하신 대로 결정적
　　인 이유라 할 수는 없을 것 같다. 종로는 우리 정치에서 상징성이
　　큰 지역이다. 그 자부심에 부응하지 못한 측면은 무엇인가?

황 : 전적으로 나의 문제라는 사실을 전제로 하고 말하겠다. 기본적으
　　로 종로의 자부심에 부응하지 못했다. 단시간 내에 부응할 수 있는

상황이 아니었다. 말하자면 오랫동안 우리 당이 방치한 것이다. 뒤늦게 와서 이를 추스르려니 힘들기만 하고 결실은 미미했다.

예를 들자면 역시 '사람'이다. 8년 전까지 이 지역에서 우리 당이 국회의원을 배출했는데, 그때 일했던 사람들은 지금 거의 없고, 남으신 분들도 연세가 많으신 분들이었다. 그때 열심히 활동했던 60대 당원들은 70대가 됐고, 더 적었던 50대도 60대가 됐다. 젊은 인재 영입이 부재하니, 종로 당협에는 젊음이 없고 노쇠한 분위기가 됐다. 이런 인적 한계는 물적 한계와 떼어놓고 생각할 수 없다. 물적으로 많은 제약과 압력이 있었기에 사람들은 불편해했고, 당으로 사람이 모이지 못했다. 인재, 사람을 모으는 것에 많은 힘을 쏟았지만 상응한 결실을 얻지 못했다. 결국, 나를 제외한 가장 큰 패인은 8년간의 공백이었던 것 같다. 이런 한계와 분위기를 극복할 만큼, 효율적이고 스마트하게 선거운동을 못 한 것도 치명적인 원인이었다.

나 : '8년간의 공백'을 원인으로 들었다. 구체적으로 종로 캠프 구성이나 팀워크는 어떠했나?

황 : 팀워크 구성에 생각보다 시간이 많이 소요됐다. 동책임자 구성을 마무리하는 데만 2주가 걸렸다. 공직이라 할 수 있는 시의원도 없고, 구의원은 비례대표 1인, 지역구가 2인이 있을 뿐이었다. 즉 인적자원이 절대적으로 부족했던 것이다. 네트워크뿐 아니라 데이터베이스도 절대적으로 열세였다. 유권자 14만 중 우리가 연락 가능한 명단은 3만 명 정도 수준이었다. 그들 중에 이사를 가거나 한

오류정보도 많았다. 선거운동에서 연락처확보는 절대적 요건이더라. 코로나 사태로 일상적인 선거운동 활동이 어려운 상황에서는 더욱 그렇다.

인적구성에 시간 많이 들었지만, 그뿐만이 아니었다. 그 의사결정 체계도 무너져 다시 세워야 했다. 이 또한 시간이 소요됐다. 기존 당 조직 구성원 자원이 한계가 있고, 외부에서 새로 들어오는 것도 어렵다는 이야기가 많았다. 궁여지책으로 나는 '열린 캠프'를 계속 주창했으나 만족할 만한 피드백이 없었다. 그렇게 팀워크가 부족한 상황에서 전쟁을 치러야 했다.

나 : 지역에서는 시의원, 구의원이 중요한데.

황 : 3만 명 명단도 상당수는 구의원들이 제공한 것이었다. 그 후 정말 죽기살기로 겨우 모은 데이터베이스가 13만 정도였으나 이미 때가 늦은 뒤였다. 그러나 지금 생각해 보면 처음 3만 명이 없었으면, 그 마저도 힘들었겠다는 생각이 든다. 데이터베이스뿐 아니라, 이를 연결할 네트워크가 더욱 중요하다. 그 역할을 해 주신 구의원들께 감사한다.

나 : 이왕 '반성' 이야기가 나왔으니 그 전으로 거슬러 올라가 보자. 이 전에 국무총리 하실 당시와 권한대행 당시다. 그리고 탄핵정국 이후 문재인 정권이 들어설 때의 소회는?

황 : 우선 박근혜 대통령과 충분히 소통하지 못했다. '충분히'라는 말이 상대적이긴 하지만 역시 중요하다. 나는 자주 소통한다고 했으나,

결과적으로 볼 때 이뤄지지 않은 경우가 많았다. 물론 매주 국무회의 때 잠깐씩 이야기하기는 했으나 그 정도로는 많이 부족했다. 정기적으로 독대하기로 했으나 빠질 때가 많았다.

나 : 독대는 얼마 만에 한 번씩 했나?

황 : 한 달에 한 번씩 했다. 처음에는 격주로 했으나, 시간이 나지 않았다. 결국, 한 달에 한 번 하게 됐다. 다른 국무위원들에 비해 상대적으로 시간 양은 많았으나, 업무적인 소통만 있었고 업무 외적인 부분들까지 들어가지 못했다. 정부안이 그렇게 운영되다 보니, 정부와 국민 간의 소통이 충분하게 이뤄지지 못한 것이 사실인 것 같다. 국정운영을 돌이켜보면 '국민 중심'이 아닌, '정부 중심'으로 흐른 측면도 있었던 것 같다. 국민 중심의 국정이 되기 위해서는 '국민의 얘기를 많이 들어야 하는데' 그 기회가 실상 많지 않았다. 당대표로 들어와서 '국민 중심' 이야기를 많이 했는데, 그때의 아쉬움으로 그런 화두를 많이 꺼내게 되었다.

그렇게 업무를 중심으로 일하다 보니, 장관 등 구성원과의 동지애 형성에 소홀했다. 일 중심으로 국정을 운영했고, 관계에 대해 고려는 부족했다. 그 책임은 총리에게도 있다. 나라도 신경을 썼어야 했는데, 그런 부분이 많이 아쉬웠다.

권한대행 때는 회한의 날을 보냈다. 대통령 탄핵으로 시작되었기 때문이다. 국무위원들 모두 다 힘든 시간을 보냈다. 같이 만나면 웃을 수 없었고, 웃음이 나오지 않았다. 가슴 아픈 날들을 보냈다. 다만 나도, 국무위원들도 '위기상황일수록 국정이 흔들려서 안 된다'라는 생각을 하며 최선을 다했다. 대통령 권한대행 시절, 저와 국무위원들의 공과에 대해서는 역사와 국민이 판단해 주실 것으로 생각한다.

나 : 당시 국무위원 중 가장 기억에 남는 분이 있다면?
황 : 그 당시 금융위원장이던 임종룡 위원장이다.

상황이 심각해지자 나는 '위기상황에 책임을 지겠다'며 대통령께 사의를 표했다. 처음에 받아들이지 않으셨는데, '제가 물러나야 다소라도 도움이 된다'고 설득을 했고, 결국 그렇게 하기로 결정이 됐다. 그래서 박 전 대통령이 여러분과 상의 끝 '김병준' 위원장을 비롯한 후보 몇 분에 대해 차기 총리로 임명하면 어떻겠냐고 의견을 물으셨다. 나도 김병준 위원장을 총리로 임명하는 게 좋겠다는 의견을 냈다. 박 전 대통령은 논의를 계속한 뒤 김병준 위원장이 가장 낫다는 결론에 이르러 내정을 했다.

그렇게 총리가 바뀌면, 경제부총리도 함께 교체하는 것이 좋겠다는 생각에, '임종룡' 금융위원장이 경제부총리로 내정됐다. 그러나 결국 집행이 되지는 않았다. 나는 사퇴가 되지 않았고, 당연히 김병준 위원장이 신임 총리가 되지 못했다. 대외적으로 부총리로 이야기된 임종룡 위원장도 금융위에서 움직일 수가 없게 되었다. 총리, 경제부총리 인사가 무산되고 내가 임 위원장을 만나 말했다. "유력하게 거론되다가 임용이 안 되면 민망하겠지만. 나라가 이런 상황이니 있는 자리에서 최선을 다해 달라"고 요청했다. "나도 그런 마음으로 최선을 다하겠다"고 얘기하니, 임종룡 위원장도 흔쾌히 동

의해 주었다. 그런 상황이기에 더 각오를 다지며 잘 챙겼던 것 같다. 나와 국무위원들은 정말 최선을 다했고, 이런 것들이 혼란스러운 탄핵과 대선 국면에서 국정이 흔들리지 않았던 이유라고 생각한다. 임종룡 위원장을 비롯한 국무위원들 모두께 다시 한번 감사드린다.

나 : 대통령권한대행 당시 초유의 탄핵 상태와 혼란스러운 대선정국에서도 평화적인 정권 이양이 이루어졌다. 높이 평가할 만하다. 잠시 대통령직을 경험하셨는데, 당시 우리 사회에서 '대통령 역할'에 대해 생각을 해 보셨을 것이다. 정치입문에도 영향이 있었을 것이고 대통령 꿈도 꾸셨을 것 같은데?

황 : 나는 대통령 궐위 상황을 경험하며 위기 상황에서 나라가 나아가야 할 방향에 대해 깊이 생각하게 되었다. 이후 한참 동안 문재인 정부가 잘해주기를 바랬다. 그러나 결국 실패했다. 그래서 나라도 나서야 한다고 생각한 것이다. 우리가 생각하는 국가적 목표를 달성하기 위해 필요하다면 기꺼이 모든 것을 감당하겠다고 생각했다. 자주 사람들이 물어봤다. '권력의지가 있느냐'고. 그러나 지금은 우리가 권력을 잡는 것보다는 현 정부의 독재적 폭주를 저지하는 것이 우선이라고 생각한다. 불이 났다면 '누가 먼저 나설 것이냐' 보다 '모두가 나서 불 끄는 것'이 우선이다. 내 목표는 '나라를 살리는 것, 국민이 잘살게 하는 것"이다. 이를 위해 건전한 세력이 정권을 다시 가지고 와야 한다. 누구라도 그 선두에 선 사람이 국정 책임자가 되는 것은 당연하다. 누군가 스스로 먼저 나선다고 국

정 책임자가 된다는 것은 지나치게 공급자 중심의 생각이다. 선택은 국민과 역사가 하는 것이라 믿는다.

나 : 누구라도 대통령이 될 수 있다고 말씀하셨다. 만약에 앞으로 대통령이 되신다면, 가장 먼저 하고 싶은 것은 무엇인가? 본인이 아니라도 차기 대통령이 반드시 해야 한다고 생각하는 것은 무엇인가?

황 : 누가 되더라도 우선적으로 해야 할 것은 모두 같다. 국가권력만을 차지하기 위한 대통령이 돼서는 안 된다. 그러면 '문재인 정권 시즌2'가 되고 만다. '독재 종식'을 위해 정치를 해야 하고, 국민의 힘을 모아 '나라 살리기'에 매진해야 한다. 만에 하나 내게 다시 기회가 온다면, 지금 잘못된 독재정권의 종식을 위해 모든 힘을 기울일 것이다. 이를 통해 우리가 추구해야 할 것은 결과적으로 대한민국의 회복이다. '자유 대한민국의 회복'. 정말 우리가 꿈꾸던 자유롭고 행복한 세상 말이다.

둘째는 '민생경제 회복'이다. 우리는 '국민 모두가 잘사는 나라'를 꿈꾸지 않았는가? 이 꿈이 무너져 가고, 지원금과 고용수당을 받지 않으면 살기 어려운 세상이 되어버렸다. 민생경제를 회복시키는 것과 함께, 미래 희망을 위한 교육 회복도 필요하다고 생각한다. 교육은 가장 중요한 민생 중 하나다. 입시 비리, 사교육비 부담. 이런 것들 없는 나라를 만들어야 한다는 것이다. 말하자면 '공정한 교육국가'를 회복하는 것이다. 이런 것들을 제대로 회복시키는 것이 중요하다. 나는 이런 꿈을 가지고 있었고, 나름대로 총리로서의 국정경험을 통해 방법과 길을 찾고 있었다. 그래서 정치권에 들어와 이런 것을 목표로 삼은 것이다.

또 하나는 '국민 삶의 회복'이 필요하며 집중하고자 했다. 우선 부동산이다. 어떻게 보면 의·식·주가 삶의 기본 3대 요소인데, 주거가 불안정하니 국민이 행복할 수가 없다. 서울시의 경우, 2013년 지난 정부 출범 초기에 비교해 지금 아파트값이 딱 2배로 올랐다. 평균 5억에서 10억이 되었으며, 비싼 아파트일수록 말할 수 없을 정도로 비싸졌다. 또 그 와중에 엎친 데 덮친 격으로 '세금폭탄'이 투하되고 있다. 이런 것들이 고쳐지지 않으면 국민의 삶이 행복해질 수 없다. 국민 삶의 회복, 평범한 시민이 살기 편한 나라를 만드는 것이 당면목표가 되어야 한다.

또 간과할 수 없는 것이 있다. '가치의 회복'이다. 이 정부 들어 '가치'가 무너져 버렸다. '공정과 정의', '진실'의 가치를 회복하는 것이 필요하다. 앞으로 내가 무엇을 하고 어디 있든 '따뜻하고 공정한 사회', '공정하고 따뜻한 세상'. 그것을 만들고자 몸 바치려고 한다.

나 : 앞으로는 대한민국이 어떻게 되어야 하나? 분명히 해야 할 목표를 이야기해 달라.

황 : 정권 교체다. 그래서 국민이 잘사는 나라를 만들어야 한다. 그리고 국민통합이다. 극단적으로 나뉘어 서로 비난만 하는 것이 아니라 건설적으로 같이 나라를 세워가는 토양이 만들어져야 한다.

나 : 이런 목표를 위해 앞으로 대표님의 역할은?

황 : 김구 선생님의 소원을 떠올리게 된다. 김구 선생은 〈백범일지〉에

'독립된 정부에 문지기가 되어도 좋다'고 하셨다. 나도 마찬가지다. 국민과 국권이 회복된 나라에 문지기가 되어도 좋다. '회복된 나라'라는 목표를 달성하기 위해 누군가의 희생이 필요하다면, 나도 기꺼이 감당할 생각이 있다. 정의로운 가치를 위해서 희생이 필요할 수도 있다. 이를 위해서 나는 '백의종군(白衣從軍)'의 뜻을 가지고 있다. 지난 선거에서 국민의 마음을 얻지 못하는 상황에서, 그 최종책임자인 대표였던 사람이 모든 것을 내려놓고 '백의종군'하는 것은 당과 나라의 새 출발을 위해서도 꼭 필요한 것이다.

그리고 이제는 우리나라에 정상적인 지도자가 필요하다는 생각도 한다. 꼼수와 술수가 횡행하는 상황에서 정상적인 리더십의 회복은 정상 국가로 가는 지름길이다. 역량 측면에서도 지도자다운 지도자가 나타나야 한다. 공정과 정의를 실천할 수 있는 지도자가 앞장서 '모두가 잘사는 자유대한민국'을 만들고자 노력하는 정치가 필요하다. 일부 사람만 잘살고 이를 위해 많은 사람이 고통받거나, 모두가 함께 못사는 사회는 막아야 한다.

또 언제부터인가 우리나라에서 '미래'라는 말이 사라졌다. 우리가 미래를 향한 비전을 가지고 달려가야 더욱 살기 좋은 나라가 된다. 결국은 내 역할은 미래의 씨앗을 뿌리는 것이다. 여기에 집중하는 것이 국민께 행복을 찾아드리는 일이 될 것이다. 위치나 자리는 중요치 않다.

나 : '백의종군'이라 하셨다. 어디까지 내려놓으실 수 있나?

황 : 누구 말대로 '가족 빼고 다 바꾸겠다'는 각오다. 그동안도 그런 마

음으로 최선의 노력했으나 정치적으로 경험이 많이 부족했다. 부족함을 알았으니, 앞으로 철저히 '백의종군의 자세'로 내게 남겨진 역할을 다하겠다.

나 : 논어와 한서에는 과거 지도자들을 '성인(聖人)', '인자(仁者)', '지자(智者)', '용자(勇者)' 등으로 구분하고 있다. 어느 쪽이 바람직하다고 생각하는가?

황 : 다 갖춘 지도자가 되면 제일 좋으나 그럴 수 없으니, 나는 그중에서도 가장 필수인 덕목이 '용(勇)'이라고 생각한다. 선택한 이유는 내가 좋아하는 사촌 누나 이름이 용자이기 때문이다 (하하 – 전형적 '아재 개그'였다)

용기는 지도자에겐 꼭 필요한 자질이다. 나의 경우를 설명해 보겠다. 통진당 해산심판 청구 당시의 일이다. 어려운 도전을 했는데, 준비한 구성원들이 너무나 힘들어했다. 그래서 내가 헌법재판소에 직접 가서 심리 과정에 출석해 모두 진술을 했다. 장관이 헌재 심리에 참여하는 것은 유례가 없는 일이었으나, 최고 책임자인 장관이 용기를 내야 우리 팀이 자신감을 갖고 어려운 과제들을 해결할 수 있겠다 생각했다. 이렇게 보면 그때부터 '용기'야 말로 내가 지향하는 리더의 덕목이라고 생각했던 것 같다.

정치권에 들어와 한 경험도 있다. 여당이 밀어붙인 패스트트랙 법안에 항의하러 많은 시민이 국회로 들어왔다. 이를 막기 위해 국회가 문을 닫아걸었다. 시민들은 그 문을 열고 청사 안으로 들어와 '국민이 국회에 들어오는 것을 왜 막느냐'고 항의했다. 집회에 참석한 분들이 항의하며 돌아가지 않았다. 당 행사는 2시부터였으나 공식행사가 끝나고 밤 9시가 넘도록 집회가 계속됐다. 급기야 경찰이 3회에 걸쳐 해산명령을 한 뒤 연행하겠다고 했다. 그렇게 연행되면, 48시간 동안 붙잡혀 있을 가능성이 크고, 입건되는 사람도 나올 수 있었다. 이는 막아야 했다. 누구와 상의할 상황이 아니었기에 국회 로텐더 홀에서 농성하던 나는 무턱대고 현장으로 나갔다. 현장의 경찰 최고책임자를 찾아서 '이분들을 내가 안전하게 귀가시키겠다. 결국, 연행 이유가 '해산명령 불이행'이니, 내가 안전하게 해산하게 하도록 설득하겠다'고 하고 시민들을 모시고 나왔다. 그때 시민이 150명 정도 계셨는데, 그분들을 연행하기 위해 이미 15명 정도씩 구분 지어 놓았더라. 결국 리더에게는 책임감과 용기가 중요하다고 생각했다.

또 법무부 장관 시절 일화를 소개해 주겠다. 서해에 중국어선이 많이 침범하여 불법어로를 했다. 서해안 어민들이 굉장히 힘들어했다. 중국어선이 싹쓸이했기 때문이다. 상황이 점점 심각해져서 임진강까지 중국어선이 들어와 고기를 잡아갔다. 그래서 검경연합단속을 지시했다. 우선 임진강 부근에 들어오지 못하게 막는 것부터 시작했다. 그리고 우리 해역 안으로 중국 배가 들어오지 못하게 막는 것으로 이어졌다. 그동안 그렇게 하지 못한 것은 중국 정부가 강하게 우리를 압박했기에 '큰 충돌은 피하자'는 이유에서였다. 그러나 우리 어민들의 생계가 위태로워질 수 있는 상황이었다. 중국을 설득하고, '국민이 먼저'라는 생각을 가지고 불법조업 단속을 하게 된 것이다. 지난 정부 때는 이런 상황이 재발하지 않았다. 중국에서 어선이 오기는 했으나 금방 대처해 막아냈다. 그러나 문재인 정부가 들어선 이후 '중국어선 대응이 물러졌다'는 이야기를 들었는데 너무 안타깝다. 이러한 사례들을 볼 때 리더의 용기는 반드시 필요하다는 생각을 한다.

물론 용기가 기본이지만, 지도자에게 지(知)와 인(仁)도 꼭 필요하다. 나는 '지(知)'를 정치권에 들어와 비싼 비용을 들여 배웠다. 공자님은 지를 지인(知人)이라고 하셨다. 그 의미를 정치권에서 알았다. '사람들을 아는 것'이 지혜의 근본이라는 사실을 깨달았다. '인'은 평생 닦아야 하는 덕성이라고 생각한다. 성인의 경지는 언감생심(焉敢生心), 내가 입에 담을 수 있는 것이 아니라고 생각한다.

나 : 요즘 가장 핫한 인물이 윤석열 검찰총장이다. 마지막으로 검찰 선배로서 윤석열 총장에 대해 충고해 줄 말씀이 있는가?

황 : 결국은 정의가 승리한다. 그 당연한 귀결을 입증하기 바라며, 힘내라고 응원을 하고 있다. 안 그럴 줄 알지만, 현재의 위기에 결코 타협해서는 안 된다. 용기를 내고 '반드시 정의를 세워달라'고 말씀드리고 싶다.

나 : 예전에도 물었지만 다시 묻겠다. '정치인 윤석열'에 대한 생각은?

황 : 윤석열은 현직 검찰총장이지 정치인이 아니다. 하지만 태생적인 정치인은 없다. 필요할 때 여러 이야기를 듣고 준비를 하면 누구라도 정치를 할 수 있다. 정치권 경험이 전무(全無)하기에 어려움이 있을 수 있지만, 의지만 있다면 이 또한 극복 가능하다고 생각

한다.

나 : 어려움을 겪는다면 도움을 주실 계획인가?

황 : 물론이다. 우리 모두 나라를 지키는 것이 '제1의 목표'다.

나 : 그동안 인터뷰하시느라 고생이 많으셨다. 다시 떠올리고 싶지 않
　　은 부분들도 많았을 줄 안다. 그럼에도 불구하고 과거를 찾아보고
　　기억을 회상하며 내실 있는 인터뷰를 해 주셔서 감사하다. 마지막
　　질문이다. 근래 뭐 하고 지내시나?

황 : 생각을 정리하고 있다. "자랑스러운 대한민국의 '회복(回復)'"을 말
　　하고 싶어서다. 위기에는 정치인이 '힐러'가 되어야 하지 않을까?
　　필요하면 기록으로 남길지 고민하고 있다. 거창한 집필은 아니고
　　생각을 정리해 두려는 것이다.

　아직도 병든 대한민국을 안타까워하며 꿈과 열정의 끈을 놓지
않고 '힐러((Healer)'를 소망하는 황교안을 보며 인터뷰를 마쳤다.
귀가하면서 생각에 빠졌다. '회복'이라. 그렇다. 지금은 재도약을
위해 일단 회복할 때다. 회복을 위해서는 힐러 정치인이 필요하
다. '힐러'의 의미를 찾아보니 "게임에서 파티의 회복을 담당하는
역할이나 직업을 통틀어 부르는 말. 회복에 관련된 스킬을 가진
특정 직업이나 캐릭터 자체를 일컫는 말"로 쓰기도 한다. '파티의
회복'이란다. 파티 중 정당이란 뜻도 있다. 힐러는 정당을 치유해
회복시키는 직종이니 정치인이 맞다. 게임 캐릭터 중 유명한 힐러
는 비숍(bishop)이다. 비숍은 가톨릭에서 주교(主教)를 이르는 말

이고 내가 출석하는 감리교에서는 감독(監督)을 의미한다. 체스에서는 왕이나 왕비는 아니지만 상당히 상위의 리더다. 황교안 전 대표가 추구하는 리더십과 일맥상통하는 측면도 있는 것 같았다.

귀가하면서 생각에 빠졌다. 홀가분했지만 한편으로는 아쉬움과 안타까움이 남았다. 과거에 대한 아쉬움이었다. 불확실한 미래에 대한 안타까움이었다. 대한민국의 미래가 불확실하고, 황 대표와 나의 미래도 불확실하다. 모든 세상사에 확실한 것이 있겠느냐 싶지만은 지나친 불확실성은 큰 스트레스를 준다. 지금 우리의 처지다. 그러나 주저앉았을 때 다음을 준비해야 한다. 지금의 작업도 그 일환이다.

시작할 때는 인터뷰를 재미있게 하려 노력했다. 희극(코미디)은 언제나 사람에게 힘을 준다. 비극은 부조리에 순응하게 하고 현실 안주로 유도한다. 그래서 미래를 보고 준비할 때는 분위기가 반드시 밝아야 한다. 하지만 돌아보면 돌아볼수록 그렇게 되지 않았다. 그래서 생각했다. 주저앉은 김에 찬찬히 생각해 보자. 결국 끝에 남는 것은 해묵은 질문이었다. '사회에서 리더십이 무엇이고, 통합은 무엇인가?' 둘은 분리해서 생각할 수 없다. 이제 잠정 결론이라도 우선 내리고, 다음 스텝을 위해 매듭을 지어야 한다.

　이 책을 준비할 때 나의 구상은 '역사의 법정'을 여는 것이었
다. 역사적으로 큰 정치적 사건이 있을 때, 후진 사회는 '마녀사냥'
에 나선다. 선진사회는 법정을 만들어 객관적인 진상에 규명하고
마땅한 책임을 지운다. 법정이 과한 책임은 '더도 덜도 아니'어야
한다.

　2020년 '21대 총선'은 우리나라 현대사에서 획기적인 사건이다.
승패 자체도 그렇지만 역사적, 사회적 맥락이 더 그렇다. 이전에
도 '대통령 탄핵'이라는 헌정사 초유의 사건이 있었다. 그러나 총
선 이후엔 '역사상 초유의 사건'이 일상이 됐다. 총선 결과 여당이

'무소불위'의 권력을 갖게 됐고, 자신감을 넘어 오만함에 이르렀다. 모든 정치행위가 '안하무인(眼下無人)'의 대표적인 사례가 됐다. 대한민국 건국 이래 70년을 걸어온 '번영의 길'을 스스로 포기하고, 끝없는 '퇴행의 길'을 걷게 된 것도 21대 총선의 결과 때문일 것이다. 민주주의를 역행하는 초법적인 행위를 하면서, 그들은 '국민의 뜻'이라고 정당화시킨다. 예전에 '촛불 민심'이라 우겼지만 실체가 약했다. 하지만 총선 압승이 그들의 궤변에 힘을 실어줬다. 총선에서 약간의 브레이크라도 걸렸다면 정권의 폭주가 이렇게 무작스럽지는 않았을 것이다. 21대 총선이 그렇게 중요한 계기였는데 객관적인 판단은 보이지 않았다. 객관적 사실은 무시한 채, 모든 참여자가 아전인수(我田引水), 곡학아세(曲學阿世)로 해석을 내놓을 뿐이다. 그러니 앞으로 유사한 병리 현상이 나타날 때 제대로 된 처방이 나올 수 없다.

거의 1년 동안 '역사의 법정'은 궐석재판으로만 열렸다. 핵심 증인이 보이지 않았다. 많은 증언이 있었지만, 실체와 상관없이 변죽만 울렸다. 공통점은 합심해 특정인을 원흉으로 매도하는 것이었다. 이해관계는 각각이었지만 증언에서는 모두 공범이었다. 그렇다고 내가 그를 특별히 변호하거나 변명해 주고 싶은 마음은 추호도 없다. 다만 객관적인 실체를 확인하고 싶었을 뿐이다. 국가와 진영도 그렇지만, 나 개인도 실체를 파악해야 미래를 제대로 볼 수 있기 때문이다. 그래서 그의 증언을 청취하고 기록에 남긴 것이다. 이제 증언은 마무리됐다. 이제 증언을 종합하고 그 결과 도달한 결론만 기록하면 된다. 결론의 키워드는 모두가 예상하시는 대로 '통합'과 '리더십'이다. '통합'은 시대적 과제였고, '리더십'은 그 과제를 달성하기 위해 필수 불가결한 요소였다.

시대적 과제와 지도자의 소명

'통합'이라는 시대적 과제

앞에서도 말했지만, 이 책의 일관된 화두는 '리더십'과 '통합'이다. '리더십'이 원인이라면 결과는 '통합'이다. 확고한 리더십이 유지돼야 진정한 통합이 가능하다. 또 통합은 리더십을 강화해야 한다. 통합과 리더십이 분리되면 비극이 발생한다.

트럼프는 이간과 분열을 이용해 리더십을 강화하고자 했지만, 국민통합을 이루지 못해 결국 낙마했다. 트럼프가 조장한 분열의 피해는 고스란히 국민의 몫이 됐다. 리더십은 있는데 통합이 안 된 케이스다. 문재인 정부도 같은 길을 걷고 있기 때문에 우리 국민은 대부분 불행하다. 그 반대편에 '황교안 케이스'가 있다. 그는 통합을 위해 모든 것을 내려놨다. 총선은 통합의 완성을 기다려주지 않았다. 그는 통합과정에서 손상된 리더십을 다시 세울 기회를 찾지 못한 채 총선전에 임해야 했다. 결과는 총선패배였다. 그렇게 '미완의 통합'은 다른 사람들의 손에 넘어갔다. 그들이 통합을 완성해 새로운 도약을 이룰 수 있을지는 아직 미지수다.

모든 인류 역사는 반복된 '통합'과 '분열'의 기록이다. 〈삼국지〉에 '분구필합(分久必合) 합구필분(合久必分)'이라는 말이 나온다. "분열이 오래되면 필히 합해지고, 합해진 것이 오래면 필히 분열된다"는 의미다. 맹자(孟子)는 이를 '일치일란(一治一亂)'으로 규정했고, 이후 동양 역사관의 전형이 됐다. '일치'는 통일이고, '일란'은 분열이다. 중국을 비롯한 대부분 나라의 역사가 그렇듯, 한국 정치사도 통합과 분열의 역사다. 최근에는 보수진영이 끊임없이 분열했다. 리더십이 작용하지 못했기 때문이다. 그 결과 헌정사 초유로 대통령이 탄핵당했고, 전국 선거에서 보수정당이 연이어 참패했다. 나라는 균형을 잃었고, 좌파세력이 독주한 국정은 퇴행을 거듭했다. 한동안 관망하던 국민은 지리멸렬했던 보수진영을 다시 흔들어 깨웠다.

인물난에 허덕이던 보수진영 맏형 자유한국당은 이런 국민적 요구에 화답하고자 초야에 있던 황교안을 끌어들여 새로운 시작을 꾀했다. 황교안은 이런 분위기와 여망을 잘 알고 있었고, 기꺼이 그 역할을 자임했다. 하지만 아직 통합은 완성되지 않았다. 그는 의욕은 충만했지만, 정글과 같은 정치판에서 꼭 필요한 정치력을 갖추지 못했다. 공직사회에서 화려한 능력을 보였지만, '정치적 능력' 면에서는 초보 신인에 불과했기 때문이다. 돌이켜 보면 지난 2020년 4월 총선 이전 1년여는 실로 드라마틱한 시간이었다. 2019년 봄부터 황교안이 주도한 '통합'은 불꽃같이 타올랐다. 1년 후 4월, 총선패배로 황교안은 벚꽃같이 후드득 떨어져 내렸다. 그를 주목하던 시민들과 열광하던 지지자들은 땅에 떨어진 벚꽃을 대하듯 밟고 지나가거나 구시렁거리며 쓸어내기에 급급했다.

'보수통합'은 시대적 소명이었다. 보수가 통합해야 중도도 대안으로 생각해 눈길을 줄 것이기 때문이다. 지금도 마찬가지다. 뭉치지 않으면 어떤 정치적 대안도 만들어 낼 수 없다. 대안이 없으니 문재인 정부의 폭정을 막아 낼 방법이 없다. 일반적으로 국민은 '아노미(anomie)'보다는 '폭정'이 낫다고 여긴다. 박근혜 정부에 실망했을 때 야당에 대안이 없다면 탄핵까지 가지는 않았을 것이고, 당시 여권에는 다른 기회가 있었을 것이다. 문재인 정부는 박근혜 정부보다 더한 실망을 주고 있지만, 야당에 대안이 없기 때문에 끈질기게 버틸 수 있는 것이다. 코로나 팬데믹(pandemic)은 실정을 숨기고 욕구 분출을 막는 환경과 명분을 제공했을 뿐이다.

보수진영이 말하는 통합은 미세한 가닥이 너무 많고 얽힘은 복잡하다. 그래서 그 조건들을 확인하기 위해서는 보다 큰 교보재가 필요하다. 앞의 '통합'을 다룬 장에서도 이야기했지만, 교보재로 '통일'을 활용하는 것이 편하다. '남북통일'은 우리 민족의 통합을 의미한다. 역대 정권에서 끊임없이 강조한 '국민통합'의 완성이다. 국민은 국가의 기본이다. 또 국가의 정체성을 공유하는 주체가 바로 국민이다. 그래서 남북통일이야말로 진정한 '대한민국 탄생'이라고 하는 것이다. 앵글을 넓혀보면 '진영의 통합', '국민통합', '남북통일', '동북아공동체', '세계연합' 등이 보이는데, 그중 한반도 차원에서 가장 큰 통합이 '남북통일'이다.

세대를 넘고 넘어 수십 년 동안 한반도는 분할되어 있었고 독립적으로 각각 통치됐다. 남북한 모두 말로는 '통일을 추구한다'고 주장한다. 남북의 모든 국민이 통일을 원하고 수많은 방법론이 제기되었는데 왜 지금까지 통일은 달성되지 않는 것일까? 구체적으로 들어가면 사활적 이해관계와 이에 기인한 수많은 난관이 있기 때문이다. 여기서 우리는 '통합의 본질'을 확인할 수 있다.

나뉘어 있는 어떤 진영이 통합과 통일을 추구한다고 치자. 이때 한쪽 편이 확실한 힘의 우위를 보여주지 못하면, 통일(통합)의 논리적인 해법으로 과도기적인 '연합의 단계'가 대두된다. 대표적인 것이 중국의 '국공합작(國共合作)'이다. 중국 본토를 거의 장악했던 장개석 국민당 정부는 일제의 침략을 맞서기에 힘에 부쳤다. 항일전선에 국력을 모으기 위해 눈엣가시였던 공산당과 공동전선을 펴기로 했고, 두 차례에 걸쳐 국공합작을 맺는다. 결국, 일제를 몰아냈지만, 장개석과 국민당 정부는 공산당에 쫓겨 대만으로 밀려난다. 국공합작은 아사(餓死) 직전에 있던 공산당에게 숨 돌릴 기회를 주었고, 결국 중국 본토 전체를 장악하게 해 주었다. 국민당이 일본에 맞서 싸우는 동안 공산당은 국민당 정부 그늘에 숨어 힘을 길렀고, 교묘한 연합전선 전술로 민심을 장악했다. 통일의 주도자였던 장개석 총통과 국민당 정권은 '닭 쫓던 개 지붕 쳐다보는(追鷄之狗)' 신세로 전락했다. 장개석 신화의 비극적 결말을 보지 못했던 임시정부의 김구는 남북통일에 대한 집착을 버리지 못했다. 결과는 분열을 막지 못했고 본인도 비명의 최후를 맞게 됐다. 김일성의 속내를 알지 못했고 담판의 끝을 알 수 없었기 때문이다.

순수했던 김구와 달리, 김일성은 압도적인 물리력과 교묘한 전략 전술이 있었다. 소련으로부터 전해 받은 무력이 있었고, 항일투쟁 과정에서 연마한 대국민 선전·선동 능력도 있었다. 김일성은 남침하면서 남한의 좌익들이 동조해 쉽게 무력통일을 이룰 것으로 생각했다. 남한은 당시 이념적으로 매우 혼란스러웠다. 좌우익이 끊임없이 반목했고, 미 군정은 이 혼란상을 치밀하게 관리하지 못했다. 해방정국 남한에는 다양한 정당이 등장했고 이들은 서로 반목했다. 김일성은 남침하면서 남로당의 호응과 궐기를 낙관했다. 그 사이 명분을 쌓기 위해 국민의 존경을 받고 있는 민족지도자 김구의 역할이 필요했다. 그리고 그를 최대한 활용했다.

당시 남한은 기독교 세력이 강했고, 뒤늦게지만 미군이 개입하며 공산화를 막아낼 수 있었다. 자칫하면 공산화될 가능성이 매우 컸다. 한반도가 적화되면 동아시아는 모두 붉은색이 되었을 것이고, 일본은 이념과 체제 면에서 명실공히 섬나라가 되었을 것이다.

이제 '무력통일' 가능성은 희박해졌다. 그러나 다른 방법이 없는 것은 아니다. 냉전 이전에는 무력이 독재를 만들었지만, 냉전 이후에는 대부분 민주적인 방법으로 독재가 용인된다. 민주적 선거 시스템에 의해 등장한 민주 정부가 법과 제도를 활용해 독재를 펴는 아이러니가 수없이 양산되고 있다. 우리 통일도 마찬가지다. '연방제 통일방안'이다. 남과 북 주민 모두가 참여하는 투표를 한다고 치자. 북한은 이론이 있을 수 없다. 선거 관리를 김씨 왕조가 하는 이상 거의 100%에 이르는 인민이 투표에 참여할 것이고 절대적인 지지로 북한시스템에 찬성할 것이다. 남한은 어떤가? 국민은 양극단의 둘로 나뉘었고 중도는 투표할 이유가 없다. 좌측 극단은 버젓이 대한민국 수도 한복판인 광화문 광장에서 독재자 김정은을 환영하는 집회를 눈치도 보지 않고 열었다. 우측도 현 정부 청와대 비서실장에게 '살인자'라는 비난을 받으며 가두집회를 벌였다. 실상이 이런데 대한민국이 어떤 주류세력을 만들 수 있겠는가. 이런 상황에서 투표로 체제를 선택한다면 북한 체제가 승리할 것이 뻔하다. 남한의 인구가 북한의 두 배 가까이 되지만 결집하지 않으면 이를 피할 방법은 없다.

국가보다 작은 규모의 조직에서도, 통합은 비슷한 길을 걸을 수 있다. 플라톤은 그의 대표 저서 〈국가〉에서, '최악의 정치는 국민 간 이간(離間)을 통해 정치적 이득을 구하는 것'이라고 썼다. 정상적인 지도자가 쓰지 말아야 할 '이간계'는 소수파가 전체 헤게모니를 장악하는 데 매우 유용한 전략 전술이 된다. 여기에 가상의 판돈이 동원되면 효과는 더욱 커진다.

사실로 믿지는 않지만, 통합과정에서 이런 가정까지 하는 사람들이 있다. 자유한국당과 신보수당 간의 세력 차이는 매우 컸다. 의석수 차이만 해도 '108 대 8'이었다. 이런 세의 열세를 극복하기 위해 두 가지 전략이 사용됐다는 주장이 있다. 첫째, 자유한국당

내 복당파를 동원해 끊임없이 지도부를 흔드는 것이다. 전형적인 '이간계(離間計)'다. 둘째는 '중도(中道)'라는 가상의 영토를 가지고 거래에 임하는 것이다. 대동강을 판 '봉이 김선달'의 속임수다. 그 가상의 영토는 실체가 없었지만, 신화(神話)와 같이 큰 힘을 발휘했다. 중도는 누구의 영토도 아닌 공유지지만, 욕망을 자극하기에 충분히 매혹적이다. 사람들은 '중도를 장악해야 대권을 차지할 수 있다'고 하면서, 대토(代土)로 자기 소유의 땅을 선선히 내놓는다. 봉이 김선달은 공유지는 공유지대로 놔두고 받은 대토를 차지한다. 소수인 새보수당계가 통합과정에서 주도권을 잡기 위해 이런 전략을 활용했다는 것이다. 사실일 수는 없다. 그렇게 전략적인 팀워크를 가지고 있는 것 같지는 않다. 하지만 숙련된 정치인들은 이심전심으로 분위기를 느끼고 실제 실행한다.

리더의 소명 − "황교안도 재활용되나요?"

그렇게 속없이 내려놓기만 했던 황교안도 다시 내일을 기약할 수 있을까? 소설 속의 사기꾼 김선달은 영웅이 되었지만, 자기 땅을 빼앗긴 사람은 바보가 됐다. 총선 이후 당을 보면 결과적으로 황 대표가 당한 쪽이다. 그러나 그에게 인정되는 부분도 있다. 그가 추구한 것은 '통합'이었고, '나라의 정상화'였다. 그러기에 끊임없이 자신을 내려놨다. 물론 개인적인 욕심이 없었다고 보기는 힘들다. 대권욕도 당연히 있었을 것이다. 하지만 그것이 동기부여의 전부라 할 수는 없다. 우리나라에서 대권을 가졌던 사람은 100% 불행한 말년을 보냈다. 그는 짧지만 대통령권한대행을 통해 대권을 경험해 본 사람이다. 감질나기도 했겠지만, 대통령이 할 수 있는 일과 하지 못하는 일을 너무도 잘 알고 있었을 것이다. 그러니 일단 그의 동기가 사익(私益)만은 아니라고 생각할 수 있다.

문제는 정치력이다. 공직자는 두 가지 능력을 갖춰야 한다. 공적인 능력과 인간적 자질이다. 공자(公子)는 이를 '문(文)'과 '질(質)'로 구분해 설명했다. 문(文)은 인문(人文), 문화(文化), 문학(文學)할 때처럼 인공(人工)을 의미한다. 질(質)은 본질을 의미한다. 공자에 의하면 공직자의 우선적인 요건은 '질'보다 '문'이다. 보통사람이 말하는 공직자의 자질과는 거리가 있지만, 현실을 냉정히 반영한 것이다. "여우 같은 아내와는 살아도, 곰 같은 아내와는 못 산다"는 속담이 있다. 삶은 현실이고 현실에서는 여우의 지혜는 필수다. '나쁜 남자 신드롬'도 이를 보여준다. 나쁜 남자는 능력은 있지만, 인간미가 없는 이기적인 남자를 의미한다. 능력 있는 배우자가 이기적이라면, 그 이기주의의 범주 안에 들어간 배우자는 행복하고 평안한 삶을 살 수도 있다. 둘 사이의 자식에게도 유리한 환경을 제공할 수 있다. 그러니 본능적으로 끌리는 것이다. 정치에서도 마찬가지다. 힘 있는 나라 국민은 그 국가가 '깡패국가' 소리를 들어도 큰소리를 치며 세계를 누빈다. 제국주의 국가 국민이 그랬다. 국내의 상황도 마찬가지다. 그 나라의 공권력이 약하면 힘없는 사람들은 깡패집단에 의지할 수밖에 없다. 그 무리에 소속되면 최소한의 안전을 보장받을 수 있기 때문이다. 그 깡패집단의

지도자는 인성보다는 주먹(능력)이 중시된다. 그렇게 능력이 인정된 사람이 인성까지 갖추면 더 큰 지도자가 될 수 있다. 그래서 지도자의 자질은 '선능력, 후인성(先能力, 後人性)'이 되는 것이다. 공자의 지도자관도 이를 인정하고 설파됐다. 그래서 '공자님 말씀'을 뻔한 명분론으로 치부하는 것은 큰 오해다.

황 대표는 국정 능력은 증명했다 하지만 입문 당시 정치력은 일천했다. 정치입문과 동시에 대표가 되었으니 학습할 기회도 거의 없었다. 그가 국정 책임자가 되어 국가 차원의 더 큰 영역을 관리하면, '국민통합'에 더 가까이 갈 수는 있을 것이다. 하지만 그 전 단계 헤게모니 싸움에서는 그의 진정성은 방해물이 될 수 있다. 문제는 그가 지난 실패에서 교훈과 깨달음을 얻고 정금같이 단단해졌냐는 것이다. 교훈을 얻는 것은 진정한 반성이고, 정금같이 단단해지는 것은 새로운 정치 대안(정치적 메시지와 화두)을 제시하는 것이다. 그것이 확인되면 황 대표도 다음 기회를 얻을 수 있을 것이다.

머리말에서 나는 지도자를 소금에 비유했다. 마지막도 그 비유를 활용해 보겠다. 성경 말씀 한 구절을 다시 인용해 본다.

"너희는 세상의 소금이니 소금이 만일 그 맛을 잃으면 무엇으로 짜게 하리요. 후에는 아무 쓸 데 없어 다만 밖에 버려져 사람에게 밟힐 뿐이니라."(마5:13)

지도자가 지도력을 잃는 것은 소금이 짠맛을 잃는 것과 같다.

그 운명은 '밖에 버려져 사람에게 밟히는' 처지다. 그러나 한 번 더 생각해 보자. 버려지는 소금이 맨땅이 아니라 눈 쌓인 언덕길이라면 소용이 상당히 커진다. 지금 보수진영과 대한민국은 눈이 쌓여 걷기가 힘든 언덕길과 같다. 사람들은 그냥 서 있지도 못하고 쓰러진다. 차들도 미끄러져 서로 충돌한다. '혼돈(混沌)'과 '아비규환(阿鼻叫喚)' 그 자체다. 그러니 짠맛을 잃고 길에 뿌려지는 소금이 더 귀한 역할을 할 수도 있다. 누가 알겠는가? 제설(除雪)의 임무를 마친 소금이 하천과 바다로 흘러내려가 짠맛을 장착하고 다시 등장할지. 하지만 이 또한 특별한 검증이 필요하다.

이 책 집필 과정에서 황 대표는 독자에게 고해성사를 했다. 먼저 들은 나는 대화 중에 그의 진정성을 봤다. 그러나 그것이 전부일 수는 없다. 그와 새 출발을 하려면 정치지도자로서 '향상된 정치 능력'을 스스로 입증해야 한다. 만약 정치재개를 생각한다면, 2019년 정치입문 때와는 비교할 수 없을 정도로 거친 여정이 될 것이다. 시간도 많지 않다. 하지만 과거에 비해 많은 정치적 경험을 쌓았고 사회에 기여하고자 하는 의욕도 강해 보인다. 이제 '경험 삼아'는 끝났다. 연습이 아니라 증명을 할 때다.

'전략적 싸가지 없음'을 고수하다

드디어 원고가 마감됐다. 이제 공은 나를 떠나 출판사로 넘어
갔다. 황교안 전대표와 10여 차례의 단독인터뷰에 꽤 많은 시간
이 소요됐다. 또, 사전준비작업과 정리를 위한 시간도 만만치 않
았다. 고도로 집중하다 보니 에너지도 엄청나게 소진됐다. 이제야
한숨을 돌리고 되짚어 볼 여유가 생겼다.

반년 전만 해도, 내가 이런 책을 쓰리라고는 생각지도 못했다.

사반세기 정치권에 몸담고 있으면서 수많은 정치인들을 겪어 봤고 그들에 관한 책들도 접했다. 직접 관여한 책도 있었다. 자서전도 있었고, 평전도 있었다. 결론은 대부분 '큰 유익이 없다'는 것이다. 형식이 어떻든 간에 자화자찬(自畵自讚) 아니면 용비어천가(龍飛御天歌) 수준이었다. 우리 독자들은 너무도 현명해져서 그렇게 뻔한 책을 읽는데 시간을 낭비하지 않았다. 당연히 직접 구입하는 사람도 드물다. 눈치 빠른 정치인들도 이를 모를 리 없다. 그래서 출마 이벤트용, 후원회 행사용으로 책을 출판하는 경우가 많다. 그럼에도 불구하고 내가 평전(評傳)형식의 책에 도전한 것이다.

총선 후 황교안 전대표와 만날 기회가 있어, '격동의 1년여를 정리해 보시라'고 말씀드렸다. 황대표는 '메모는 했는데 꺼려져서 포기했다'고 했다. 대화를 통해 나와 같은 인식 때문이란 결론을 얻었다. 결국 자화자찬이나 변명으로 읽힐 것이고, 수요자들로부터 외면당할 것이란 생각이 의욕을 꺾게 했을 것이다. 하지만 역사는 계속되어야 하고, 핵심퍼즐을 지닌 사람이 퍼즐을 가지고 잠적하면 역사는 미완으로 남는다. 궁리 끝에 다음 만날 때 '내가 정리해 보겠다'고 하며 전제조건을 말씀드렸다. "뻔한 이야기가 되지 않도록 질문은 비판적이고 날카로울 것입니다. 마음이 상하실 수도 있습니다." 황대표는 흔쾌히 수락했다.

인터뷰 중에 일정한 거리감과 비판적인 시각을 견지하려 무던히도 노력했다. 글 쓰는 것보다 몇 배나 에너지 소모가 컸다. 그는 장관, 총리, 대통령권한대행까지 오른 분이다. 개인적으로는 내가 특별보좌역으로 모시던 제1야당의 대표셨다. 나이도 10년 연상이다.

물리학에서만 아니라 모든 관계에서 '중력의 법칙'이 적용된다. 무거운 쪽이 가벼운 쪽을 끌어들여 무력화시킨다. 황대표와 나의 관계도 그랬기에 일정한 거리를 유지하려 기를 쓴 것이다. 메소드 연기(method acting)가 필요했고, 시종일관 빠져있어야 했다. 그렇게 나 스스로 "전략적 싸기지 없음"을 추구했다. 때로는 "이쯤 되면 막 가자는 거죠"라는 이야기를 듣는 것 아닌가 하는 긴장감도 있었다. 하지만 황대표는 끝까지 약속을 지켰다.

'우생마사(牛生馬死)', 소는 살고 말은 죽는다.

오랫동안 인터뷰하면서 황대표에 대한 상(像)이 그려졌다. 그는 '황소'였다. 소(牛)는 인류의 시초인 근동신화에서 최고의 토템(totem)이다. 고대 근동에서는 사자도 아니고 늑대도 아닌 황소를 최고의 신으로 섬긴 것이다. 길가메시 서사시와 성경에 나오는 강력한 우상 바알신이 소 토템이다. 증권시장에도 소가 힘의 상징으로 등장하고, 동화 〈라이언 킹〉에서 백수의 제왕인 주인공의 아버지 사자도 소 떼의 폭주에는 속수무책으로 희생된다. 독신한 기독교 신자인 황교안 전대표에게 비유하긴 좀 그렇지만, 나는 그에게서 묵직한 황소의 힘을 보았다. 그리고 '우생마사'라는 말도 떠올랐다. 큰 홍수가 닥쳤을 때, 우직한 황소는 물에 몸을 맡겨 떠내려 가다가 걸어서 뭍으로 올라와 산다. 반면 성질이 급한 말은 물살을 거슬러 오르는 등 성급하게 굴다가 탈진하거나, 물을 많이 마셔 죽는 경우가 많았다고 한다. 그는 느긋하고 우직했다. 누가 격동을 해도 흔들림이 없다. 그런 성격이 많은 역경에도 불구하고 그를 관료로서 최고의 자리에 올려놨을 것이다.

보통사람들은 아레테(Arete 수월성, 탁월성) 중 안정감이나 우직함보다는 의외성과 화려함에 열광하고 찬사를 보낸다. 야구 유격수의 수비를 예로 들 수 있다. 미리 자리를 잡고 안정적으로 공을 처리하는 선수보다 순발력과 순간적인 기지를 발휘해 아슬아슬하게 수비하는 선수가 인기를 더 끈다. 축구경기에서도 수비수보다 공격수가 더 인기가 많다. 수비는 안정감이 생명이고, 공격은 예측불가가 핵심이다. 당연히 공격은 화려해야 하고, 수비는 무던해야 한다. 경기결과에서 수비의 골과 공격에서의 골은 같은 가치를 갖는데, 선수에 대한 관중들의 선호도는 극명하게 갈린다. 하지만 전문가들은 다르다. 구단과 감독은 수비수를 중시하고 연봉도 공격수 못지않게 배분한다. 그런데 문제는 역시 타이밍이다. 위기국면에는 수비가 강조되고, 위기를 극복한 뒤 반전의 기회에는 공격수에 힘이 실린다.

정치지도자도 마찬가지다. 어떤 때는 안정적 수비형이 필요하고, 어떤 때는 화려한 공격형이 필요하다. 시기와 지도자가 맞으면 그 사회는 발전하지만, 맞지 않으면 역사는 왜곡되고 나라는 망한다. 예를 들면, 카르타고의 장군 한니발의 침공을 맞았을 때 로마군을 생각해 보자.

파죽지세인 한니발(Hannibal) 군대를 맞은 로마군 총사령관은 백전노장 파비우스 막시무스(Quintus Fabius Maximus)였다. 그는 한니발과 정면으로 맞서는 대신 그 유명한 '지연전략'을 펼쳤다. 한니발과 정면승부를 벌여 이길 가망이 적으니, 그가 돌아다니며 싸움을 걸어도 응하지 않으면서 그의 점령지 중에서 수비가 느슨한 곳만 골라 공략하는 식으로 싸운 것이다. 그러니 정벌군으로 소수에 불과한 한니발군은 결국 지칠 수밖에 없었다. 이 전략은 주효했다. 한니발은 처음 몇 차례의 대승 이후로는 로마군 전체 전력을 좀처럼 줄이지 못한 채 시간만 허비했다. 한니발이 힘이 빠지자 노련한 장군 파비우스에 이어 젊고 패기에 넘치는 장군 스키피오(Publius Cornelius Scipio Africanus Major)가 등장한다. 수세에서 공세로 바뀌는 순간이다. 그는 지친 한니발군을 놔두고 한니발의 본거지인 이베리아를 공격했다. 한니발은 자신의 나라 카르타고를 구하기 위해 철군할 수밖에 없었고 결국 패배했다. 이런 사례는 중국에도 있었다. 본문에서도 소개했듯이, 전국시대 조나라 염파(廉頗)장군은 진나라의 대군이 쳐들어오자 나가 싸우지 않고 성만 지켰다. '지연전략'이었다. 진나라는 교착상태를 타파하고자, 염파장군을 대신해 젊은 장군 조괄(趙括)이 사령관으로 임명되도록 이간계를 썼고 성공했다. 결과는 조나라 40만 병사가 생매장될 정도의 대패였다. 파비우스를 계승한 스키피오는 지중해를 로마의 호수로 만들었고, 염파를 낙마시킨 조괄은 부하들의 피로 호수를 만들었다. 신진(新進)이 위대해지기 위해서는 안정적으로 이끌어 줄 듬직한 선배가 반드시 필요하다.

지금 위기에 몰린 보수진영과 대한민국에 어떤 정치지도자가 필요한지 생각해 봤다. 수세에 몰려왔던 보수진영을 구하고 위기를 버티며 회생의 기회를 만드는 지도자, 즉 파비우스와 염파와 같은 장군이 필요하지 않을까? 그래야 스키피오같은 젊은 장군이 활약할 수 있는 기반을 만들 수 있지 않을까? 일단 여기서는 '열린 질문'으로 결론을 대신한다.

답을 찾기보다 각자의 질문을 만들기 바란다.

필자는 이 책이 독자에게 해답을 주길 기대하지 않는다. 우리가 계속 과거에 머물며 고전하는 이유는, 해답은 넘쳐나는데 질문이 제대로 되지 않아 번번이 적용에 실패하기 때문이라 생각한다. 인간과 짐승의 본질적인 차이는 해답이 아니라 질문에 있다. 질문은 지성(知性)의 시작이다. 당연히 '이성적 해법'의 첫걸음은 제대로 된 질문을 제때에 찾는 것이다. 사회가 질문 없이 한 가지 해답만 강조하면 전체주의가 된다. 국민 각자가 다양한 질문을 하고, 그에 따라 각각의 해법을 찾아, 이들이 조화를 이룰 때 민주주의가 발전한다. 우리가 이상적 민주주의를 추구한다면, 당연히 각각의 질문을 찾아내야 한다.

이 책은 올바른 질문을 만들기 위한 참고자료 중 하나다. 나는 독자에게 경도와 위도, 두 가지 기준인 '리더십'과 '통합'이란 화두를 던졌다. 그리고 그 위에 나 나름의 좌표 즉 '잠정결론'을 도출했다. 그 결론은 나의 결론이지만, 많은 사람의 공감을 받길 원한다. 그래서 그 위에 각각의 질문, 즉 자신만의 경도와 위도를 만들기 바란다. 이 책이 이 역할을 통해 대한민국 민주주의가 발전하는데 작은 징검다리가 되길 바랄 뿐이다.

– 감사합니다 –

    이 책을 내기까지 많은 분의 도움이 있었다. 당연히, 훌륭한 인터뷰이(Interviewee)인 황교안 대표님이 첫 번째 공로자다. 인터뷰 시간뿐 아니라 사실 확인에 많은 시간과 열정을 쏟아 주셨고, 성실하고 솔직하게 본인의 심경과 소신을 밝혀주셨다. 하지만 혹시 책 내용에 문제가 있다면 모두 저자인 필자의 잘못임을 분명히 밝혀둔다. 곡해(曲解)가 있었을 수도 있고, 이해 못 한 부분이 있었을 수도 있다. 때로는 아전인수(我田引水)격으로 잘못된 평가나 해석을 했을 수도 있다.

    그리고 사전에 원고를 보아주시며 조언을 해 주신 조청래 선배님과 정원석 후배께도 감사의 말씀을 드린다. 자신감을 잃어 소심해지고 흔들릴 때 큰 힘이 되어 주셨고, 때때로 유효한 조언을 아끼지 않으셨다. 선뜻 출판을 결심해주신 강윤현 총괄이사님을 비롯한 밀알출판사 관계자께 감사드린다. 또 출판계를 잘 모르는 필자에게 많은 조언을 해주고, 번거로움을 마다치 않고 도와주신 서태수 본부장께도 감사드린다. 또 빠뜨릴 수 없는 것이 필자의 가족이다. 아내 권윤희와 국군장병인 아들 김영균은 고비 때마다 격려하고 힘을 북돋아 주었다.

2021년 1월
봄기운을 기다리는 북악산 밑 한가(閑家)에서
김우석